Edward Garden

TSCHAIKOWSKY

Edward Garden

TSCHAIKOWSKY

Leben und Werk

Aus dem Englischen übertragen
von Konrad Küster

Deutsche Verlags-Anstalt
Stuttgart

Die Originalausgabe erschien zuerst 1973
unter dem Titel »The Master Musicians – Tchaikovsky«
bei J. M. Dent & Sons Ltd., London und Melbourne.
Der Übersetzung liegt die 4. neugefaßte Auflage
von 1984 zu Grunde.
© 1973 by Edward Garden

CIP-Kurztitelaufnahme der Deutschen Bibliothek

Garden, Edward:
Tschaikowsky: Leben und Werk / Edward Garden.
Aus d. Engl. übertr. von Konrad Küster. –
Stuttgart: Deutsche Verlags-Anstalt, 1986. –
Einheitssacht.: Tchaikovsky <dt.>
ISBN 3-421-06300-1

© der deutschen Ausgabe
1986 Deutsche Verlags-Anstalt GmbH, Stuttgart
Lektorat: Ulla Küster
Typographische Gestaltung: Brigitte Müller
Gesamtherstellung: Wilhelm Röck, Weinsberg
Printed in Germany

Für Lady Farrer geb. Bennhold

INHALTSVERZEICHNIS

ERSTES KAPITEL
Kindheit, Jugend und Studium. 1840–1866 .. 11

ZWEITES KAPITEL
Erste Moskauer Jahre. 1866–1869 31

DRITTES KAPITEL
Der perfekte Nationalist. 1869–1874 55

VIERTES KAPITEL
Nationale Opern. 1874 77

FÜNFTES KAPITEL
Zunehmend eigenständig. 1874–1876 92

SECHSTES KAPITEL
Die Wende. 1876/1877 107

SIEBTES KAPITEL
Hochzeitsfolgen. 1877/1878 120

ACHTES KAPITEL
Innerlich entspannt – schöpferisch erstarrt.
1878–1885 137

NEUNTES KAPITEL
Neue schöpferische Kräfte. 1885–1888 158

ZEHNTES KAPITEL
Von der Fünften Symphonie zu Dornröschen.
1888–1890 170

ELFTES KAPITEL
Letzte Lebensjahre. 1890–1893 182

ZWÖLFTES KAPITEL
Sechste Symphonie, Tod und Nachwirken ... 199

ANHANG I
Zeittafel 219

ANHANG II
Werkverzeichnis 236

ANHANG III
Personalia 245

ANHANG IV
Nachweise der Zitate 252

ANHANG V
Bibliographie 261

ANHANG VI
Bildnachweis 264

ANHANG VII
Register der erwähnten Werke Tschaikowskys 265

ANHANG VIII
Personenregister 268

P. Tschaikovsky

Erstes Kapitel

KINDHEIT, JUGEND UND STUDIUM
1840–1866

Am 25. April/7. Mai 1840* brachte Ilja Petrowitsch Tschaikowskys zweite Frau ihren zweiten Sohn zur Welt: Peter. Der Vater, fünfundvierzigjährig, war damals leitender Inspektor der Bergwerke von Kamsko-Wotkinsk, einem Eisenhüttenzentrum in der Provinz Wjatka. Ilja war dort ein angesehener Bürger, ein charmanter, bescheidener und nur mäßig intelligenter Gouvernementsbeamter aus dem Mittelstand. Zwei Jahre vor Peters Geburt war dessen Bruder Nikolaj zur Welt gekommen; kaum waren zwei weitere Jahre verstrichen, als ein drittes Kind geboren wurde – eine Schwester, Alexandra, Sascha genannt. Später vergrößerte sich die Familie noch weiter um Hippolyt (1844 geboren) sowie die Zwillinge Anatol und Modest (1850 geboren). Und schließlich war auch noch Sinaida da, Iljas Tochter aus erster Ehe.

Peters Mutter stammte aus einer hugenottischen Familie, die aus Frankreich nach Rußland eingewandert war. Ihr Vater, André Assier, Staatsrat in relativ hoher Position, war ein nervöser, impulsiver Mann; in seiner Familie soll es Epileptiker gegeben haben. Peters französische Ahnen mußten immer wieder herhalten, wenn man die vermeintlich westeu-

---

* Um Verwirrung auszuschließen, werden alle Daten in doppelter Form mitgeteilt: zunächst im »alten Stil«, also nach dem im Rußland der Zeit gebräuchlichen julianischen Kalender, dann im »neuen Stil«, nach unserem westlichen, dem gregorianischen Kalender.

ropäische Prägung der Musik Tschaikowskys – im Gegensatz zu der Musik der »nationalrussischen« Komponisten – erklären wollte. Viel wichtiger als derart zweifelhafte Konstruktionen ist jedoch das neurotische Erbe, das ganz sicher von seinen mütterlichen Vorfahren auf ihn kam, ob es sich nun in seiner fast krankhaften Leidenschaft für die Mutter, in seinem dadurch wohl beeinträchtigten Sexualempfinden oder in seinen zahlreichen Nervenzusammenbrüchen äußerte.

Im November 1844 engagierte Peters Mutter eine Gouvernante, Fanny Dürbach, eine Protestantin aus der französischen Schweiz. Sie wurde die Erzieherin des älteren Bruders Nikolaj und der Cousine Lydia, die mit der Familie Tschaikowsky in Wotkinsk lebte[1]. Fanny Dürbach war 22 Jahre alt. Peter, der seine Gefühle nie beherrschen konnte, hängte sich vom ersten Augenblick an sie und bestand darauf, an den Unterrichtsstunden teilnehmen zu dürfen.

Die vier Jahre, die Fanny Dürbach bei der Familie Tschaikowsky zubrachte, waren für die Kinder eine glückliche Zeit, besonders für Peter. Die einfühlsame junge Frau war zwar nicht musikalisch und meinte, daß die Musik Peters Gesundheit eher schade als nütze, aber sie wußte wohl, wie sie mit den Gefühlsausbrüchen gerade bei einem Kind seines Alters fertigwerden konnte, ebenso mit Peters überaus heftigen Reaktionen auf Kritik (diesen Wesenszug wurde er sein ganzes Leben lang nicht los). Fanny Dürbach konnte Peter so direkt ansprechen wie nicht einmal die angebetete, aber auf dem Gefühlswege relativ schwer zugängliche und weniger verständnisbereite Mutter. Unter der Obhut der Kinderfrau konnte sich Peter, ihr »Porzellankind«, rasch fortentwickeln, schrieb frühreife, aber schauderhaft sentimentale französische Gedichte und begann eine Biographie der Jeanne d'Arc[2], die, was wohl nicht weiter verwunderlich ist, über das erste Kapitel nicht hinausgedieh. Auch Deutsch lernte Peter; offensichtlich hatte er eine starke Begabung für Sprachen.

Gegen Jahreswende 1845 bekam Peter seinen ersten Klavierunterricht, und zwar bei einer gewissen Maria Markowna

Tschaikowskys Geburtshaus in Wotkinsk

Palschikowa, einer aus der Leibeigenschaft entlassenen jungen Dame[3]. Bald war er im Vom-Blatt-Spielen so gut wie sie. Später brachte er sich (nicht auf ihre Veranlassung) zwei Mazurken von Chopin bei – ein Pole namens Maszewski, der bei der Familie zu Besuch war, hatte ihn dazu angeregt. Bereits im September 1844 hatte Peter zusammen mit seiner Schwester Sascha aus freien Stücken ein Lied komponiert: *Unsere Mama in Petersburg*. Stolz berichtete der Vater davon seiner Frau, die gerade in die Hauptstadt gereist war. Außer einem Klavier gab es in Tschaikowskys Elternhaus noch ein weiteres Instrument, ein Orchestrion, eine große Musiktruhe mit Registern. Wenn man es ankurbelte, spielte es Arien aus Mozarts *Don Giovanni* oder aus Opern von Rossini, Bellini und Donizetti, die Peter dann auf dem Klavier nachzuspielen versuchte. Aus Berichten von Fanny Dürbach erfahren wir, daß Peter häufig nervös und unausgeglichen war, wenn er Klavier gespielt oder Musik gehört hatte[4]. Nach einem Abend mit Musik, zu dem er aufbleiben durfte, fand sie ihn, wie er aufrecht im Bett saß und wie im Fieber schrie. Auf die Frage, was es gebe, antwortete er: »Oh! Diese Musik, diese Musik!«

*Tschaikowsky mit acht Jahren
(1848)*

Im Haus war es jedoch still; keine Musik war zu hören. »Hier ist sie, hier!« erklärte er weiter und zeigte auf seinen Kopf. »Ich kann sie nicht loswerden. Sie läßt mich einfach nicht in Ruhe.«

Es war geradezu eine Katastrophe für Peter, daß er aus diesem Leben plötzlich herausgerissen wurde. Sein Vater, nunmehr in seiner Stellung einem Generalmajor vergleichbar, hatte beschlossen, seine Position in der Provinz aufzugeben, denn er ging davon aus, daß er eine angemessene Stellung in Moskau bekommen könne – was jedoch völlig unrealistisch war. Fanny Dürbach wurde entlassen, und am 26. September/ 8. Oktober trat die Familie die Reise in die alte russische Hauptstadt an[5]. Als sie dort ankam (am 9./21. Oktober), mußte Ilja feststellen, daß bereits ein anderer die Stelle, auf die er spekuliert hatte, an sich gerissen hatte; außerdem wütete die Cholera, die gefürchtete Krankheit. Die Familie beeilte sich, wieder aus Moskau fortzukommen; sie zog nach Petersburg. Inzwischen hatte die äußerst unliebenswürdige, tyrannische Sinaida die Aufsicht über ihre jüngeren Halbgeschwister übernommen; die Mutter war mit Reisevorbereitungen, dem Umzug und der neuen Einrichtung beschäftigt.

Dieses jähe Ende des Lebens in Geborgenheit hatte auf Peter beinahe traumatische Wirkung. Daß er und Nikolaj nach kürzester Zeit auf die elegante Schmeling-Schule geschickt wurden, schaffte keine Abhilfe. Dort neckte man sie als Tölpel vom Land und gab ihnen unmäßig viel zu arbeiten. Sowohl Nikolaj als auch Peter blieben von der Masern-Epidemie an der Schule nicht verschont. Nikolaj erholte sich ziemlich schnell von der Krankheit, nicht aber sein jüngerer Bruder, der sich in der Folgezeit dauernd unwohl fühlte. Der Arzt diagnostizierte Rückenmarksschwindsucht und verordnete sechs Monate absolute Ruhe. Aber der Junge ließ auch danach den Kopf hängen, wie die Mutter mit eigenartig geringem Einfühlungsvermögen an Fanny Dürbach schrieb (die inzwischen eine andere glückliche Stellung angetreten hatte): »Er ist wie verwandelt, lungert herum, ich weiß gar nicht, was ich mit ihm machen soll. Mir ist oft zum Heulen zumute.«[6]

Schon bevor Peter die Masern bekommen hatte, hatte er bei einem Mann namens Filippow Klavierstunden erhalten; wegen Peters schlechten Gesundheitszustands wurden sie jedoch wieder aufgegeben. Mehrmals durfte er mit in die Oper gehen. Erst als gegen Ende 1849 eine neue Gouvernante, Anastasia Petrowna Petrowa, angestellt worden war, konnte die Mutter an Fanny Dürbach schreiben, Peter werde nun »vernünftiger«. Der Vater Ilja hatte inzwischen wieder eine akzeptable Stellung als Bergwerksverwalter gefunden; »seine« Gruben lagen nun in der Gegend der fernen Provinzstädte Alapajewsk und Nischny-Newjansk, hinter dem Ural an der sibirischen Grenze bei Ekaterinburg, und waren in Privatbesitz. Nikolaj blieb aus schulischen Gründen in Petersburg; der Rest der Familie zog Anfang Juni nach Alapajewsk. Das hatte nicht nur zur Folge, daß Peter, bereits in erschreckender Weise verstört, weiter verunsichert wurde; auch sein Musikunterricht wurde nicht fortgesetzt. Dennoch schrieb er Anfang 1850 an Fanny Dürbach: »Ich bin dauernd am Klavier. Da finde ich Trost, wenn ich traurig bin.«[7] Allmählich wuchsen sich Peters In-sich-gekehrt-Sein und seine Beschäftigung mit sich selbst zu Egozentrik aus. Schon damals empfand er die Zeit, die Fanny Dürbach bei der Familie gewesen war, als unvergeßliches »goldenes Zeitalter« seines Lebens. Zu dieser Idealisierung der Vergangenheit, auf die er bereits derart früh gestoßen wurde, trat die Idealisierung des Weiblichen, dessen Inkarnation er zunächst in Fanny Dürbach und seiner Mutter sah, später dann, wie wir sehen werden, in wenigen anderen Frauen, denen seine Liebe galt – Liebe, bei der er allerdings immer darauf bedacht war, jede intime Beziehung zu umgehen, mit einer katastrophalen Ausnahme. Dieses Idealbild des Weiblichen durchdrang auch die Gestaltung der weiblichen Hauptrollen in seinen Opern, sei es Tatjana in *Eugen Onegin* oder Lisa in *Pique-Dame*. Und schon vor der Pubertät neigte

Peter zu Homosexualität. Hubert Weinstock schrieb in seiner Tschaikowsky-Biographie, Peters Mutterliebe sei »von der heftigen Leidenschaftlichkeit eines Geliebten« gewesen, die »das unterbewußte Verlangen« zu Tage treten ließ, aus der Welt dadurch zu entfliehen, daß er in den Mutterleib, dem er entstammte, habe zurückkehren wollen[8]. Ob man nun Weinstock hierin folgen will oder nicht, man darf nicht unbedingt daraus, daß auch Modest, einer der »engelhaften« Zwillingsbrüder, und Saschas Sohn Wladimir (genannt Bob) homosexuell waren, schließen, daß Tschaikowskys Homosexualität angeboren war. Immerhin konnte aber gezeigt werden[9], wie die Neigung zu Homosexualität in einer Familie weitergegeben werden kann, und zwar als Konsequenz einer Erziehung in bestimmten, durch Familientradition vorgegebenen Grundmustern.

Im August 1850 brachte die Mutter Peter nach Petersburg zurück in die Vorbereitungsklasse der dortigen Schule für Jurisprudenz. Peter trat dort als Stipendiat (Kostgänger) ein. Bevor die Mutter wieder nach Hause fuhr, besuchte sie mit Peter eine Aufführung von Glinkas Oper *Ein Leben für den Zaren*, die bei dem Zehnjährigen einen starken Eindruck hinterließ. Als die Mutter dann abreisen sollte, hatte Peter einen hysterischen Anfall und mußte schließlich mit Gewalt von ihr getrennt werden[10]. Der furchtbare Eindruck, den diese Szene auf ihn machte, verfolgte ihn bis an sein Lebensende und ließ ihn immer wieder auch aus der Erinnerung heraus erschauern. Fast zur selben Zeit hatte er noch ein weiteres unglückliches Erlebnis, das seine aufkeimenden Schuldkomplexe nährte. Weil seine Eltern in so großer Entfernung von Petersburg wohnten, hatte seine Mutter dafür gesorgt, daß jemand in Petersburg Vormundsfunktionen für Peter übernahm; Modest Alexejewitsch Wakar wurde mit dieser Aufgabe betraut. Als im November in der Schule Scharlach grassierte, nahm Wakar den Jungen zu sich, bis die Epidemie vorbei war. Peter blieb von der Krankheit verschont; am 24. November/6. Dezember jedoch fiel der älteste Sohn des Vormunds dem

Scharlach zum Opfer. Selbstverständlich suchte Peter die Schuld allein bei sich; die Versuche der Eltern des toten Jungen, Peter davon zu überzeugen, daß er völlig unschuldig sei, blieben erfolglos. Wieder verfiel er in Depressionen. Nach seiner Rückkehr in die Schule fand sich Peter im Alltag jedoch bald wieder zurecht.

Im Herbst 1851 war Ilja in Petersburg. Vater und Sohn verlebten die Zeit in guter Kameradschaft. Der Abschied freilich war nicht so schwer und tränenreich wie der von der Mutter.

Das Jahr 1852 verlief harmonisch. Ende Mai/Anfang Juni ging Peters Vater mit seinen Ersparnissen und seiner staatlichen Pension in den Ruhestand; die Familie ließ sich in Petersburg nieder. Für den Übergang auf die eigentliche Juristenschule erhielt Peter erstklassige Zeugnisse, und die ganze Familie verbrachte auf einem Landgut in der Nähe der Hauptstadt herrliche Sommerferien. Die Schwester der Mutter brachte Peter die Sopranpartie eines blumigen Duetts aus Rossinis *Semiramide* bei und übernahm selbst den Alt. Peter sang »schön und mit großer Anteilnahme«[11]. Auch ein Klavierauszug von Mozarts *Don Giovanni* fand sich bei der Tante; ihn studierte Peter von Anfang bis Ende.

Wie Tschaikowsky hatten auch die Musikkritiker Wladimir Stassow und der Komponist Alexander Serow die Petersburger Schule für Jurisprudenz besucht. Zu ihrer Zeit hatte Musik an der Schule eine besondere Blüte erlebt. Während Tschaikowskys Schulzeit waren die Aktivitäten auf dem Gebiet der Literatur stärker. Einer seiner Klassenkameraden war der spätere Dichter Alexander Apuchtin. Unter Anleitung eines Lehrers, eines französischen Emigranten, erschien eine handschriftlich vervielfältigte Schülerzeitung. Tschaikowsky steuerte einen Aufsatz unter dem Titel »Eine Geschichte der Literatur unserer Klasse« bei. Ohne ausgesprochene Neigung zu zeigen, bestand Peter alle Prüfungen. Als er 1859 mit 19 Jahren sein Abschlußexamen an der Anstalt machte, kam er mit seinen Leistungen auf den dreizehnten Platz seiner Klasse;

vielleicht besagt das allerdings nur, daß viele seiner Altersgenossen es besser verstanden, aus der damals üblichen Form des Schulunterrichts ihren Nutzen zu ziehen.

Bereits im Sommer 1854 war Tschaikowskys Mutter an Cholera gestorben. Uns hat sich nur ein Brief an Fanny Dürbach erhalten, zweieinhalb Jahre später geschrieben[12], aus dem wir ein wenig ermessen können, wie tief dieser Schicksalsschlag Peter getroffen hatte. Sicherlich schmetterte er den damals Vierzehnjährigen, der seine Mutter vergötterte, völlig nieder. Vielleicht bedeutete es ihm später allerdings mehr, ein überstrahltes Erinnerungsbild anbeten zu können als eine alternde, möglicherweise korpulente und eben nur sympathische Mutterfigur von echtem Fleisch und Blut zu verehren. Die Sommerferien verbrachte die Familie darauf in Oranienbaum am Finnischen Meerbusen; dort konnte sich auch Vater Tschaikowsky, der selbst an Cholera erkrankt war, erholen. Er hat diese Krankheit nicht nur unbeschadet überstanden – ganze 26 Jahre blieben ihm noch zu leben. Bereits in den Siebzigern, schloß er später eine dritte Ehe und starb friedlich in seinem 85. Lebensjahr. Vielleicht trug die aufreizende Gleichgültigkeit dieses leichtlebigen Mannes auch angesichts des Todes seiner Frau dazu bei, daß sich sein Sohn Peter, hart an der Grenze zu krankhafter Melancholie, aus dem schier unerträglichen Gedanken heraus, die geliebte Mutter nie mehr wiederzusehen, der Musik wie einem Betäubungsmittel hingab. Später erklärte er, die Musik sei in jener Zeit sein einziger Trost gewesen. So überrascht es keineswegs, daß seine ersten ernstzunehmenden kompositorischen Versuche aus jenen Ferien in Oranienbaum datieren. Sein Leben lang blieb das Komponieren für Tschaikowsky ein Ventil für sein Gefühlsleben, ein Ersatz für unerfüllte Sehnsucht und ungestillte sexuelle Leidenschaft.

Im Laufe dieses Sommers (1854) komponierte er für seine frühere Gouvernante Anastasia Petrowa *Valse dédiée à Mlle. Anastasie;* das Stück hat sich nicht erhalten. Auch spielte er mit dem Gedanken, eine Oper mit dem Titel *Hyperbel* auf ein

Libretto von Olchowsky zu schreiben. Die Idee kam jedoch nicht zur Ausführung, denn es hätte »zu viele Arien und Rezitative und nicht genügend Duette und Terzette«[13] gegeben. Im Herbst nahm Tschaikowsky Gesangsstunden bei Gabriel Lomakin, der acht Jahre später an Balakirews Freie Schule für Musik ging. Außer dem Unterricht bei Lomakin hatte Tschaikowsky bis dahin nur Klavierstunden bei dem Musiklehrer der Schule für Jurisprudenz gehabt. Anfang 1855 kam er dann zu dem Pianisten Rudolf Kündinger, einem wesentlich fähigeren Musiker, der auch dafür sorgte, daß sein Bruder den jungen Mann in die Anfangsgründe des Generalbasses einführte. Tschaikowskys Vater wandte sich nach einigen Monaten an Kündinger, ob man Peter zu einer musikalischen Laufbahn raten könne. Kündinger winkte ab, »erstens weil ich bei Tschaikowsky keine genialen Züge erkennen kann und weil zweitens aus meiner Sicht das Schicksal eines Musikers in Rußland üblicherweise nur beschwerlich sein kann«[14].

Die Familie Tschaikowsky zog 1855 in das Haus von Iljas älterem Bruder. Die Schwägerin war gastfreundlich; weitere Verwandte, Schobert mit Namen, wohnten ebenfalls im Hause. Mit deren Hilfe kam Tschaikowsky im Jahr darauf, stolze sechzehn Jahre alt, mit Luigi Piccioli zusammen, einem italienischen Gesangslehrer. Piccioli war eine eigenwillige Persönlichkeit. Er färbte seine Haare und trug Make-up, um sich so den Anschein blühender Jugend zu erhalten – die freilich schon längst verflossen war. Tschaikowskys Bruder Modest berichtet: »Das Band, das die beiden in erster Linie zusammenhielt, war die Musik.«[15]

Unter Picciolis Einfluß richtete Tschaikowsky sein musikalisches Interesse hauptsächlich auf die italienische Oper. Er komponierte ein paar Gesänge, darunter *Mein Genius, mein Engel, mein Freund* auf einen Text von Afanasi Fet. Mehr Gewicht hat Tschaikowskys erstes gedrucktes Werk, *Mezza notte,* eine Romanze für Sopran oder Tenor mit Klavierbegleitung, die 1860 wahrscheinlich ganz auf Kosten ihres Schöpfers gedruckt wurde. Italienische Einflüsse sind nicht zu überhören. Piccioli hatte in der italienischen Musik nicht nur eine große Vorliebe für Rossini, sondern auch für Bellini, Donizetti und den jungen Verdi, was für Tschaikowsky noch bedeutsamer war. Dennoch ist *Mezza notte* – zwar ein Meilenstein für Tschaikowskys kompositorische Entwicklung – ein eher uninteressantes Stück voller banaler, völlig uneigenständiger Floskeln.

1859 hatte Tschaikowsky die Juristenschule verlassen; er

Beginn des Liedes »Mein Genius, mein Engel, mein Freund«.
Autograph, 1857/60

Tschaikowsky mit 19 Jahren (1859)

wurde danach als Verwaltungssekretär im Justizministerium angestellt. Aus dem gutaussehenden Jugendlichen war ein typischer »junger Mann aus der Stadt« geworden, geckenhaft bis zum Dandytum – die konsequente Reaktion eines jungen Mannes, der plötzlich aus einem lächerlichen schulischen Reglement, wie Tschaikowsky es genossen hatte, entlassen worden war. Er wirkte nun in Schauspielaufführungen im Hause der Familie Jessipow mit, versorgte Festgesellschaften mit Tanzmusik und flirtete unentwegt – immer unter Wahrung der Distanz – mit jungen Damen, zum Beispiel mit Sophie Herngroß, die seiner Eitelkeit mit ihrer Bewunderung entgegenkam. Oft ging er ins Theater, ins Ballett, in die Oper; mit großem Interesse sah er Webers *Freischütz*, Meyerbeers *Hugenotten* (für ihn musikalisch besonders bedeutungsträchtig!), daneben aber auch seine besonderen Lieblinge, Mozarts *Don Giovanni* und Glinkas *Leben für den Zaren*, ferner Opern Verdis und anderer Italiener, mit denen er unter Picciolis Anleitung erste Bekanntschaft gemacht hatte.

Am 10./22. März 1861 schrieb er an seine Schwester Sascha, die inzwischen Leo Wassiljewitsch Dawydow geheiratet hatte und nach Kamenka in die Ukraine gezogen war, daß seine Idee, eine musikalische Laufbahn einzuschlagen, beim Vater nicht unbedingt auf Ablehnung gestoßen sei; er werde nun also beginnen, Generalbaß zu studieren[16]. Das Problem, das sich für Tschaikowsky stellte, war, daß der Vater drei Jahre zuvor alle finanziellen Rücklagen in einer übereilten Spekulation verloren hatte. Zwar hatte er darauf die Stelle des Direktors am Technischen Institut erhalten können, aber sein Einkommen dort war doch nicht groß genug, um dem Sohn für dessen Ansinnen den nötigen Rückhalt bieten zu können. Daher konnte Tschaikowsky dem Justizministerium zunächst noch nicht den Rücken kehren, wie er es gerne getan hätte. Dennoch trat er das Musikstudium an; Nikolaj Zaremba wurde sein Lehrer. Zaremba stand mit ganzem Herzen auf seiten des deutschen Musiktheoretikers Adolph Bernhard Marx; so sah er den Sinn eines Musikstudiums in erster Linie im Erlernen von strengem Satz, was also auch für Tschaikowsky die erste Etappe seiner musikalischen Laufbahn zu sein hatte. Doch zunächst reiste Peter im Sommer mit einem Freund seines Vaters durch Westeuropa. In Paris besuchte er Aufführungen von Verdis *Troubadour* und Meyerbeers *Hugenotten*; bei seinem Vergleich mit den jeweiligen Petersburger Produktionen kamen jene schlecht weg, ausgenommen Inszenierung und Ensemble, die er als »bemerkenswert gut« bezeichnete (12./24. August 1861)[17].

Zaremba unterrichtete im Palais Michailowsky, gefördert von der Russischen Musikgesellschaft. Einer der führenden Köpfe der Gesellschaft war die Großfürstin Helena Pawlowna, eine verwitwete Deutsche, die mit dem Großfürsten Michail Pawlowitsch verheiratet gewesen war. Helena Pawlowna, später eine fanatische Gegnerin Balakirews und der »neurussischen Schule«, bewegte den Zaren, das Petersburger Konservatorium mitzufinanzieren, das im September 1862 unter Anton Rubinstein als erstem Direktor eröffnet werden sollte. Zarembas Klasse wurde dorthin verlegt, Tschaikowsky somit Konservatoriumsstudent. Er hatte nun Unterricht in Harmonielehre und Kontrapunkt[18]. Weil er noch immer am Justizministerium angestellt war, hatte er sich eigentlich auf diese beiden Fächer beschränken wollen; doch am Ende des Jahres 1862 saß er bereits auch in der Kompositionsklasse des Direktors selbst.

Zunehmend entwickelte sich die Arbeit im Ministerium zu einer Belastung für Tschaikowsky. Einmal soll er, wie die Anekdote erzählt, ins Gespräch mit einem Kollegen versunken geistesabwesend kleine Fetzen von einem offiziellen Schreiben abgerissen haben, sie zu Papierkugeln verarbeitet, auf ihnen herumgekaut und sie dann hinuntergeschluckt haben. Diese bekannte Geschichte hat nicht unbedingt zu bedeuten, daß seine juristischen Interessen nicht echt waren – gerade deshalb nicht, weil dies Papier nur versehentlich anstelle eines Konzertprogramms verspeist wurde (die Tschaikowsky häufiger in dieser Form zu sich nahm). Ob die Geschichte nun wahr ist oder nicht, Tschaikowsky war nicht mit ganzem Herzen bei der Arbeit. Doch war es klug, diesen zwar lästigen, aber sicheren Posten aufzugeben und sich ganz der Musik zu widmen? Noch ließ sich darüber streiten, ob er jemals gut genug sein würde, um ein solches Risiko wagen zu können. Den entscheidenden Schritt tat Tschaikowsky nach langem Zögern im Frühjahr 1863, enttäuscht, bei den Beförderungen im Ministerium übergangen worden zu sein. Er schrieb an die Schwester: »Mindestens bin ich von der einen Sache überzeugt, daß ich nach meiner Ausbildung ein guter Musiker sein werde.«[19] Anton Rubinstein hatte ihn darauf hingewiesen, daß einer, der »wirklich talentiert« sei, sein Fach mit größerem Ernst betreiben müsse[20]. Darin lag zwar Kritik, aber auch viel Ermutigung.

Tschaikowsky nahm sich diese Ermahnung zu Herzen. Er wurde ein streberhaft arbeitsamer Student – genauso klischeehaft wie die eben abgelegte Rolle des »jungen Mannes aus der Stadt«. Am Konservatorium schloß er Freundschaft mit dem Deutsch-Russen Hermann Laroche, der fünf Jahre jünger als Tschaikowsky war und später dessen überzeugter Anhänger wurde (ebenso intensiv war dann auch seine Ablehnung der Gruppe um Balakirew, den Tschaikowsky und Laroche übrigens erst viel später kennenlernten). Laroche, dieser junge, großäugige Mann, dessen Haupt dichte, wilde Locken zierten, sorgte dafür, daß Tschaikowskys Selbstbewußtsein wuchs, denn er glaubte fest daran, daß dieser ein großer Künstler werden würde – was Tschaikowsky selbst ja inbrünstig hoffte, auch wenn er im Herbst zuvor in einem Brief an seine Schwester genau das Gegenteil behauptet hatte. Nikolaj, der ältere Bruder, war nämlich angesichts des Entschlusses völlig entsetzt und hatte grob festgestellt, er zweifle sehr wohl daran, daß Peter je ein zweiter Glinka werden könne. Peter stimmte dem Bruder in diesem letzten Punkt zwar zu, antwortete aber, daß der Tag kommen werde, an dem »du stolz darauf sein wirst, mein Bruder zu sein«[21]. Es bot sich ihm die Gelegenheit, in zwei Konzerten als Begleiter aufzutreten, wie er am 15./27.

April seiner Schwester berichtete[22], und er wirkte an einer musikalischen Soirée bei Helena Pawlowna mit. In diesem wie in anderen Briefen erwähnt er besonders seine jüngeren Zwillingsbrüder »Toly« und »Modi«, zu denen er, da der Rest der Familie weit entfernt war, besonders zärtlich war. All seine Zuneigung projizierte er auf sie, um in irgendwelcher Form für Mutterersatz zu sorgen, wie er sagte. Etwa zur selben Zeit begann er, Klavierunterricht zu geben, um damit seine Finanzen aufzubessern.

Im folgenden Monat (Mai 1863) begannen die Proben für Alexander Serows Oper *Judith,* die Bearbeitung einer bereits abgegriffenen Handlung Meyerbeerschen Zuschnitts, aufbereitet in einer Form, wie sie in ihrer Geschmacklosigkeit zu den hohen Begabungen des Kritikers Serow nicht recht passen will. Im Jahr zuvor hatte Serow seine Lobhymnen auf Wagner gesungen, als dieser Petersburg besuchte und neben älteren Werken bereits vollendete Teile aus dem *Ring des Nibelungen* dirigierte. Tschaikowsky nahm an einigen Proben zu Serows Oper und schließlich auch an der Premiere am 16./28. Mai teil. *Judith* machte Furore; Wladimir Stassow, der Kritiker, dessen Hilfe für Balakirew und dessen Kreis so bedeutsam war, fühlte sich jedoch durch das Werk angeekelt[23]. Anders als Stassow schlugen sich viele Studenten des Konservatoriums zu den begeisterten Massen. Auch Tschaikowsky war darunter, und im Laufe der Jahre ließ seine Bewunderung für das Werk nur wenig nach. In seinen Augen hatte *Judith* eine der schwersten Prüfungen bestanden: Die Oper war ein triumphaler Erfolg geworden, ebenso das jüngere Schwesterwerk *Rogneda,* in dessen Chören Volksliedmelodien etwa nach der Art anklingen, wie es in den Opern aus der Zeit vor Glinka üblich gewesen war. In dieser Hinsicht ist sie ein direkter Nachfahre von beispielsweise Alexej Nikolajewitsch Werstowskys Oper *Askolds Grab* (1835). Serow jedenfalls blieb in Rußland bis hin zu seinem Tod 1871 einer der populärsten einheimischen Komponisten.

In den frühen 1860er Jahren wurden in Petersburg nur

gelegentlich Konzerte gegeben: Ein Dutzend veranstaltete die Russische Musikgesellschaft, dazu kamen zwei an der Freien Schule für Musik und ein einzelnes der Konservatoriumsstudenten. Dagegen gab es im Winterhalbjahr eine volle Opernsaison. Die meisten großen Sängerpersönlichkeiten Europas traten ein- oder mehrfach in Petersburg auf, und gelegentlich fand eine wichtige Uraufführung statt, zum Beispiel Ende 1862 Verdis *Macht des Schicksals* im Marinski-Theater. Sicher war Tschaikowsky unter dem Premierenpublikum genauso wie ja im Jahr darauf anläßlich der Uraufführung von Serows Oper *Judith*. Möglicherweise keimte in jener Zeit der Gedanke in ihm, daß es ein unausweichliches Schicksal für jeden Menschen gebe – ein Gedanke, mit dem er sich auf die Dauer immer mehr herumschlug. Sicher geht ein Großteil der Einflüsse Verdis, die in Tschaikowskys Musik immer wieder einmal erkennbar werden, auf diesen Eindruck von 1862 zurück.

Neben dem Unterricht in Komposition, Instrumentation, Kontrapunkt und Harmonielehre (vom Pflichtunterricht im Fach Klavier war er befreit worden) nahm Tschaikowsky Orgelstunden und begann, Flöte zu spielen, was ihm einen Platz im Konservatoriumsorchester verschaffte. Unter seiner eigenen Leitung spielte dies relativ kleine Ensemble Tschaikowskys eben komponierte Ouvertüre in F-Dur. Laroche erzählt, Tschaikowsky habe nur mit der rechten Hand dirigiert – mit der linken habe er sein Kinn festgehalten, um so zu verhindern, daß ihm der Kopf von den Schultern falle, was er im Lampenfieber für eine echte Gefahr hielt. Weitere kompositorische Versuche aus dieser Zeit sind ein Streichquartett in B-Dur, in dessen langsamem Satz als Hauptthema ein ukrainisches Volkslied vorkommt; dasselbe Lied verarbeitete er in seinem *Scherzo à la Russe* für Klavier (op. 1 Nr. 1). Sein Orchesterwerk *Tanz der Dienerinnen* wurde im Sommer 1865 in Pawlowsk gespielt; die Leitung hatte kein geringerer als Johann Strauß. Aus Puschkins »Boris Godunow« vertonte Tschaikowsky die Brunnenszene. Schließlich stammt aus dieser Zeit die Vertonung von Schillers »An die Freude« für Soli, Chor und Orchester, Tschaikowskys Abschlußkantate, sozusagen seine Diplomarbeit. Die Aufführung fand anläßlich der Zeugnisverteilung am 31. Dezember 1865/12. Januar 1866 statt; Tschaikowsky war nicht anwesend, denn er brachte es nicht fertig, sich in einer solchen Feier dem direkten Urteil der Öffentlichkeit zu stellen. Rubinstein, wenn auch darüber verärgert, ließ Tschaikowsky dennoch die ersehnte Urkunde zukommen. Mit derart eigenwilligen Kritikerpersönlichkeiten wie einerseits dem nationalistisch gesonnenen Cui, der Tschaikowsky mit seiner niederschmetternden Kritik verletzte, andererseits dem »perfekten Wagnerianer« Serow war sich Rubinstein jedenfallls in seiner Ablehnung der Kantate einig; nur der noch unbedeutende, junge Student Laroche war anderer Meinung.

Rubinsteins Urteil hatte sich einer früheren, viel bedeutenderen Komposition Tschaikowskys gegenüber noch viel schroffer ablehnend gezeigt. Die Tragödie »Das Gewitter« des bekannten Dramatikers Alexander Nikolajewitsch Ostrowsky, 1860 uraufgeführt, hatte Tschaikowsky tief beeindruckt. Tschaikowsky war damals in musikalischer Hinsicht noch ein unbeschriebenes Blatt gewesen; er hatte die Werke Schumanns noch nicht kennengelernt und wußte nicht einmal, wie viele Symphonien Beethoven geschrieben hatte. Seinen ursprünglichen Plan, aus dem Drama eine Oper zu machen, ließ er wieder fallen. Im Sommer 1864 jedoch stellte ihm Rubinstein als Aufgabe für die Ferien, eine Ouvertüre zu schreiben. Seit der Uraufführung des »Gewitter« waren vier Jahre ins Land gegangen; Tschaikowsky hatte Lücken in seiner musikalischen Ausbildung schließen können, hatte einige Werke Schumanns und Beethovens kennengelernt, aber auch Kompositionen von Berlioz, Liszt und Henri Litolff, deren Konzertouvertüren und Klavierkonzerte ihn begeisterten. Eigenartig, daß diese Bekanntschaften gerade durch Rubinstein vermittelt worden waren, denn dieser erlaubte seinen Schülern nie, beim Komponieren über eine Orchesterbesetzung hinauszugehen, wie Schumann oder Mendelssohn sie verwendet hatten. Tschaikowskys Hausaufgabe für die Ferien wuchs sich nicht nur zur verpönten Form einer Konzertouvertüre mit einem Programm – eben dem des Ostrowsky-Dramas – aus, sondern ihre Orchesterbesetzung überschritt auch die Grenzen bei weitem, die Rubinstein zu setzen pflegte: Streichertremoli, Harfe, Tamtam, Tuba und Englischhorn – sie alle kommen in der Ouvertüre vor – stießen auf dessen heftigsten Widerspruch; wegen der programmatischen Anlage des Werks verweigerte Rubinstein eine positive Bewertung.

Diesen Sommer des Jahres 1864 verbrachte Tschaikowsky als Gast des Fürsten Golitsin in Trostinets in der Provinz Charkow. Nach Vollendung der Ouvertüre schickte Tschaikowsky sie begeistert an Laroche[24] und bat ihn, das Stück Rubinstein vorzulegen – der dann entsprechend entsetzt war. Das Werk stellte sich ihm in seiner Form als sinnlos, in seiner Orchestrierung als monströs und in seiner Thematik als kindisch und unecht dar. Nikolaj Rubinstein, der Bruder Antons, lehnte das Werk ebenfalls ab (später jedoch stand er Tschaikowskys Schaffen eher zustimmend gegenüber). Bei genauer Betrachtung der Partitur zeigt sich für uns, daß die Brüder Rubinstein in ihrer völligen Ablehnung dieses zwar vielleicht etwas naiven Werks unrecht hatten.

Im 23. Takt der Introduktion, »Andante misterioso« überschrieben, baute Tschaikowsky eine russische Volksliedmelodie ein (*Iskodila Mladenka*, später auch von Mussorgsky in dessen *Die Fürsten Chowanski* verarbeitet), die er von Celli und Englischhorn spielen läßt. Verbindungen zu Balakirews *Zweiter Ouvertüre über russische Themen*, die nur wenige Monate zuvor in Petersburg uraufgeführt wurde, sind vielleicht nicht ganz zufällig. Zu den bewußt als Höhepunkt des Stücks herausgearbeiteten Passagen, deren Gestaltung auf Meyerbeer und die französische Grand opéra zurückgehen, gehören Paukenwirbel mit plötzlichen Fortissimo-Tuttischlägen, einige Takte für Posaunen im Pianissimo mit Tamtam-Klängen, andere, in denen die Posaunen in Oktaven zu wilden Streicherfiguren spielen, tiefe Bläserakkorde und der Einsatz gedämpfter Trompeten (unmittelbar vor dem Wiedereinsetzen des Allegro-vivo-Hauptthemas in der Reprise), dazu Phrasen, in denen auf jedem betonten Taktteil die Becken geschlagen werden, Fortissimo-Akkordschläge gegen den Takt – undsoweiter. Meyerbeer hatte diese Effekte entwickelt, »um den Bourgeois zu verblüffen«, wie Théophile Gautier es ausdrückte. Aus der Welt der Oper abgeleitet erscheint auch das deutlich Verdi nachempfundene Hauptthema des Allegro vivo, das allerdings weitgehend in wiederholungsreichem, von Liszt übernommenem Tapetenmuster-Stil verarbeitet wird, wenn auch gerade dort stilistische Spuren Litolffs auszumachen sind. Noch deutlicher auf Liszt weist der fugische Beginn der »Durchführung« hin, deren Eröffnung sogar – wahrscheinlich unbewußt – das erste Thema von Liszts Es-Dur-Klavierkonzert wörtlich übernimmt. Tschaikowsky bestritt damals, sich in Liszts Werk näher ausgekannt zu haben – was vielleicht doch etwas zu bescheiden war. Das zweite Thema der Ouvertüre schließlich, ein schweifendes Liebesthema, ist von reicher melodischer Schönheit; will man es stilistisch einordnen, so kann man es als »Bellini mit russischem Akzent« bezeichnen, wie Gerald Abraham diesen Thementyp, den Tschaikowsky so meisterhaft beherrschte, einmal genannt hat (es hat hier jedoch in seiner zweiten Hälfte auch einen kräftigen Balakirew-Einschlag). Auch in vielen noch reiferen Werken Tschaikowskys hätte es sich gut behaupten können.

In der gesamten Partitur finden sich zahlreiche Merkmale, die auf Tschaikowskys späteren Kompositionsstil hinweisen, dazu Einflüsse Bellinis, Verdis, Meyerbeers, Liszts, Litolffs, Balakirews und der russischen Volksmusik. Die Brüder Rubinstein stellten jedoch fest, daß eine Aufführung »völlig ausgeschlossen« sei[25]. Trotz aller offensichtlicher Schwächen hätte dieses Urteil nicht so schroff ausfallen müssen.

Zweites Kapitel

ERSTE MOSKAUER JAHRE
1866–1869

1860 hatte Anton Rubinsteins Bruder Nikolaj die Moskauer Abteilung der Russischen Musikgesellschaft gegründet; vier Jahre später zog er in ein größeres Gebäude um, in dem er nun mit mehreren Kollegen in verschiedenen musikalischen Fächern Unterricht gab. Die Einrichtung wurde mit einem Privileg des Zaren anerkannt, hatte aber zumindest in ihren ersten Jahren einen geringeren Rang als das Konservatorium der Hauptstadt Petersburg. 1865 bot Nikolaj Rubinstein Serow die Stelle des Professors für Harmonielehre an. Der vielgerühmte Komponist hatte jedoch kein Interesse, sich in der Provinzstadt Moskau förmlich kaltstellen zu lassen, besonders weil das Einkommen, das Rubinstein ihm hierfür in Aussicht stellen konnte, für eine Persönlichkeit von Serows Format wohl kaum eine Verlockung darstellen konnte. Jedenfalls waren ihm das Petersburger Musikpublikum in Beifallsbezeigungen und Helena Pawlowna in ihrer Patronage so gewogen, daß sie ihm jederzeit eine staatliche Pension hätten sichern können.

Anton Rubinstein schlug daher seinem Bruder vor, den jungen Tschaikowsky in diese Stellung zu berufen. Tschaikowsky nahm den Ruf freudig an – trotz des nur bescheidenen Gehalts. Bald nach Abschluß des Studiums zog er also von Petersburg nach Moskau[1]. Dort richtete Nikolaj Rubinstein ihm in seinem Haus ein Zimmer ein, sorgte für Tschaikowskys

Ernährung und auch für standesgemäße Kleidung. Er nahm ihn in Opern und Konzerte mit und führte ihn in den Kreis der Kollegen ein. Trotzdem litt der frischgebackene Konservatoriumsprofessor unter der Trennung von der Familie, besonders von den Zwillingen; ihnen und den anderen Familienmitgliedern schrieb er in den ersten vier oder fünf Wochen aus Moskau zehn Briefe, obwohl er genügend zu tun hatte: Theater- und Konzertbesuche boten ihm ein volles Programm, dazu der Unterricht und schließlich die zeitaufwendigen gesellschaftlichen Pflichten – das gemeinsame Tafeln und die Gelage mit dem übermäßig geselligen Rubinstein, bei ihm zuhause oder im vornehmen English Club. Darüber hinaus arbeitete Tschaikowsky an der Orchestrierung einer (in sich ziemlich unausgeglichenen) Ouvertüre in c-Moll, die er im zurückliegenden Sommer entworfen hatte. Rubinstein weigerte sich aus verständlichen Gründen, sie aufzuführen. Dagegen erklang in einem Konzert der Russischen Musikgesellschaft die eben fertiggestellte Ouvertüre in F-Dur für großes Orchester; sie bewegt sich in den konventionellen Bahnen der Gattung. Die Aufführung hatte einigen Erfolg, was den Komponisten höchlichst beglückte.

Die Familienbriefe[2] aus den ersten Moskauer Wochen zeigen, wie schwer Tschaikowsky sein Heimweh zu schaffen machte und wie sehr er fürchtete, möglicherweise »jahrelang – oder gar für immer« in Moskau leben zu müssen. »Rubinstein kümmert sich um mich, als ob er mein Kindermädchen wäre.« Tschaikowsky erzählt, wie er Kaschkin, Albrecht und anderen Persönlichkeiten vorgestellt wurde, und berichtet von den Besuchen bei der Familie Tarnowsky, zu der auch »zwei nette Nichten« gehörten; in die eine sei er, wie er sich einredete, etwas verliebt, was Rubinstein zu ziemlich plumpen »Neckereien« hinriß. Mufka, wie die junge Dame genannt wurde, heiratete jedoch wenig später einen Offizier. Auch von seiner Lektüre schreibt Tschaikowsky (»Die Pickwickier« von Charles Dickens in einer russischen Übersetzung, die der mit großem Amüsement gelesen habe) und von seiner ersten Vorle-

Nikolaj Rubinstein

sung, in der er sich »fürchterlich unwohl« fühlte, durch die er aber »mit Anstand durchkam«. Rund zehn Tage später heißt es bereits: »Ich bin überhaupt nicht mehr nervös; allmählich gelingt es mir, eine ordentlich professionelle Miene aufzusetzen.«

Unter Tschaikowskys Kollegen war Nikolaj Rubinstein die herausragende Gestalt. In ihm verbanden sich großartige Fähigkeiten als Pianist und Dirigent mit einerseits ausgesprochenem Organisationstalent, andererseits typisch aristokratischen Schwächen für Damen und Glücksspiel; hinzu kam noch die unverwechselbar russische Fähigkeit, Alkohol in ungeheuren Mengen konsumieren zu können. Er war daher nicht unbedingt die geeignete Persönlichkeit, einen so leicht zu beeinflussenden Menschen wie Tschaikowsky anzuleiten – immerhin war Tschaikowsky auch nur fünf Jahre jünger als Nikolaj Rubinstein. Tschaikowsky betrank sich später gelegentlich schwer, häufiger als er es zugab; dennoch ist er nicht unbedingt als Trinker zu bezeichnen. Mit Frauen hatte er nicht viel im Sinn, und auch dem Spiel gab er sich nicht hin – außer vielleicht dem Spiel mit dem Leben oder mit dem »Schicksal«, wie er es möglicherweise nannte. Als musikalischer Mentor war Nikolaj Rubinstein dem Bruder Anton jedenfalls vorzuziehen: Er hatte größere Sympathien für die »neurussische Schule«, wie man sie nannte, und führte als erster Tschaikowskys frühe Werke auf.

Andere Kollegen, mit denen Tschaikowsky bald Freundschaft schloß, waren der Musikverleger Peter Iwanowitsch Jürgenson, der Pianist und Kritiker Nikolaj Dimitrjewitsch Kaschkin sowie der Cellist Konstantin Albrecht. Albrechts besondere musikalische Vorliebe galt Wagner, Liszt und Schumann. Nur im Falle Wagners war Tschaikowsky mit ihm nicht einig; Liszts Musik hatte bereits das *Gewitter* und die c-Moll-Ouvertüre intensiv befruchtet, und Einflüsse Schumanns fallen in der cis-Moll-Klaviersonate auf, die Tschaikowsky 1865, wenige Monate zuvor, noch in Petersburg geschrieben hatte. Das Werk knüpft sogar so stark an Schumann an – in der Führung der Hände, den Vier-Takt-Strukturen, der Ornamentik und Harmonik mit ihren chromatischen Wendungen, ihrer bezaubernden Gestaltung und der Thematik –, daß man deutlich spürt, wie intensiv sich der Komponist mit Schumanns Klavierwerk, besonders den Sonaten, beschäftigt hatte. Es ist daher merkwürdig, daß dieses Stück keineswegs das erfolgreichste unter den frühen Werken Tschaikowskys ist. Auf Schritt und Tritt zeigt es die Wurzeln der Originalität Tschaikowskys – allerdings auf einem Instrument, das ihn auch in seinen reifen Werken nicht zu großen Leistungen inspirieren konnte.

1867 wurde auch Laroche ans Moskauer Konservatorium berufen. Wahrscheinlich kehrte damit im Leben Tschaikowskys etwas Ruhe ein – von Rubinstein angeheizt, war er einmal »ein bißchen betrunken« nach Hause gekommen, ein andermal hatte er »zwei Abende nacheinander im englischen Club verbracht«, wie er an Anatol und Modest schrieb. Außerdem gehörte Nikolaj Albertowitsch Hubert zu Tschaikowskys engsten Freunden, ebenfalls ein früherer Studienkollege, den Tschaikowsky aber für charakterschwach hielt[3].

Tschaikowskys Freunde im Konservatorium hatten für ihn lebenswichtige Bedeutung. Sie machten ihm immer wieder Mut, halfen, führten seine Kompositionen auf, beurteilten sie kritisch und waren ihm vor allem echte Freunde. Dadurch konnte er seinen Ruf als Komponist ausbauen. Später waren sie ihm auch in seiner Einsamkeit, in der ein homosexuell veranlagter Mensch damals lebte, zugetan, boten ihm, der nicht in der Lage war, mit einer Frau in eine feste, dauerhafte Liebesbeziehung zu treten, also etwas Außergewöhnliches.

Das soll jedoch nicht heißen, daß es Tschaikowsky im Sommer 1866 bewußt gewesen wäre, daß seine Neigungen nicht mehr reversibel waren. Möglich erscheint vielmehr, daß die Familie, in der Hoffnung, seine Neigung für Vera Dawydowa, Saschas Schwägerin, könne aufblühen, den schlechten Zustand der Landstraßen nur als Vorwand nahm, um Tschaikowskys Ferien in Kamenka zu vereiteln und ihn statt dessen mit Modest eben zu Vera, zu deren Schwester Elisabeth und beider Mutter in die Gegend von Peterhof bei Petersburg zu schicken. Glaubhaft wird diese Überlegung vor allem deshalb, weil Anatol plangemäß doch nach Kamenka reisen durfte. In Peter jedoch regten sich keine Liebesgefühle. Vielleicht deshalb, also als Ergebnis unerträglicher Frustration, versagte er sich alle Vergnügungen und griff die Arbeiten an seiner Ersten Symphonie wieder auf, die er im März begonnen hatte[4]. All dieses erleichterte ihm das Leben kaum; die psychische Zerrüttung nahm im Laufe des Sommers erschreckend zu, weil er,

Désirée Artôt

unter Schlaflosigkeit leidend, Tag und Nacht an der Symphonie arbeitete und so den unvermeidlichen Nervenzusammenbruch nur vor sich herschob – bis an den Rand des Wahnsinns[5].

Den folgenden Sommer beschloß er mit Modest in Finnland zu verbringen. Bis Viborg kamen sie, mußten aber feststellen, daß ihnen bereits dort das Geld ausging. Sie kehrten um und fuhren nach Petersburg, um beim Vater Nachschub zu holen.

Der Vater jedoch war inzwischen in den Ural abgereist. Ihre letzten Kopeken verbrauchten sie schließlich für die Dampferfahrt nach Hapsal in Estland, wo sie wiederum zu den Dawydowa-Damen stießen. Tschaikowsky komponierte dort drei Klavierstücke, die er *Souvenir de Hapsal* betitelte (op. 2). Eines ist der einigermaßen bekannte *Chant sans paroles,* der bereits durch seinen Titel unverblümt auf sein Mendelssohnsches Herkommen hinweist, die beiden übrigen sind ein alltägliches Scherzo und *Ruines d'un Château,* ein phrasenhaft romantisches Salonstück. Alle drei Stücke widmete Tschaikowsky Vera, ohne damit irgendwelche enttäuschten Gefühle zu verbinden oder gar Neigungen zu ihr zu zeigen. Insgesamt glaubte er noch, sich bei Sascha entschuldigen zu müssen, daß es von ihm aus zu keiner engeren Beziehung zu Vera gekommen war, die sich ihrerseits einbildete, in ihn verliebt zu sein.»Vielleicht bin ich blind und stumpf«, schrieb er, »aber ich schwöre Dir, daß meine Gefühle für sie nicht über eine gewöhnliche, einfache Freundschaft hinausgehen.«[6] Außerdem behauptete er, er sei zu faul zum Heiraten.

1868 lernte er jedoch eine Dame kennen, von der er selbst meinte, sie zu lieben. Es war Désirée Artôt, die erste Sopranistin einer italienischen Operntruppe, die in Moskau gastierte. Die Artôt, eine Schülerin von Pauline Viardot-Garcia, war eine hinreißende Künstlerin mit großem Stimmumfang und einer enormen persönlichen Ausstrahlung, sah aber, wie Laroche zu berichten weiß, nicht übermäßig gut aus. Jedenfalls war sie der Star des ansonsten nur drittklassigen Ensembles. Moskau strömte in Scharen herbei, um sie zu hören. Tschaikowskys Neigung zu ihr wurde mit der Zeit auffällig: Fürst Odojewsky schrieb in sein Tagebuch, der junge Komponist »hofiere sie sehr«[7]. Am 25. September/7. Oktober 1868[8] schrieb Tschaikowsky selbst: »Die Artôt ist wunderbar. Wir sind gute Freunde.« Und am 21. Oktober/2. November: »Ich bin im Augenblick sehr beschäftigt; ich schreibe Rezitative und Chöre für Aubers *Domino noir,* die bis zur Wohltätigkeitsvorstellung der Artôt fertig sein sollen.« Schließlich irgendwann im November: »Oh, Modinka,... wenn Du wüßtest, was für eine Sängerin und Künstlerin die Artôt ist!... Es tut mir so leid, daß Du sie nicht sehen und hören kannst! Wie hingerissen Du von ihrer Gestik wärest, von ihren Bewegungen und ihrem Auftreten!« Er widmete ihr die ziemlich inhaltsarme *Romance* op. 5 für Klavier; wenn dies jedoch noch kaum ein Beweis für seine Leidenschaft war, so schrieb er dann im Dezember an Modest: »Lange habe ich Dir nicht mehr geschrieben. Inzwischen hatte sich aber Verschiedenes so gefügt, daß ich keine Briefe schreiben konnte, denn ich habe all meine freie Zeit einer einzigen Person gewidmet. Du wirst wahrscheinlich von ihr gehört haben – ich bin sehr verliebt in sie.«

Am 26. Dezember 1868/7. Januar 1869 fragte er den Vater um Rat: »Weil ich annehme, daß Dich Gerüchte über meine Heiratsabsichten erreicht haben und Du vielleicht verärgert bist, weil ich Dir davon nichts geschrieben habe, will ich Dir jetzt einfach alles erklären. Letztes Frühjahr lernte ich die Artôt kennen, sah sie aber nur einmal bei einem Abendessen nach ihrer Benefizveranstaltung. Als sie diesen Herbst nach Moskau kam, verstrich ein Monat, ohne daß ich mich bei ihr gemeldet hätte. Dann trafen wir uns zufällig auf einer musikalischen Soirée; sie wunderte sich, daß ich sie noch nicht besucht hatte.«

Anscheinend ergriff also die Artôt selbst Initiative. Tschaikowsky fuhr in seinem Brief fort: »Ich versprach ihr, sie zu besuchen, hätte dies Versprechen aber wohl nie eingelöst, wenn Anton Rubinstein, der gerade zufällig in Moskau war, mich nicht bis zu ihrer Wohnung begleitet hätte (denn ich finde es schwierig, auf andere Leute zuzugehen). Von da an bekam ich fast täglich eine Einladung von ihr und gewöhnte mich daran, sie allabendlich zu besuchen.«

Primadonnen haben immer einige nette junge Herren um sich; Tschaikowsky jedoch nahm den Flirt ernst. »Bald entzündeten sich unsere Gefühle in großer Leidenschaft zueinander, woraus sofort gegenseitiges Verstehen erwuchs. Es bedarf keiner näheren Erläuterung, daß sich gleich die Frage nach einer Heirat ergab; wir beide wünschen sie, und sie soll diesen Sommer stattfinden, wenn nichts dazwischenkommt.«

Aber Tschaikowsky hatte ebenso wie die Artôt seine heimlichen Bedenken. Ein Hindernis auf dem Weg, der zum Eheglück hätte führen können, war unter anderem Tschaikowskys zukünftige Schwiegermutter, die ihn für nicht alt genug hielt (er war fünf Jahre jünger als die Artôt) und die sich nur schwer in den Gedanken fügen wollte, daß ihre Tochter nach Rußland ziehen würde. Daneben hatten auch Nikolaj Rubinstein und andere Freunde Einwände gegen die bevorstehende Hochzeit; Tschaikowsky schrieb: »Sie tun alles, was in ihren Kräften steht, um die Heirat zu verhindern. Sie sagen, mir bliebe, wenn ich eine berühmte Sängerin zur Frau hätte, nur noch die traurige Rolle übrig, eben der Ehemann meiner Frau zu sein, also hinter ihr her durch ganz Europa zu reisen, auf ihre Kosten zu leben und für eigene Arbeit keine Zeit zu finden – mit einem Wort: Wenn meine Leidenschaft sich etwas abgekühlt haben würde, würde sich mein Selbstwertgefühl in Enttäuschung und Verzweiflung auflösen.«

Dies jedoch könne nur vermieden werden, wenn sie sich mit ihm in häuslichem Leben in Rußland niederlasse, doch: »Bei aller Liebe kann sie es nicht über das Herz bringen, sich von der Bühne zurückzuziehen, an die sie sich so gewöhnt hat und die ihr Ruhm und Geld einbringt.« Tschaikowsky seinerseits wollte sich nicht an seiner eigenen Zukunft versündigen. Er liebte die Artôt mit ganzem Herzen und ganzer Seele und fühlte, es sei »nicht möglich, länger ohne sie zu leben«. Andererseits: »Kühler Verstand fordert mich zu überlegen auf. Ich warte, lieber Vater, bis Du mir schreibst, wie Du über die Angelegenheit denkst.«[9]

Wie man vielleicht schon erwartet, überließ Tschaikowskys Vater alle Entscheidungen seinem Sohn selbst[10]. Weder ein präziser Rat, das eine oder andere zu tun, hätte jedoch auch nur irgendetwas genützt, denn die Artôt wandte sich dem spanischen Bariton Mariano Padilla y Ramos zu – wenn sie nicht gar schon länger mit ihm verlobt gewesen war – und heiratete ihn ein paar Monate später. Tschaikowskys Gefühle für sie kühlten schnell ab – schneller, als es wohl hätte geschehen dürfen, wäre er tatsächlich so bezaubert von ihr gewesen, wie er in seinen Briefen schrieb. Ein oder zwei Wochen später fügte er in einen Brief an Anatol eine kurze Passage ein – »Was mein Liebesintermezzo angeht..., kann ich Dir nur sagen, daß ich nicht weiß, ob ich in das Reich der Ehe einziehen werde; die Sache geht nicht wirklich nach Plan«[11] –, sonst ist der Brief in erster Linie ein Bericht über neue musikalische Aktivitäten.

Die Nachricht, daß die Artôt geheiratet habe, erreichte ihn durch keinen anderen als einen plötzlich unverhüllt fröhlichen Nikolaj Rubinstein. Tschaikowskys Herz brach nicht; sein Stolz jedoch war eine Zeitlang verwundet. Ursprünglich war er vielleicht tatsächlich der Ansicht, seine Gefühle für Désirée Artôt seien stark genug, um auch ihm eine befriedigende Intimbeziehung zu ermöglichen; schließlich sind Homosexuelle ja auch zu heterosexuellen Verbindungen fähig. Ungeachtet all dieser Spekulationen bleibt jedoch zu bedenken, daß dies wahrscheinlich Tschaikowskys letzte Chance war. Was für den Achtundzwanzigjährigen vielleicht noch möglich war, eröffnete sich dem Siebenunddreißigjährigen nicht mehr. Inzwischen hatten sich seine homosexuellen Phantasien (wenn nicht noch mehr) so herausgebildet, daß der Gedanke an Heirat zu einem Trauma wurde.

Wie die Liebe zu Désirée Artôt nicht mehr als eine Jugendaffäre war, lag Tschaikowskys »musikalische Pubertät«, wie er sie in der Ouvertüre *Das Gewitter* erreicht hatte, erst einen knappen Schritt hinter ihm. In den späten sechziger Jahren jedoch erreichte er sehr schnell künstlerische Reife und komponierte – unter Balakirews Anleitung – sein erstes Meisterwerk. Dies soll allerdings nicht heißen, daß es Tschaikowskys frühen Werken an Zeichen großen Talents und großer Phantasie gefehlt hätte. Das nun aber bedeutendste Orchesterwerk wurde die Erste Symphonie g-Moll (op. 13). Wie wir sahen,

wurde sie im März 1866 begonnen, wenige Wochen nach
Tschaikowskys Umzug nach Moskau. Trotz des Nervenzusammenbruches, zu dem sich die Überarbeitung an diesem
Werk Ende Juli ausgewachsen hatte, war die Schreibarbeit
etwa Mitte August abgeschlossen und die Orchestrierung weit
genug gediehen, daß Tschaikowsky das Stück Anton Rubinstein und Zaremba zeigen konnte. Sie jedoch bezogen entschieden Position gegen das Werk und lehnten ab, es in der
folgenden Konzertsaison der Russischen Musikgesellschaft
zur Uraufführung vorzusehen, gaben aber detaillierte Vorschläge, wie das Stück nach ihrer Meinung umkomponiert
werden sollte. An die Revision konnte Tschaikowsky damals
allerdings nicht gehen. Am 1./13. September 1866 zog das
Moskauer Konservatorium offiziell in einen neuen, größeren
Bau um. Tschaikowsky nahm am Festbankett teil, überwand
seine Schüchternheit, brachte einen Toast aus und spielte
nach dem Bankett auf dem Klavier auswendig Glinkas Ouvertüre zu *Ruslan und Ludmilla,* denn er war der Ansicht, daß
»Glinkas Musik die erste zu sein hat, die im neuen Konservatorium erklingt«, wie Kaschkin berichtet[12]. Danach machte er
sich an die Komposition der *Festouvertüre über die dänische Nationalhymne,* die bald fertiggeschrieben war. Nikolaj Rubinstein
hatte ihm hierfür den Auftrag verschafft; das Stück sollte bei
den Moskauer Festveranstaltungen anläßlich der Hochzeit des
Zarewitschs mit der dänischen Prinzessin Dagmar aufgeführt
werden. Als Geschenk für dieses Werk erhielt Tschaikowsky
goldene, mit Türkisen besetzte Manschettenknöpfe, die er
gleich an einen seiner Kollegen, den Pianisten Dubuque,
verkaufte[13].

Ende November 1866 konnte Tschaikowsky deshalb erst die
Revision der Symphonie abschließen und erneut an Anton
Rubinstein und Zaremba schicken – die allerdings immer
noch unzufrieden mit ihr waren. Adagio und Scherzo dagegen
bezeichneten sie als gelungen und setzten sie auf das Programm eines Konzerts, das für den 11./23. Februar 1867 in
Petersburg geplant war. Zuvor führte Nikolaj Rubinstein das

Scherzo bereits Anfang Dezember in Moskau auf; beim Publikum stieß es auf keinen großen Beifall. Nach noch weiteren Änderungen brachte Nikolaj Rubinstein am 3./15. Februar 1868 schließlich das komplette Werk zur Aufführung – mit großem Erfolg. Tschaikowsky konnte Anatol berichten, das Adagio sei besonders bewundert worden[14].

Der Anfang der Symphonie erinnert an Mendelssohn: In ihrer Stimmung ähnelt sie dem Beginn der *Hebriden-Ouvertüre*, und wie in der Vierten Symphonie *(Italienische)* wird man vom ersten Thema überrascht, ohne daß zuvor eine Introduktion erklungen wäre. Die programmatischen Titel, »Winterträume« für die ganze Symphonie, »Träumereien auf winterlicher Fahrt« für den ersten Satz, »Land der Öde, Land der Nebel« für den zweiten, sind allem Anschein nach ebenfalls an Mendelssohn angelehnt, denn ihre Wahl ist eher zufällig, als daß sie eine Auswirkung auf die Form des Werks hätten. Eben die Form an sich ist aber im ersten Satz von Mendelssohn »abgeschrieben«, im zweiten an Schumann angelehnt. Während einige zarte Stellen ausdrücklich Mendelssohn nachempfunden sind – Tschaikowsky schmeichelte hiermit ganz bewußt den Vorlieben der Brüder Rubinstein –, ist das Stück in seiner Anlage vielen Schumannschen Werken ähnlich. Das erste Thema steht in deutlich Mendelssohnscher Umgebung, an sich ist es eher an russische Volksmusik angelehnt. Es tritt ein, wird häufig wiederholt, von Terzen und Quarten begleitet. Anschließend erklingt eine wichtige Phrase, für die weder Mendelssohn und Schumann noch die russische Volksmusik Pate gestanden haben können: Sie ist aus dem Musiktheater übernommen. Man erwartet förmlich, daß nach der in Notenbeispiel 1 wiedergegebenen Musik jemand auf die Bühne schleicht und im Flüsterton singt: »Mezza notte – Mitternacht«.

Dies erinnert nicht einmal unbedingt an Meyerbeer, der in der Oper *Die Hugenotten* die Verschwörer, die das Massaker der Bartholomäusnacht anzetteln, die Worte »à-mi-nuit« auf eben diesen Rhythmus ♫♩ singen läßt; eher denkt man an

Verdis *Maskenball*. Abgesehen von dieser Passage ist die Symphonie jedoch keineswegs opernhaft. Die Steigerungswirkungen durch steigende und fallende chromatische Tonleiterausschnitte, die Höhepunkte, an denen das Thema vom vollen Blech gespielt wird, begleitet von Streichertremoli, das alles ist weniger an Meyerbeer angelehnt als entsprechende Stellen im *Gewitter* oder in der c-Moll-Ouvertüre. Musik, wie sie uns in Schumanns Erster und Vierter Symphonie (die Tschaikowsky mit den Dawydowà-Damen im Sommer 1866 ebenso wie Mendelssohns *Italienische* vierhändig auf dem Klavier spielte) und noch mehr in Schumanns Ouvertüre zu *Manfred*, nur vierzehn Jahre zuvor uraufgeführt, entgegentritt, mag hier Vorbild gewesen sein. Gerade Schumanns *Manfred*-Ouvertüre ist Tschaikowsky hier in vielen chromatischen Wendungen verpflichtet, zum Beispiel rund zwanzig Takte vor dem zweiten Thema, wo das erste Thema über einer fallenden, gelegentlich chromatischen Leiter harmonisiert wird[15]. In der fallenden Chromatik und auch in seinem Kontext ähnelt diese Stelle dem zweiten Thema der Schumannschen Ouvertüre. Ebenfalls Schumann nachempfunden tritt das herrliche zweite Thema selbst mit seiner wiederum chromatischen Begleitung hervor[16], mehr noch die Erweiterungs- und Durchführungstechniken (punktierte Rhythmen, Streicher-Tremoli[17], Synko-

Notenbeispiel 1:
Symphonie Nr. 1 g-Moll (»Winterträume«),
1. Satz

pen[18]). Anfang und Schluß des zweiten Satzes scheinen ebenso von Schumann übernommen zu sein, nicht weniger das Scherzo, in dem Drei-Achtel- und Drei-Viertel-Takt gegeneinanderlaufen; Tschaikowsky verarbeitete hier das Scherzo aus seiner cis-Moll-Klaviersonate und orchestrierte es für eine Mendelssohnsche Besetzung.

Volksmusikelemente findet man nicht nur im ersten Satz. Das Hauptthema des langsamen Satzes ist eine volkstümelnde Melodie, die in ihrem fünften Takt (im Notenbeispiel 2 mit x bezeichnet) eng angelehnt ist an den *Gesang der Wolgaschiffer*. Tschaikowsky baute in den ersten Akt seiner Oper, die er wenig später über Ostrowskys Schauspiel »Der Woiwode« zu schreiben begann, eine ähnliche Melodie ein, die er später auch in die Oper *Der Opritschnik* übernahm (Notenbeispiel 2b). Der Melodietyp ist in Tschaikowskys Unterbewußtsein lebenslang wach geblieben; mit nur geringfügigen Änderungen findet man ihn beispielsweise auch im vierten Akt des Balletts *Schwanensee* wieder.

Als hätte er das Stück noch nicht genug mit volkstümlichen Elementen ausgestattet, verarbeitete Tschaikowsky im Finale schließlich noch eine echte Volksweise, *Der Garten blüht auf*, zunächst in der langsamen Einleitung, dann als zweites Thema des »Allegro maestoso«, wo seine Verwendung fast

Notenbeispiel 2:
Symphonie Nr. 1 g-Moll, 2. Satz

banal wirkt. Somit ist das Scherzo also der einzige Satz, in dem Tschaikowsky keine volkstümlichen Elemente in den Vordergrund stellte; der letzte Satz dagegen ist der einzige, in dem sein Umgang mit ihnen nicht völlig befriedigt.

Außer Tschaikowskys Erster Symphonie entstanden in den 1860er Jahren zwei weitere bedeutende russische Symphonien, ebenfalls als »Erste«: die es-Moll-Symphonie von Rimsky-Korsakow (später nach e-Moll transponiert) und die Es-Dur-Symphonie von Borodin. Borodins Symphonie blieb lange unbekannt und wurde erst 1869 uraufgeführt, Rimsky-Korsakows dagegen war wenige Wochen vor Tschaikowskys Umzug nach Moskau von Balakirew in Petersburg uraufgeführt worden. Die »neurussische Schule« in Petersburg begrüßte sie als »erste russische Symphonie« – der Symphoniker Anton Rubinstein galt dieser Gruppe nicht als »russisch«.

Die Uraufführung der es-Moll-Symphonie Rimsky-Korsakows erlebte Tschaikowsky mit, Borodins Erste lernte er erst ein oder zwei Jahre später kennen. Daher kann man aus Ähnlichkeiten zwischen den beiden Werken Tschaikowskys und Borodins nur schließen, daß die Komponisten den gleichen Einflüssen ausgesetzt waren beziehungsweise sich an dieselben Vorbilder anlehnten – besonders eben an Schumanns *Manfred*-Ouvertüre (in Es-Dur/es-Moll!). Borodins Anknüpfen erfolgte noch direkter als das Tschaikowskys, in den gegenläufigen Rhythmen, der Chromatik, besonders aber allgemein in der langsamen es-Moll-Einleitung, aus der er die Themen für den Hauptteil des Satzes entwickelte. Doch während Tschaikowskys Scherzo, ursprünglich ja für Klavier geschrieben, sich in Schumanns g-Moll-Sonate fast bruchlos einpassen ließe, ist Borodins entsprechender Satz ein ganz eigenständiger Versuch, der zu Beethoven und Mendelssohn einen gewissen Abstand hält. Rimskys Scherzo schließlich ist ebenso zauberhaft wie naiv. Allen drei Symphonien ist jedenfalls gemeinsam, daß die Techniken, mit denen die Finalsätze gestaltet sind, in ihren Wurzeln direkt auf Schumann zurückgehen.

Noch aussagekräftiger als die Untersuchung dieser Einflüsse aus dem mitteleuropäischen Kulturraum, die auf die drei jungen Komponisten offenbar in ähnlicher Weise einwirkten, ist ein Vergleich dessen, wie sie Volksmusik verarbeiteten. Die Petersburger Gruppe um Balakirew, das »Mächtige Häuflein«, wie man sie nannte, war mit Tschaikowsky noch nicht persönlich bekannt, stand ihm auch als Zögling des verachteten Konservatoriums nur sehr zurückhaltend gegenüber. Doch kann man keineswegs behaupten, daß Tschaikowsky seltener auf echte russische Vorbilder zurückgegriffen habe als die Meister des »Mächtigen Häufleins«, wie Martin Cooper ausführte[19]. Viele frühe Werke Tschaikowskys sind voll von echten Volksweisen oder volkstümelndem Material, meist sehr feinsinnig und klug verarbeitet. Rimsky-Korsakows und Borodins erste Symphonien tragen die Einflüsse des Volkstümlichen an nicht so zentraler Stelle wie die Tschaikowskys. Bei Borodin findet man im ersten und letzten Satz der Es-Dur-Symphonie nichts derartiges; dabei war dessen Symphonie doch gerade – ebenso wie die Rimsky-Korsakows – unter der strengen Aufsicht Balakirews entstanden. Nur der exotisch »orientalische« langsame Satz und das überwältigende Trio haben allgemein volkstümlichen Charakter – das genügte Balakirews Ansprüchen. Er war der Meinung, eine echte Volksweise oder etwas Vergleichbares könne nie das Hauptthema zu einem Sonatenhauptsatz abgeben, ohne einen Symphoniesatz zu Flickwerk zu zerreißen. Tschaikowskys Leistung im ersten Satz seiner Symphonie besteht darin, daß er dies Problem löste, ohne daß sein Produkt grotesk wirkt. Als Tschaikowsky im Frühjahr 1868 zum ersten Mal mit Balakirews Gruppe zusammenkam und dieser Satz gespielt wurde, schrieb Rimsky-Korsakow: Das Stück »gefällt uns sehr gut. Wir haben unsere Meinung geändert und sind ihm nun günstig gesonnen.«[20] Kein Zweifel, der Absolvent des Konservatoriums war von denselben Emanzipationsgedanken und demselben Nationalismus der sechziger Jahre gepackt wie seine autodidaktischen Zeitgenossen; und im Umgang mit

Alexander Borodin

Nikolaj Rimsky-Korsakow

symphonischer Form war Tschaikowsky bereits in dieser frühen Schaffensperiode einem Rimsky-Korsakow deutlich überlegen und Borodin, dem um sieben Jahre Älteren und demnach auch Reiferen, vielleicht sogar ebenbürtig.

Tschaikowsky war in seiner Generation – also abgesehen von den Altmeistern Glinka, Dargomischsky und Serow – der erste Russe, der eine nationale Oper schrieb und aufführte. Seine Oper *Der Woiwode* geht auf das gleichnamige Drama Alexander Ostrowskys zurück, desselben Autors, der auch »Das Gewitter« geschrieben hatte. Und tatsächlich ist die Introduktion zum 2. Akt aus dem Anfang der *Gewitter*-Ouvertüre übernommen (wie auch in der c-Moll-Ouvertüre): Tschaikowsky ließ gutes Material, das ungenutzt lag, nie verkommen. Er war mit Ostrowsky bereits kurz nach seinem Umzug nach Moskau (1866) zusammengekommen; im November (8./20.) des Jahres schrieb er an Anatol, er habe die Hoffnung, daß »Ostrowsky selbst mir das Libretto für den *Woiwoden* schreiben wird«[21].

Schon bald konnte Tschaikowsky von Ostrowsky den ersten Akt in Empfang nehmen und begann mit der Arbeit, verlegte aber das Manuskript des Textbuchs und fand es nicht wieder. Ostrowsky gelang es, den ersten Akt aus dem Gedächtnis zu rekonstruieren, und er schickte ihm außerdem die erste Szene des zweiten, dazu den Text zu dem Lied der Maria in der zweiten Szene. Die Musik dazu ist eine Volksweise, die Tschaikowsky selbst in der Nähe von Moskau gehört und aufgezeichnet hatte. Ein weiteres Volkslied, *Na more utuschka*, teilte Ostrowsky dem Komponisten mit, der es im Eingangschor verarbeitete; Tschaikowsky verzichtete jedoch auf eine Leittonerhöhung, die Ostrowsky, wie er zehn Jahre später an Rimsky-Korsakow schrieb, vorgenommen hatte, um das Lied zu verschönern[22].

Tschaikowskys Absichten im Umgang mit volkstümlichem Material waren lange nicht so sehr vom Konservatoriumsgeist geprägt, wie man gemeinhin annimmt. Später schickte ihm auch Leo Tolstoi, nachdem er 1876 Tschaikowsky begegnet

Tschaikowsky mit 28 Jahren (1868)

war, Volksliedmelodien; der große russische Dichter war beim ersten Anhören des Andante cantabile des Ersten Streichquartetts, in dem Tschaikowsky ein in Kamenka aufgeschnapptes Volkslied verarbeitet hatte, zu Tränen gerührt gewesen. Für die Übersendung der Lieder dankte Tschaikowsky Tolstoi, stellte aber fest, daß die meisten ihrer mitgeteilten Form nach in D-Dur verarbeitet werden müßten, was dem Charakter des echten russischen Volkslieds entgegenstehe, denn das habe eine eher »undefinierbare Tonart«, etwa wie die orthodoxen

Kirchengesänge. Bevor sie also richtig verarbeitet werden könnten, müsse man erst eine exakte Transkription der Liedmelodien herstellen – »so, wie sie vom Volke gesungen werden«.

Ostrowskys Arbeit am Textbuch zum *Woiwoden* geriet ins Stocken. Tschaikowsky vollendete das Libretto daher selbst. Er hatte dabei keine ganz glückliche Hand, denn am Ende entschloß er sich, seinen dritten und vierten Akt in einen neuen dritten zusammenzufassen, wobei er auf einige Szenen verzichtete, die dramatisch besonders wirkungsvoll gewesen wären. Doch im Sommer 1868 nahm er während eines Aufenthalts in Paris die letzten Federstriche an der Oper vor. Tschaikowsky war diesmal in Begleitung seines Schülers und Freundes, des zunehmend schwindsüchtigen und weltgewandten Wladimir Schilowsky, nach Paris gereist, der seinerseits mit seinem Mentor Wladimir Begischew, dem Intendanten der Moskauer kaiserlichen Bühnen, einen Spezialisten konsultierte.

Im Herbst liefen in Moskau die Proben zum *Woiwoden* an; sie wurden jedoch durch das Eintreffen von Désirée Artôts Operntruppe unterbrochen. Erst am 30. Januar/11. Februar 1869 fand die Premiere statt, die beim Publikum »ein glänzender Erfolg« war, wie Tschaikowsky an Modest schrieb[23]. Die Kritik verhielt sich eher zurückhaltend; noch weniger verständlich war Laroches Rezension in der Zeitschrift »Sowremennaja Letopsis«, in der dieser die außerordentliche Feststellung machte, trotz der Verarbeitung von Volksliedmelodien mangele es dem Werk »vollkommen an russischen Qualitäten«; es zeige »das Fehlen jedes nationalrussischen Elements«[24].

Keine andere Partitur Tschaikowskys ist jedoch stärker gerade vom volkstümlichen Idiom durchdrungen. Aber die Rollen entwickeln zu wenig individuelle Züge; bald stellte Tschaikowsky fest, daß das Stück in seiner Form, wie es vorlag, keine Chance habe. In den späten siebziger Jahren schrieb er an Nadeshda von Meck: »Wenige meiner frühen

Werke haben sich erhalten; das meiste habe ich verbrannt. Darunter sind *Der Woiwode* (von dem die Tänze erhalten blieben) und *Undine*...«[25] Und ein andermal: »In meinem *Woiwoden* war ich hauptsächlich mit Feinarbeit beschäftigt; darüber habe ich die Bühne und ihre Erfordernisse einfach vergessen.«[26]

Er sagte Frau von Meck damit jedoch nur die halbe Wahrheit. Nicht nur die Tänze, sondern überhaupt die schönsten Passagen aus dem *Woiwoden* – und dieses Qualitätsurteil ist durchaus angebracht – wurden später komplett, sogar in fast unveränderter Instrumentation, in die Oper *Der Opritschnik* übernommen, einige Nummern auch in das Ballett *Schwanensee* (1876). Schwerer wiegt, daß *Der Woiwode* zu dem Zeitpunkt, da der zitierte Brief an Frau von Meck geschrieben wurde, den Flammen noch gar nicht anheimgefallen gewesen sein konnte, weil Tschaikowsky wenig später auf einen weiteren Teil des Stücks zurückgriff, um daraus das zweite Thema der Ouvertüre *1812* zu gewinnen[27].

Bevor Tschaikowsky jedoch zum *Opritschnik* kam, unternahm er zwei weitere Versuche auf dem Gebiet der Oper. Das Libretto für den ersten, *Undine*, schrieb Vernoy de Saint-Georges nach Fouqués Novelle, die Graf Wladimir Alexandrowitsch Sollogub ins Russische übersetzt hatte. Tschaikowsky begann mit seiner Arbeit daran Anfang 1869; bis Juli war die Oper fertig komponiert und orchestriert. Nach langem Zögern entschloß sich der Opernausschuß der Kaiserlichen Bühnen in Petersburg, dem Tschaikowsky seine *Undine* geschickt hatte, das Stück abzulehnen, genauso wie es wenig später Mussorgskys erste Fassung von *Boris Godunow* zurückwies. Wie bereits im Falle des *Woiwoden* gingen auch hier die besten Teile in anderen Kompositionen Tschaikowskys auf: Der Hochzeitszug aus dem dritten Akt wurde zum langsamen Satz der Zweiten Symphonie (1872), ein Liebesduett zu Odettes Adagio im *Schwanensee*. Die Einleitung findet sich unverändert, Undines Lied mit leichten Änderungen als Lels erster Gesang wieder in der Bühnenmusik zu Ostrowskys *Schneeflöckchen*.

Mehr von dieser Musik wurde übernommen in die nächste Oper, die ebenfalls einen Märchenstoff zum Inhalt hat, nämlich Sergej Ratschinskys »Mandragora«. Die einzige Passage, die dafür neu komponiert werden mußte, war ein »Chor der Blumen und Insekten«, geschrieben Ende 1869. In zwei Aufführungen erklang dies Stück als »Elfenchor« zunächst einzeln, und zwar 1870 in Moskau unter Nikolaj Rubinsteins Leitung, dann in einem Konzert der »Freien Schule« in Petersburg, dirigiert von Balakirew. Balakirew war – das ist nicht verwunderlich – begeistert von diesem Stück, weil es in der Atmosphäre an seine Lieblingsoper, Glinkas *Ruslan und Ludmilla*, anknüpfte, nicht nur an das »Ballett der Blumen«, sondern auch an den persischen Chor mit seinem eingängigen Mädchengesang. Tschaikowsky schrieb seinen herrlichen, gleichermaßen einfachen und ähnlich gestalteten Gesang für Knabenstimmen mit Begleitung eines gemischten Chors und des vollen Orchesters; wie in Glinkas persischem Chor werden später auf wirkungsvolle Weise Triolen eingeführt. Doch Tschaikowsky ging es in diesem Chor um Einfaches, Feinsinniges und Charmantes, nicht um Persisches, obwohl einige Harmonien als exotisch herausklingen. Zum Beipsiel fallen hierunter der chromatisierte Dominantseptakkord oder der Sextakkord auf der erniedrigten sechsten Tonleiterstufe, der in dieser Form erstmals von Meyerbeer in seiner Oper *Der Prophet* verwendet worden war, später dann von Liszt in der revidierten Fassung seines Zweiten Klavierkonzerts; die Russen entwickelten für diesen Klang eine besondere Leidenschaft und arbeiteten selbständig an seinen Verwendungsmöglichkeiten (Gerald Abraham bezeichnete ihn daher sehr passend als die »russische Sext«).

Bereits in seiner ersten Saison als Leiter der Russischen Musikgesellschaft lud Balakirew Hector Berlioz nach Rußland ein. Anfang 1868 war Berlioz in Moskau; Tschaikowsky begegnete damals zum ersten Mal auch Stassow und Balakirew, die Berlioz begleiteten. Einen Monat zuvor hatte Nikolaj Rubinstein die Tänze aus dem noch unvollendeten *Woiwoden* aufgeführt; mit Sicherheit hörte Balakirew in Moskau begeisterte Stimmen über das Werk, denn er bat Tschaikowsky, ihm die Partitur zu schicken. Inzwischen war dieser auch erstmals als Dirigent an die Öffentlichkeit getreten: Er dirigierte eben jene Tänze in einem Wohltätigkeitskonzert. Außerdem wurde Rimsky-Korsakows *Serbische Fantasie* gespielt; der Kritiker der Zeitung »L' Entr'acte«, der mit »Stranger« zeichnete, lobte Tschaikowskys Tänze und nannte dagegen Rimsky-Korsakows Stück »farb- und leblos«. Daß Tschaikowsky, dem die *Serbische Fantasie* gut gefallen hatte, an »Strangers« Rezension scharfe Kritik übte (in »Sowremennaja Letopsis«) und über Rimsky-Korsakow und dessen Stück warmherzige Worte fand[28], trug zum Wohlwollen der Petersburger Gruppe gegenüber Tschaikowsky bei. Daher war es auch konsequent, daß das »Mächtige Häuflein« Tschaikowsky, als er im Frühjahr 1868 in die Hauptstadt kam, freundlich empfing.

Unmittelbar vor Saisonende konnte Balakirew die Tänze aus dem *Woiwoden* nicht mehr ins Programm der Konzerte der Russischen Musikgesellschaft aufnehmen. Dafür führte er am 17./29. März 1869 Tschaikowskys neue Symphonische Dichtung *Fatum* auf. Drei Wochen vorher hatte Nikolaj Rubinstein sie bereits in Moskau dirigiert. Das Stück ist Balakirew gewidmet, der es seinerseits mit der Annahme der Widmung nicht bewenden ließ. Er schrieb an Tschaikowsky einen seiner typischen Briefe: *Fatum* sei zu überstürzt geschrieben, nicht richtig durchdacht, und die Übergänge seien zu holprig. Er zog Liszts *Les Préludes* zum formalen Vergleich heran, das Werk, das nach seiner Meinung *Fatum* am nächsten stehe. In *Fatum*, dem »Schicksal«, folgt jedoch selbstverständlich ein Schritt auf den anderen. Auch riet Balakirew Tschaikowsky, sich einmal Glinkas *Nacht in Madrid* anzusehen, weil dort die einzelnen Teile meisterhaft zusammengefügt seien[29].

Tschaikowsky wußte damals noch nicht, wie Balakirew andere Musiker normalerweise behandelte. Es dauerte einen vollen Monat, bis er es fertigbrachte, ihm zu antworten – etwa eine Woche nachdem Balakirew bei der Großfürstin Helena Pawlowna um Entlassung aus der Leitung der Russischen Musikgesellschaft nachgesucht hatte. Was *Fatum* angeht, schrieb Tschaikowsky, habe er gehofft, ein paar anerkennende Worte von Balakirew zu bekommen und nicht nur eine Fehlerliste. Doch er gab Balakirew in dessen Anmerkungen recht[30].

Tschaikowskys Unmut über die Behandlung durch Balakirew entlud sich auch in einem scharfen Zeitungsartikel[31]. Balakirew sei entlassen worden, weil seine Programme zu radikal gefärbt gewesen seien. Tatsächlich hatte Balakirew Tschaikowsky schon sehr früh in einem Brief vorgehalten, er sei mit »moderner Musik« nicht erfahren genug. Doch Balakirew lag hier falsch. Tschaikowsky wußte in den Grundlagen moderner Musik sehr gut Bescheid, wenn auch nicht ganz in demselben Umfang wie der große Petersburger Meister. Die Kenntnisse reichten jedenfalls aus, um mit einem Werk dem radikalen Balakirew zu gefallen, nicht aber auch noch Anton Rubinstein.

Drittes Kapitel

DER PERFEKTE NATIONALIST
1869–1874

Die Anregung, eine Ouvertüre über »Romeo und Julia« zu schreiben, erhielt Tschaikowsky von Balakirew, als dieser im Herbst 1869 in Moskau war. Nach Petersburg zurückgekehrt, rügte Balakirew am 4./16. Oktober in einem Brief Tschaikowskys Untätigkeit; sie sei die Folge von »mangelhafter Konzentration«. Dann gab Balakirew eine entscheidende Idee: »Eben gerade dachte ich an Sie und an Ihre Ouvertüre, und da kam mir ganz unwillkürlich ein Gedanke. Ich meine fast, das Stück sollte mit einem Allegro-Gefecht beginnen, in dem die Schwerter aneinanderschlagen, etwa so:

Notenbeispiel 3

Wenn ich nun die Ouvertüre zu komponieren hätte, ich wäre völlig begeistert von dieser Idee, ich würde darüber heftig brüten, oder besser gesagt, ich würde sie so lange in mir bewegen, bis aus ihr plötzlich etwas Lebendiges entspringt.«[1]

Tschaikowsky nahm sich den Rat zu Herzen: Er brütete. Das Produkt seiner Mühen stand dann allerdings nicht, wie Balakirew es vorgeschlagen hatte, im Drei-Viertel-, sondern im Vier-Viertel-Takt. Die scharfen akkordischen Schwerthiebe und die Sechzehntelfiguren erinnern an Balakirews Skizze, sogar an Passagen aus einem Werk von ihm, nämlich der Ouvertüre zu *König Lear* (Tschaikowsky kannte sie), besonders im Durchführungsteil der Gewitterszene. Natürlich ist solches Laufwerk ein Gemeinplatz in der Musik der Zeit, so daß sich daraus keine tieferen Erkenntnisse über die Einflüsse ziehen lassen, die auf Tschaikowsky wirkten. Andere Stellen sind noch viel deutlicher von Balakirew herzuleiten; zum Beispiel wird das erste Thema bereits vierzehn Takte nach dem Beginn des eigentlichen Hauptteils in einer für Balakirew typischen Weise kanonisch verarbeitet (Notenbeispiel 4).

Tschaikowsky hatte sich die Partitur des Tongemäldes *Tausend Jahre* von Balakirew, das im selben Jahr veröffentlicht worden war, ausgeliehen[2]. Das Stück ist die Neufassung eines älteren Werks, der *Zweiten Ouvertüre über russische Themen,* und wurde später nochmals bearbeitet: zur Symphonischen Dichtung *Russia.* Die *Tausend Jahre* sind voller solcher einander jagender Kanons. Tschaikowsky bemühte sich, es dem älteren Mentor recht zu machen. Über das überwältigende zweite Thema schrieb Balakirew am 1./13. Dezember 1869 an Tschaikowsky (inzwischen war das ganze Stück fertig komponiert): »Es ist einfach faszinierend. Ich spiele es mir oft durch und müßte Ihnen eigentlich dazu gratulieren. In ihm liegt Zärtlichkeit und Liebessehnen, und es müßte den unmoralischen Albrecht direkt ins Herz treffen. Wenn ich es spiele, stelle ich mir vor, wie Sie in der Badewanne liegen und die Artôt-Padilla selbst Ihnen Ihr Bäuchlein mit wohlriechendem Seifenwasser wäscht.«[3] Rimsky-Korsakow schrieb später, es

Notenbeispiel 4:
Ouvertüre »Romeo und Julia«

sei eines der besten Themen in der russischen Musik überhaupt; Stassow fühlte sich veranlaßt zu behaupten: »Bisher wart ihr zu fünft; jetzt seid ihr sechs.«[4] Einzig störte Balakirew, daß Romeo und Julia »Europäer und nicht Perser« seien, aber auch die Fortführung des zweiten Themas konnte er nur loben: »Sie haben damit etwas ganz Neues und Gutes geschaffen – die wechselnden Klänge über dem Orgelpunkt, ein bißchen à la *Ruslan!*«[5] Vielleicht ist es kein Zufall, daß man auch in Balakirews *König Lear* im zweiten Thema am Ende der ersten Phase repetierte, alternierende Klänge findet. In der Durchführung von *Romeo und Julia* wechseln die beiden Klänge jedoch eben mehr in der Art einer wichtigen Passage aus Glinkas *Ruslan und Ludmilla* ab, auf die Balakirew ja angespielt

Themenzettel zur Urfassung von »Romeo und Julia«:
Thema der Introduktion (I.) und Hauptthema (II.). Aus einem Brief
Tschaikowskys an Balakirew, 17. 11. 1869

hatte – nämlich an der Stelle ziemlich am Anfang der Oper, wo plötzlich Ludmilla im Zauber verschwindet. Nebenbei ist es sicher nicht müßig, darüber zu spekulieren, inwieweit solche Stellen, darunter aber auch der ganz anders ausgearbeitete Anfang der Krönungsszene in Mussorgskys *Boris Godunow,* die etwa gleichzeitig entstand, auf die Schwerterweihe in Meyerbeers *Hugenotten* (IV. Akt) zurückgehen.

Die Uraufführung dieser ersten Fassung von *Romeo und Julia* dirigierte Nikolaj Rubinstein im März 1870 in Moskau. Sie ging vorüber, ohne daß man Kenntnis von ihr genommen hätte. Rubinstein war tief beeindruckt und riet dem Berliner Musikverlag Bote & Bock, das Stück zu verlegen. Tschaikowsky nahm für die Drucklegung noch ein paar Veränderungen vor – unter Berücksichtigung der Ratschläge, die ihm Balakirew gegeben hatte. So veränderte er die Introduktion, die nach Balakirew »weder Schönheit noch Kraft« gehabt hatte. Der Schluß der revidierten Fassung jedoch mißfiel jenem völlig: »Was sollen diese unvermittelt ausgestoßenen

Akkorde in den allerletzten Takten? Sie widersprechen dem Sinn des Dramas!«[6]

Zusammen mit der Introduktion mußten auch weite Strecken des Allegro-giusto-Hauptteils umgearbeitet werden, denn in ihnen war das Thema der ursprünglichen Introduktion vorgekommen. Was die Form der Ouvertüre angeht, so benutzte Tschaikowsky hier nicht nur den üblichen, stark eingeschränkten Typ des Sonatensatzes, sondern er arbeitete wie Balakirew in dessen Werken *König Lear* und *Tausend Jahre* mit der Übernahme selbständiger Introduktionsthematik in die Durchführung und Reprise des Hauptteils. Noch erfolgreicher machte Tschaikowsky von dieser Technik im ersten Satz seiner Zweiten Symphonie Gebrauch.

Ein weiterer Punkt, in dem sich Tschaikowsky in *Romeo und Julia* eng an Balakirew anlehnte, sind die Halbtonbeziehungen in diesem Stück. Balakirews Ouvertüre zu *König Lear* steht in b-Moll; das zweite Thema steht in D-Dur und erscheint in der Reprise in Des-Dur. *Tausend Jahre*, in D-Dur, bringt das zweite Thema erst in b-Moll, dann in h-Moll. In Tschaikowskys *Romeo und Julia* nun, in h-Moll, steht das zweite Thema in der Exposition in Des-Dur, am Schluß in D-Dur. Ähnliche Halbtonbeziehungen sonst tragen ebenfalls Züge der Methoden Balakirews – im selben Maß wie entsprechende Passagen in Werken Borodins und Rimsky-Korsakows. Schließlich ist auch die Besetzung hier nicht mehr so grell oder unreif, wie Balakirew sie in *Fatum* gescholten hatte; seine Kritik hatte Tschaikowsky zu ökonomischem Umgang mit dem Orchester veranlaßt. Sogar im »unausgewogenen« Ende ist ein Paukenwirbel die einzige Schlagzeug-Äußerung. Dies alles steht in krassem Gegensatz beispielsweise zu Tschaikowskys Finale der Vierten Symphonie mit ihren endlos wiederholten, ohrenbetäubenden Schlägen von Becken und großer Trommel.

Im Herbst 1869, noch während der Arbeit an der Erstfassung von *Romeo und Julia*, schloß Tschaikowsky eine Arbeit für seinen Verleger Jürgenson ab: fünfzig russische Volkslieder in einer Bearbeitung für Klavier zu vier Händen zusammenzustellen. Für Jürgenson, auch für den Verleger Bessel, zog er zur gleichen Zeit Klavier-Potpourris aus Meyerbeers *Pardon de Ploërmel* und seinem eigenen *Woiwoden* zusammen; außerdem arrangierte er Stücke wie Anton Rubinsteins Tongemälde *Iwan der Schreckliche* für Klavier. Wesentlicher war aber die Fertigstellung einer ersten Sammlung eigener Lieder, die er 1869 als sein op. 6 veröffentlichte.

In den späten sechziger und frühen siebziger Jahren des 19. Jahrhunderts erreichte das russische Lied möglicherweise seinen künstlerischen Höhepunkt, sowohl in seiner einzigartigen musikalischen Schönheit als auch in dem harmonischen Nebeneinander von Musik und den meist auf höchster literarischer Stufe stehenden Texten. In den erstklassigen Liedern Glinkas und Dargomischskys verbindet sich umfassender Sinn

César Cui

für Wort-Ton-Verhältnis mit feinfühliger Deklamation. Ebenso hatte Balakirew schon früh mit einer ersten Gruppe von zwanzig Liedern ein Idealbild geschaffen; von diesen Liedern war damals auch Tschaikowsky, wie er später erklärte, völlig begeistert. Auf der hier vorgezeichneten Linie kam es nun zu einer gewaltigen Liedproduktion aus der Petersburger Gruppe – von Borodin, Mussorgsky und Rimsky-Korsakow. Borodins Lieder zum Beispiel, zwischen 1867 und 1870 geschrieben, sind meisterhafte Miniaturen. Daß es den Petersburgern an theoretischen Vorkenntnissen entscheidend mangelte, zeitigte nirgends lebendigere Wirkung als in diesen Liedern Borodins. Ihr fremdartiger Zauber kommt in hohem Maße durch den fast schon impressionistischen Umgang mit dem Tonmaterial der Ganztonleiter in Melodik und Harmonik sowie durch die unaufgelösten Sekundvorhalte zustande. Damals jedoch ernteten diese Lieder wegen ihrer »Häßlichkeit« viel Kritik, ähnlich wie die Mussorgskys. Beide Komponisten verfügten über die unvergleichliche Begabung, Texte und Musik in einem beinahe nicht voneinander zu trennenden schöpferischen Akt zu erfinden. Nur eines dieser Lieder Borodins ist auf einen Text komponiert, der nicht von ihm selbst stammt; etwa ähnlich verhält es sich mit Mussorgskys Liedschaffen.

Allen russischen Liedkomponisten der Zeit ist gemeinsam, daß sie unter dem Einfluß Schumanns standen. In zwei Punkten lassen sich jedoch Tschaikowskys Lieder nicht mit denen seiner Petersburger Zeitgenossen vergleichen. Der literarische Geschmack der beiden Petersburger Meister war unfehlbar – der von Tschaikowsky läßt sich bestenfalls als schwankend bezeichnen. Außerdem kam Tschaikowsky nach seiner Konservatoriumsausbildung gar nicht auf die Idee, »unartige«, also »falsche« Harmonien zu verwenden. So wirkt seine Inspirationskraft in jenen Liedern fast ein wenig gelähmt.

Zunächst einmal ließ Cui kaum ein gutes Haar an Tschaikowskys neuem Opus. Er bespöttelte die Deklamation im zweiten Lied *(Kein Wort, mein Freund)* und behauptete, Tschaikowsky behandele den Text mit »despotischer Anmaßung«, um durch die Wiederholung einzelner Worte des Texts die musikalischen Phrasen zu füllen[7]. Sicher haben viele Komponisten auf diese Art gearbeitet, dabei aber erstklassige Musik geschrieben. Cuis Kritik ließ sich jedoch nicht leicht von der Hand weisen, weil Tschaikowskys Zeitgenossen so reiches, besseres Vergleichsmaterial boten. Tschaikowskys geringes Gefühl für Literatur trat in seinen Opern weniger stark zutage, weil er geringfügige Änderungen am jeweiligen Originaltext dadurch wettmachen konnte, daß er für die Charaktere, die er schuf, intensive Anteilnahme entwickelte; sie ließ sich in Noten ergreifend darstellen, so daß die Worte selbst nur noch ein loser Aufhänger für die Musik waren. Doch auch noch später konnte es Tschaikowsky geschehen, daß er eine literarische Vorlage wie Puschkins »Pique-Dame« so wenig verstand, daß sein auf diesem Gebiet ähnlich gefühlsarmer Bruder im Libretto das Urbild, so reich an Ironie, zu einem sentimentalen Zerrbild werden ließ. Doch spielt das keine entscheidende Rolle, denn die Oper hat andere, überaus starke Seiten. Tschaikowskys größte Oper, *Eugen Onegin*, lehnt sich dagegen viel enger an das Original an, doch selbst hier sah sich Turgenjew in einem Brief an Tolstoi, nachdem er die Musik gelobt hatte, zu der Bemerkung veranlaßt: »Aber was für ein Libretto...«[8]

Bei genauerem Hinsehen fallen die Lieder Tschaikowskys allerdings noch stärker gegen die Mussorgskys und Borodins ab. Sie stehen der typischen Salonmusik der Zeit nahe, was einigen Liedern zu sofortiger Popularität verhalf, zum Beispiel der Vertonung von Goethes *Nur wer die Sehnsucht kennt* in einer russischen Übersetzung (op. 6 Nr. 6). Diese große Popularität führte nun noch dazu, daß in der großen Mehrzahl der Lieder die starke emotionale Energie hinter seichter Sentimentalität zurücktreten mußte. Genau diese Sentimentalität ist beispielsweise der hübsche satirische Kern des Mittelteils in Mussorgskys *Steckenpferd* aus seinem Zyklus *Die Kinderstube*. Tschaikowskys brave Harmonik spiegelt eine besonders triviale Korrektheit wider, die er in einem Salonstück für notwendig hielt, ob nun für Singstimme und Klavier oder für Klavier allein; dazu steht seine sonstige Vorliebe, Volkslieder zu verarbeiten, in krassem Gegensatz, denn in ihnen hätte Tschaikowsky eben diese »Korrektheit« für deplaciert gehalten. So blieb Tschaikowsky also gerade in seinen selbstkomponierten Liedern, nicht aber in der Verarbeitung von Volksmusik in seinen symphonischen Werken, hinter den Petersburgern zurück. Damit hat die Frage, ob nun sie oder er im Komponistenberuf »nationalistischer« waren, überhaupt nichts zu tun; sicher stehen diese unterschiedlichen Qualitäten mit der Ausbildung in Zusammenhang, die die Komponisten jeweils durchlaufen hatten.

Im großen und ganzen ist in diesen frühen Liedern jedoch nicht alles daneben geraten. Trotz Cuis kritischen Äußerungen zeigt gerade *Kein Wort, mein Freund* einige Grundzüge von Tschaikowskys späterem lyrischen Stil – zum Beispiel dem des *Eugen Onegin* –, ebenso *So bald zu vergessen*, ein Lied ohne Opus-Nummer, das wenig später entstand. Man kann hier die Wurzeln für Tschaikowskys Begabung, sich selbst mit den Gefühlen »seiner« Charaktere zu identifizieren, erkennen. Einige Stücke erhalten damit eine Aufrichtigkeit, die man in den meisten anderen, besonders in *Nur wer die Sehnsucht kennt,* so schmerzlich vermißt.

Noch immer wohnte Tschaikowsky bei Nikolaj Rubinstein und war kurz zuvor mit ihm in ein größeres Haus umgezogen. Das hinderte nicht, daß Tschaikowsky seine eigenen Freunde zu sich einlud – ein Gegensatz zu der lauten Fröhlichkeit Rubinsteins. Schon im Herbst 1869 hatte Balakirew ihn mehrfach besucht, einmal zusammen mit Borodin[9]. Und als jener mit Rimsky-Korsakow im Januar 1870 in Moskau war, besuchten sie beide Tschaikowsky »natürlich jeden Tag«. Sie behandelten ihn inzwischen wie ihresgleichen; Rimsky-Korsakow, der mit Lob für *Romeo und Julia* nicht sparte, widmete ihm ein Lied[10]. (Ein paar Jahre später revanchierte sich Tschaikowsky mit zwei Liedern aus seinem op. 16, die er dem jung verheirateten Rimsky-Korsakow und dessen Frau widmete.) Aber Tschaikowsky fühlte sich in seinem häuslichen Leben nicht richtig wohl. Am 5./17. Februar schrieb er an Sascha, es gebe in Moskau niemanden, »mit dem ich in echter, enger Freundschaft lebe. Ich denke häufig, wie glücklich ich wäre, wenn Du oder wenigstens jemand wie Du hier wäre.«[11] Er sehnte sich nach dem Lärm, den Kinder verbreiten – »mit einem Wort: nach Familie«. Er berichtete, er sitze nun an seiner »dritten« Oper, über Laschecknikows Tragödie *Der Opritschnik*, und es seien zwei Klavierstücke von ihm erschienen, von denen er eines ihr gewidmet habe. Hierbei handelte es sich um *Valse-Scherzo* op. 7 und *Capriccio* op. 8, beides eher triviale Werke, etwa wie die drei Stücke op. 9, *Rêverie, Salon-Polka* und *Salon-Mazurka*, die ebenfalls noch 1870 entstanden. Seinen Brief schloß Tschaikowsky mit weiteren Klagen über seine unglückliche Lage.

Die Arbeit am *Opritschnik* wurde jäh unterbrochen: Tschaikowsky wurde plötzlich nach Paris gerufen, wo der Freund Wladimir Schilowsky lebensgefährlich erkrankt war. Doch Schilowskys Gesundheitszustand besserte sich wieder; bald konnte er wagen, mit Tschaikowsky in den Taunus zur Kur zu reisen. Dort war es den Freunden »schrecklich langweilig«[12]. Tschaikowsky komponierte nicht; er fuhr aber nach Mannheim zu den Feiern für Beethovens hundertsten Geburtstag, wo er von einer Aufführung der Missa solemnis tief beeindruckt war. Ein andermal fuhr er nach Wiesbaden und traf Nikolaj Rubinstein, den leidenschaftlichen Spieler, der der festen Überzeugung war, er werde beim Roulette die Bank sprengen, nachher aber doch »seinen letzten Rubel verlor«. Beim Ausbruch des Deutsch-Französischen Krieges flohen sie in die Schweiz. Nach sechs Wochen in Interlaken, von dessen Atmosphäre Tschaikowsky sich wie vergiftet fühlte, war Schilowsky wieder völlig gesund. Tschaikowsky kehrte auf verschlungenen Wegen über München und Wien nach Rußland zurück[13].

Zuvor hatte Tschaikowsky *Romeo und Julia* einer Revision

unterzogen. Balakirew konnte die Neufassung allerdings nicht zur Aufführung kommen lassen, denn die Konzerte der Freien Schule mußten in der Saison 1870/71 aus finanziellen Gründen ausfallen. Tschaikowsky kehrte lustlos an den *Opritschnik* zurück; bald legte er das Stück schon wieder beiseite und begann, ein Streichquartett zu komponieren (Anfang 1871). Er hatte zwar kein ursprüngliches Interesse an Kammermusik, wollte aber, um seine darniederliegenden finanziellen Verhältnisse aufzubessern, ein Konzert mit nur eigenen Werken veranstalten, wofür er Kammermusik, Lieder und Klavierstücke benötigte. Natürlich wurde auch *Nur wer die Sehnsucht kennt* auf das Programm gesetzt, daneben weitere Lieder aus op. 6, das Lied *So bald zu vergessen* sowie eine Arie aus dem *Woiwoden* und Klavierstücke aus op. 9 (gespielt von Nikolaj Rubinstein). Als Hauptwerk sollte das Streichquartett figurieren – mit seinem wunderschönen Andante cantabile als langsamem Satz, dem das in Kamenka gehörte Volkslied zugrunde liegt. Mit diesem Streichquartett, ebenso wie mit *Romeo und Julia*, stieß Tschaikowsky zu völliger Reife vor. Die Möglichkeiten der ihm neuen Gattung nutzte er glänzend: Tschaikowsky konnte hier in Musik für Streicher einer besonderen Vorliebe nachgehen und sie technisch großartig gestalten. Stilistisch spricht das Stück klar Tschaikowskys ganz eigene Sprache. Das zweite Thema im ersten Satz beispielsweise unterscheidet sich vom ersten nicht nur in seinem Charakter, sondern – was die Wirkung noch wesentlich erhöht – auch in seinem Tempo. Dem Hauptthema stellte er in der Reprise in der ersten Violine Tonleiter-Figuren entgegen, die aus der unmittelbar vorangegangenen Durchführungsmusik abgeleitet sind. Im Andante cantabile wird in einem neuen, zarten Thema die Grundlage geschaffen, auf der Tschaikowsky die Volksliedmelodie einführt. Diesen bezaubernd schlichten Satz hätte ebensogut auch ein anderer Komponist geschrieben haben können, der später von Tschaikowskys Streichquartetten wesentliche Anregungen bezog: Antonín Dvořák. Synkopen sorgen für den lebendigen Charakter des Trios, fast wie bei Borodin; man muß jedoch bedenken, daß Borodin sich erst drei oder vier Jahre später an die Gattung des Streichquartetts wagte, vielleicht auch angesichts der Erfolge, die Tschaikowsky auf diesem Gebiet einheimste. Jedenfalls stießen Borodins Ambitionen hier auf Balakirews schroffe Ablehnung; dieser war davon überzeugt, daß es sich ein moderner Komponist nicht mehr leisten könne, sich auf das bereits abgegraste Gebiet der Kammermusik zu begeben.

Das Tschaikowsky-Konzert fand am 16./28. März 1871 statt. Der Erfolg war groß, durch die Anwesenheit Turgenjews noch verstärkt, obwohl dieser zu spät kam, um das Quartett noch hören zu können. Mit neuer Kraft ging Tschaikowsky an den *Opritschnik*, doch die Arbeit kam bald erneut zum Erliegen, diesmal durch eine sommerliche Besuchsrundreise. Zunächst fuhr Tschaikowsky nach Kiew, wo er sich mit Anatol traf, um weiter nach Kamenka zu fahren. Dort komponierte er für Saschas Kinder, die ihn vergötterten, ein Ballett: *Schwanensee*. Die nächste Reisestation war Nizy, ebenfalls in der Ukraine, wo Tschaikowsky den Freund Nikolaj Kondratjew besuchte. In Nizy schloß Tschaikowsky die Arbeiten an einem Buch über Harmonielehre ab; Rimsky-Korsakow, der sich bis dahin mit derlei Dingen nicht beschäftigt hatte, zog aus diesem Werk immensen Nutzen. Schließlich kam Tschaikowsky auf dem Schilowsky-Gut in Ussowo an, wo er »zärtlich« umsorgt wurde, wie er Anatol schrieb[14], und sich wieder den *Opritschnik* vornahm. Wahrscheinlich während dieses Sommeraufenthalts erlaubte er Schilowsky, die Einleitung zum zweiten Akt zu komponieren und zu instrumentieren. So eng wie damals war die Freundschaft später nie wieder. Schilowsky, gewandt, reich, konnte fast sorglos mit Geld umgehen; Tschaikowsky dagegen verzeichnete genau alle seine Schulden. So konnte er acht Jahre später – die Freundschaft war inzwischen auseinandergebrochen – das Gerücht, das Schilowsky in die Welt gesetzt hatte, widerlegen, er habe ihm »2800 Rubel« geliehen. Zunächst jedoch fuhr Tschaikowsky fünf Jahre lang jeden Sommer nach Ussowo.

Nach Moskau zurückgekehrt, bot sich ihm endlich die Gelegenheit, bei Nikolaj Rubinstein auszuziehen und sich eine eigene Dreizimmerwohnung zu nehmen. Dort hatte er Ruhe zum Komponieren. Michail Iwanowitsch Sofronow, bis dahin bei dem Geigenkollegen Ferdinand Laub in Dienst[15], wurde als Diener engagiert, gab aber seinen Posten schon bald an seinen Bruder Alexej Iwanowitsch weiter. In Tschaikowskys alte Wohnung bei Rubinstein zog Nikolaj Hubert ein, der inzwischen auch die Nachfolge Laroches als Kritiker für »Sowremennaja Letopsis« angetreten hatte; in diese Funktion teilte er sich allerdings mit Kaschkin und Tschaikowsky, der nun in Anbetracht seiner erhöhten Lebenshaltungskosten jeden Extrarubel dringend nötig hatte. Wenig später stellte »Sowremennaja Letopsis« ihr Erscheinen ein; Tschaikowsky wechselte zur »Russkije Wjedomosti« über. Besonders interessant ist eine Rezension vom Dezember 1871, in der er sich mit der Orchestrierung von Schumanns Vierter Symphonie auseinandersetzte. Er bezeichnete sie als farblos und schrieb in einem Brief an Klimenko, er trage sich mit dem Gedanken, selbst eine Umarbeitung vorzunehmen[16].

Wiederum wurde die Arbeit am *Opritschnik* neu aufgegriffen. Tschaikowsky schien entschlossen, bis zum Ende des Jahres mit der Oper fertig zu werden. Doch noch ein weiteres Mal sorgte Wladimir Schilowsky für eine Unterbrechung. Er lud Tschaikowsky ein, ihn für einen Monat nach Nizza zu begleiten; er wollte für die Kosten aufkommen. Es ist nur zu verständlich, daß Tschaikowsky, wie er am 2./14. Dezember an Anatol schrieb[17], Sorge hatte, außer Nikolaj Rubinstein könnte auch noch irgendwer sonst erfahren, daß er nicht nur zur Schwester nach Kamenka gefahren war.

Ende Januar/Anfang Februar 1872 war Tschaikowsky wieder zu Hause und machte sich sogleich an die Komposition einer Festkantate, die bei ihm in Auftrag gegeben worden war. Sie sollte auf einer »Polytechnischen Ausstellung« zwei Monate später zur Uraufführung kommen und war für Tschaikowsky äußerst einträglich: Sie brachte ihm 750 Rubel ein. Doch mit der Zeit – im Mai 1872 – kam auch der *Opritschnik* zur Vollendung, trotz aller Unterbrechungen. Die Partitur sandte er an Naprawnik, der im Februar die Petersburger Erstaufführung von *Romeo und Julia* dirigiert hatte. Selbst Cui, mit seinem Urteil inzwischen von Freund und Feind gleichermaßen gefürchtet, war von der Ouvertüre begeistert und hatte geschrieben, es sei eine »gelungene Komposition«[18]. Doch der *Opritschnik* wurde erst Ende des Jahres vom Marinski-Theater angenommen, die Uraufführung noch bis 1874 hinausgezögert.

Hatte Tschaikowsky zunächst das Verlangen gespürt, einmal etwas ganz Neues zu unternehmen, als er mit Schilowsky nach Nizza fuhr, so verbrachte er den darauffolgenden Sommer wieder in ruhiger Abgeschiedenheit in Kamenka, Nizy und Ussowo und schrieb hier seine zauberhafte Zweite Symphonie in c-Moll; bis zum Herbst war sie vollendet. In diesem Stück – ganz ähnlich wie in seiner nächsten Oper, *Wakula der Schmied* – kam er Mussorgsky näher, als er sich je Balakirew in musikalischer oder allgemein künstlerischer Hinsicht genähert hatte. Und doch sind einige Werke, die Tschaikowsky in jener Zeit schrieb (vor allem Opern), den Kompositionen Balakirews so ähnlich, daß sie von diesem »Vorbild« kaum zu unterscheiden sind. Das tut auch der Originalität dieser Symphonie keinen Abbruch, obwohl sich gerade die Form des ersten Satzes direkt aus Balakirews Tongemälde *Tausend Jahre* herleiten ließe. Tschaikowsky verarbeitete hier die ukrainische Sonderform des russischen Volkslieds *Mutter Wolga hinab*, nicht nur als Einleitung und Schluß des Satzes, sondern auch in einem eigenen Abschnitt der Durchführung im Allegro-commodo-Hauptteil, ebenso wie Balakirew mit seiner Volksliedmelodie vom Werkanfang verfuhr. Die beiden Hauptthemen des Satzes dagegen sind frei gestaltet, denn Balakirew hätte ja hier Volkstümliches nicht gutgeheißen. Tschaikowsky ließ diesen Satz unaufhörlich modulieren – wiederum ein ausgeprägtes Stilmittel, das Balakirew damals in eigenen Kompositionen häufig einsetzte. Später arbeitete Tschaikowsky den

Satz tiefgreifend um[19]; sein ansprechender, unmittelbarer lyrischer Stil gefiel ihm später nicht mehr. Die Wirkung des Satzes blieb jedoch in ihren Grundzügen erhalten.

Auf den Beginn von *Mutter Wolga hinab* (Notenbeispiel 5a) haben wir etwas näher einzugehen: Diese charakteristische Themenform, die mit einem Quartfall eingeleitet wird, hat Tschaikowsky nicht nur in jüngeren Jahren beschäftigt (man vergleiche mit dem *Gesang der Wolgaschiffer* und der Ersten Symphonie, Notenbeispiel 2 auf S. 44), sondern sie zieht sich durch sein ganzes Werk hindurch. Es sei hier auf den Beginn des Leitmotivs in der *Manfred*-Symphonie (1885, Notenbeispiel 5b), das Francesca-Seitenthema aus der Symphonischen Dichtung *Francesca da Rimini* (1876, Notenbeispiel 5c) und das erste Thema aus *Hamlet* (1888, Notenbeispiel 5d) hingewiesen.

Notenbeispiel 5:
a) »Mutter Wolga hinab« (Volkslied)
b) Leitmotiv der »Manfred«-Symphonie
c) Seitenthema der Symphonischen Dichtung »Francesca da Rimini«
d) Fantasie-Ouvertüre »Hamlet«, 1. Thema

In seiner Ersten Symphonie hatte Tschaikowsky im Scherzo den entsprechenden Satz aus einer früheren Klaviersonate, von der er sich distanziert hatte, verarbeitet. Auch in seiner Zweiten Symphonie griff er auf bereits Komponiertes zurück, das für ihn sonst totes Kapital dargestellt hätte: Im langsamen Satz verarbeitete er den Hochzeitsmarsch aus dem dritten Akt seiner Oper *Undine*. Die Abfolge der musikalischen Glieder (in der Form ABACABA) ist vom Drama her diktiert: Die Hochzeit der Heldin wird immer wieder durch Undines eigene Boten gestört. Die Faktur des Stückes, die an sich an Joachim Raff erinnert, bekommt ihren ganz eigenen Charakter – wie zu erwarten – durch ein lyrisches zweites Thema, das über einem Dominant-Orgelpunkt aufgebaut ist. Der Mittelteil C dagegen ist eine Variante des sechsten Stücks aus Tschaikowskys *Fünfzig russischen Volksliedern*, das mit den Worten *Spinne, meine Spinnerin* beginnt. Dieses Lied wird auf vielfältige Weise verarbeitet und gewinnt in der Besetzung immer neue Gestalt. Es ist somit der Kern für diesen rundum gelungenen Mittelteil des kurzen, symmetrischen Satzes, dem ersten, in dem sich Tschaikowsky in der Symphonie an den Typ des Marsches wagte – seine späteren Sätze jener Art lassen diesen Prototyp jedoch noch unschuldig erscheinen.

Einen Walzer läßt Tschaikowsky in dieser Symphonie nicht anklingen, sondern arbeitete statt dessen mit dem speziellen Scherzo-Trio-Typ, den Borodin mit seiner Ersten Symphonie begründet hatte. Damit trat Tschaikowsky noch einen Schritt näher an die Ideen des »Mächtigen Häufleins« heran: Sein Trio wurde nun so volkstümlich, wie Balakirew es für Symphonien proklamierte. Doch nicht dieser Satz stieß bei der Petersburger Gruppe auf die größte Begeisterung, sondern das Finale. Tschaikowsky schrieb am 13./25. Februar 1873 an Modest: »Als ich in Petersburg war, spielte ich auf einer musikalischen Soirée bei Rimsky-Korsakow das Finale vor; die ganze Gesellschaft war so hingerissen, daß sie mich schier in Stücke zerteilte.«[20] Ein ukrainisches Volkslied, *Der Kranich*, ist hier verarbeitet (ganz ähnlich, wie Glinka es in *Kamarins-*

kaja tat), und zwar in mehreren Varianten und mit einem aufregend virtuosen Orchester als Hintergrund. Die an sich ziemlich alltägliche und gleichmäßig zugeschnittene Gestalt des Themas bietet die Möglichkeit zu befriedigender Verarbeitung; Tschaikowsky konnte daraufhin ein wunderschönes, gegen den Takt trällerndes zweites Thema als Gegensatz einführen. Diese beiden Themen werden einander immer näher gerückt, so daß der Satz in eine begeisternde Presto-Klimax mündet. In einer der Variationen wird mit viel Humor schließlich auch auf das Tonmaterial der Ganztonskala zurückgegriffen, was zu dem hohen Gehalt des Satzes noch weiter beiträgt. Der Finalsatz steht in C-Dur; Tschaikowsky nahm sich also hier Beethovens Fünfte Symphonie (sogar in derselben Tonart!) zum Vorbild, die den Romantikern in ihrem Übergang vom Schicksal- zum Sieghaften als so vorbildlich gegolten hatte. Das Volkstümliche ist in dieser Symphonie im gleichen Maße vertreten wie in allen anderen russischen Symphonien der Zeit, doch stehen Volksliedmelodien hier eigentlich im Zentrum des Werks, mehr als in den ersten Symphonien Rimsky-Korsakows und Borodins, mehr auch als bei Balakirew (Mussorgsky scheidet hier aus dem Vergleich aus: Ein einziges Mal mußte er im Auftrag Balakirews ein symphonisches Allegro komponieren und schrieb es nur mit halbem Herzen – einen wirklich befriedigenden Symphoniesatz hat er nie fertiggebracht). Das einzige Werk, das man hier Tschaikowskys Zweiter Symphonie an die Seite stellen könnte, ist Borodins Zweite (h-Moll), an der dieser damals gerade zu komponieren begonnen hatte. Borodin ließ in dieses wahre Meisterwerk zwar keine originalen Volksliedmelodien einfließen, die Frage ist vielmehr, ob er darin, die russische Volksmusik bis in ihre Seele hinein zu erfassen, eine glücklichere Hand hatte als Tschaikowsky in seiner Zweiten Symphonie.

Beantwortete man diese Frage positiv, würde man nicht beachten, wie verschieden die Volksmusik auf Tschaikowsky und Borodin einwirkte. Borodins überwältigende lyrische

Begabung konnte sich in seiner h-Moll-Symphonie und in der Oper *Fürst Igor* voll entfalten, und zwar hauptsächlich unter dem Einfluß zweier spezieller Volksliedtypen: einerseits der epischen »Bylina«, einer Art heroischer Ballade, wie sie von Barden dargeboten worden war – Glinka hatte sie am Anfang von *Ruslan und Ludmilla* erstmals erfolgreich aufgegriffen. Der andere Melodietyp ist der der tartarischen Volkslieder aus dem Kaukasus und von der Krim – Borodin hatte Vorfahren aus dem kaukasischen Königsgeschlecht. Man hat diesen Melodietyp gelegentlich als »orientalisch« beschrieben; Balakirew hat ihn in seinem *Gesang Georgiens* und in seiner Klavierfantasie *Islamey* so treffend wiedergegeben. Tschaikowsky dagegen benutzte in seinen Symphonien kein »Bylina«-Material; nur in *Wakula der Schmied* griff er auf diesbezügliche Ideen Glinkas zurück. Nie jedoch hatte er Erfolg mit »orientalischen« Melodien aus den Randgebieten des russischen Zarenreichs. Nur selten versuchte er, solches exotische Material in Verfremdung zu verarbeiten, wie Balakirew, Borodin und Rimsky-Korsakow es so großartig beherrschten; wenn Tschaikowsky sich auf dieses Terrain begab (beispielsweise in seinem Lied *Der Kanarienvogel* von 1874), versagte er kläglich. Dem »Mächtigen Häuflein« war er dagegen haushoch überlegen, wenn er die Gesänge aus dem Westteil Rußlands aufgriff wie im Finale der Zweiten Symphonie mit seiner strengen Rhythmik oder in den lyrischen Passagen des Werkes. Vielleicht ist Tschaikowskys Zweite insgesamt nicht so tiefgründig wie die Borodins, aber nicht wegen der Verarbeitung volkstümlicher Melodien, in der er sich eben von Borodin völlig unterschied; wenn Tschaikowskys bezaubernde Zweite Symphonie nicht so weit in die Tiefe dringt und psychologisiert wie seine späteren Symphonien, sollte das keine Qualitätsurteile nach sich ziehen.

Tschaikowskys Besuch in Petersburg, bei dem er das »Mächtige Häuflein« begeisterte, fand um die Weihnachtszeit 1872 statt. Der eigentliche Grund der Reise war, dem zuständigen Ausschuß an der Petersburger Oper den *Opritschnik* vorzuspielen. Die Oper wurde einstimmig angenommen. Vor seiner Rückkehr nach Moskau kam Tschaikowsky mit Stassow zusammen. Stassow war hell begeistert von der Zweiten Symphonie, und Tschaikowsky fragte ihn, welchen literarischen Stoff er ihm für seine Symphonische Dichtung vorschlagen würde. Stassow nannte ihm drei: Gogols »Taras Bulba«, Scotts »Ivanhoe« und Shakespeares »Sturm«. Für den »Sturm« gab er Tschaikowsky bereits ein fertig ausgearbeitetes Programm. Nach Moskau zurückgekehrt, dankte Tschaikowsky Stassow in einem Brief, lobte das Programm und bezeichnete es als »ansprechend und inspirierend«[21] – doch er konnte noch nicht an die Arbeit gehen. Zunächst hatte er noch den Auftrag zu erfüllen, eine Bühnenmusik für Ostrowskys Märchenspiel »Schneeflöckchen«, das im Mai aufgeführt werden sollte, zu schreiben. Vielleicht war das bereits eine Frucht des enormen Erfolgs, den die Moskauer Erstaufführung der Zweiten Symphonie am 26. Januar/7. Februar 1873 gezeitigt hatte. Tschaikowsky mußte für »Schneeflöckchen« unter Zeitdruck eine große Menge Musik zusammenbekommen, auch für einige Gesangsnummern und einen Chor. Schließlich hatte dann die Musik größeren Erfolg als das ganze Stück selbst; Tschaikowskys Plan, seine Schauspielmusik zu einer kompletten Oper auszudehnen, wurde jedoch durch Rimsky-Korsakows hübsche Bearbeitung dieses Textes, in die viel vom Tschaikowsky-Stil der frühen siebziger Jahre einfloß, vereitelt[22].

Tschaikowsky bekam für seine Musik zu »Schneeflöckchen« 350 Rubel; sein Jahresgehalt am Konservatorium war mittlerweile auf 2302 Rubel angewachsen. Mit diesem Einkommen – dazu den Honoraren für seine Werke und Schriften – hätte er sorglos leben können, wären seine Finanzverhältnisse nicht zerrüttet gewesen. Immer, wenn er sich gerade einmal sichere finanzielle Rücklagen erwirtschaftet hatte, verschenkte er Geld oder verpulverte es auf einer Reise nach Westeuropa – so auch damals. Nach kurzem Besuch in Nizy und Kamenka fuhr er nach Deutschland, wo er zu Familie Jürgenson stieß, und weiter in die Schweiz, nach Italien und Frankreich. Auf dieser Reise begann er, Tagebuch zu schreiben; er bewahrte seine Aufzeichnungen auf[23]. Viele Eintragungen hat der Bruder Modest nach Tschaikowskys Tod vernichtet. Was übrig blieb, ist für einen Biographen natürlich von Interesse, manches aber auch ziemlich banal. Die wertvollsten schriftlichen Zeugnisse hinterließ Tschaikowsky der Nachwelt in seinen Briefen. Doch gelegentlich beleuchtet das Tagebuch die eine oder andere Situation in einem ganz neuen Licht; es bestätigt nicht nur seine Homosexualität, für die er ein spezielles Kürzel verwendete, sondern auch seine damit zusammenhängenden, ihn überwältigenden Schuldgefühle, die sich von Zeit zu Zeit in Bemerkungen wie »Was bin ich für eine entsetzliche Person!« äußerten.

Anfang August 1873 kehrte Tschaikowsky nach Rußland zurück und fuhr sogleich nach Ussowo, wo er in zwei glücklichen Wochen den *Sturm* entwarf und die Einsamkeit russischer Landschaft genoß. Nach Jahren erinnerte er sich, wie intensiv er diese beiden Wochen erlebt hatte: alleine in den Wäldern und Tälern zu wandern und nachts bei offenem Fenster den Geräuschen der Natur zu lauschen. Die Arbeit am *Sturm* ging wie von selbst[24]. Doch dieses Glück war nur deshalb möglich, weil Schilowsky in Moskau sein mußte; wäre er auch in Ussowo gewesen, hätte er bei Tschaikowsky für die üblichen Störungen gesorgt. Allmählich hatte Tschaikowsky die Freundschaft mit Schilowsky satt.

Anfang September fuhr er zurück nach Moskau und schloß auch die Orchestrierung des *Sturm* bald ab. Das fertige Stück widmete er Stassow. Innerhalb von drei Monaten zog er zweimal um, schrieb Opernkritiken, nahm die »lähmende« Arbeit am Konservatorium wieder auf und korrespondierte mit dem Verleger Bessel über einen Klavierauszug des *Opritschnik,* der etwa gleichzeitig mit der Uraufführung erscheinen sollte, die für Frühjahr 1874 angesetzt war.

Immer wieder überkamen Tschaikowsky schlechte Laune oder Selbstmitleid. Ende November/Anfang Dezember 1873 schrieb er an Modest, daß ihm Schilowskys Gesellschaft, obwohl er häufig zu ihm zum Essen gehe, lästig sei; es gebe niemanden, mit dem er wirklich eng befreundet sei[25]. Doch fast ebenso häufig war er in Hochstimmung. Er lernte damals Englisch, weil er Dickens, besonders dessen »The Pickwick Papers«, gerne in der Originalsprache lesen wollte. Die frühen Früchte seiner Bemühungen hatten sich bereits im Frühjahr in einem orthographisch abenteuerlichen Brief an Sascha und Modest niedergeschlagen[26].

Die Uraufführung des *Sturm*, am 7./19. Dezember 1873, war ein derart triumphaler Erfolg, daß das Werk – ebenso wie in der vorangegangenen Saison die Zweite Symphonie – in einem weiteren Konzert wiederholt werden mußte. Stassows Programm, an das sich Tschaikowsky genau gehalten hatte, ist symmetrisch angelegt: Das Meer steht am Anfang und Ende, der Zauberer Prospero an zweiter und vorletzter Stelle; die zentrale Szene mit Ariel und Caliban wird vorn und hinten eingerahmt vom Liebesthema Mirandas und Ferdinands. Nur der kurze Gewitter-Teil, der dem am Anfang hinausgezögerten Liebesthema vorangeht, bricht aus dieser Ausgewogenheit aus, wird jedoch aufgefangen in einer entsprechend leidenschaftlichen Wiederholung der Liebesthematik nach dem Mittelteil. Weshalb das Werk dennoch nicht allen Qualitätsansprüchen gerecht wird, ist ein mehrschichtiges Problem. Einerseits erscheint die Komposition ein wenig als Stückwerk. Tschaikowsky hat im *Sturm* viele fremde Einflüsse aufgegriffen. Zu Rimsky-Korsakow sagte er, er werde sich für die Beschreibung des Meeres Wagners *Rheingold*-Vorspiel, das auf einem einfachen Dreiklang aufgebaut ist, zum Vorbild nehmen; Rimsky-Korsakow konnte allerdings nicht viel Gemeinsames zwischen Tschaikowskys Meer und Wagners Fluß feststellen[27]. Dennoch sind die Anfangs- und Schlußpassage des *Sturm* an Wagner angelehnt – wie Rimsky-Korsakow durchaus feststellen konnte. Andere erkennbare Einflüsse lassen sich von Liszt herleiten, beispielsweise in der ständigen Wiederholung der Phrasen im Gewitter-Teil, von Balakirew in der Harmonik, von Glinka in einigen magischen Wind-Passagen vor dem Gewitter. Doch kein einziger dieser fremden Züge fiele auf, wenn Tschaikowsky ihnen genügend Eigenes entgegengesetzt hätte. Das charakteristische Liebesthema ist nicht kräftig genug, um die an sich nur farblose Atmosphäre zu konturieren, obwohl sich gerade darin eine gewisse Verbindung zu Liszts Symphonischen Dichtungen ergibt. In *Francesca da Rimini*, Tschaikowskys nächstem programmatischen Orchesterwerk, schob er all diese fremden Einflüsse beiseite – auch die Wagners – und schuf dadurch ein viel großartigeres, eben subjektiveres Werk.

Anfang 1874 war Tschaikowsky mit seiner Stellung als Komponist wohl sehr zufrieden. Die Zweite Symphonie und *Der Sturm* hatten ihm gewaltige Erfolge gebracht. *Der Opritschnik* ging zielstrebig seiner Uraufführung entgegen – abgesehen von den Problemen mit der Zensur oder mit dem Dirigenten Naprawnik, der an der Oper im Übermaß Retuschen vorgenommen hatte. Hans von Bülow bereiste Rußland als gefeierter Pianist, pries Tschaikowskys Werke und spielte die im Herbst zuvor entstandenen Variationen für Klavier op. 19[28]. Ein zweites Streichquartett (F-Dur, op. 22), dem Großfürsten Konstantin Nikolajewitsch gewidmet, wurde im März uraufgeführt und hatte durchschlagenden Erfolg. Zuvor war es auf einer privaten Soirée bei Nikolaj Rubinstein erklungen; Nikolaj selbst war allerdings nicht anwesend. Anton Rubinstein hingegen nahm an dem Hauskonzert teil[29]. Er lehnte das Streichquartett ab, war und blieb also zu Tschaikowskys Enttäuschung eine der wenigen führenden Musikerpersönlichkeiten Rußlands, die an der musikalischen Begabung Tschaikowskys nach wie vor zweifelten.

Viertes Kapitel

NATIONALE OPERN
1874

Ende März reiste Tschaikowsky nach Petersburg, um dort die Proben zum *Opritschnik* mitzuerleben; er wohnte bei seinem Vater. Der Vater hatte neun Jahre zuvor zum dritten Mal geheiratet: eine angenehm mütterliche, nicht übermäßig gebildete Frau, die die Wünsche des alten Mannes in bewundernswerter Weise zu erfüllen suchte – sehr zum Neid des Sohnes, der selbst dringend nach einer Art jüngerer Ausfertigung dieser Stiefmutter als Ehefrau suchte. Am *Opritschnik* hatte er inzwischen schwere Zweifel; seinem Schüler Sergej Tanejew schrieb er am 25. März/6. April: »Um Ihnen die Wahrheit zu sagen: In der Oper findet sich nichts, das herausragend wäre; Sie sollten nicht extra wegen ihr nach Petersburg kommen.«[1] Doch nicht nur Tanejew, sondern fast die ganze Mannschaft des Moskauer Konservatoriums kam nach Petersburg, auch Nikolaj Rubinstein. Am 12./24. April fand die Uraufführung statt – seit der ersten Aufführung von Mussorgskys *Boris Godunow* war noch kein Vierteljahr vergangen, eineinviertel Jahre dagegen seit der Premiere von Rimsky-Korsakows Oper *Das Mädchen von Pskow*, die wie der *Opritschnik* in der Zeit Iwans des Schrecklichen spielt, des Vorgängers von Boris Godunow. Die größte dieser drei Nationalopern ist zweifellos *Boris Godunow*. Rimsky-Korsakows und Tschaikowskys höchstrangige volkstümliche oder doch volkstümelnde Musik (bei Tschaikowsky fast komplett aus dem *Woiwoden* übernommen) ist bezaubernd und erscheint in erstklassiger Harmonisierung, aber im dekorativen, fresko-artigen Stil Balakirews. An sich erscheint das unbedingt passend, doch steht dieser Musik die einfache, schockierende Unverhülltheit völlig entgegen, die Mussorgsky aus seiner außerordentlichen Durchdringung des Volksmusik-Idioms gewann. Ganz allein Stassow hat *Boris Godunow* richtig beurteilt, Balakirew dagegen entwarf Vorschläge zur Kürzung der Oper (wie Borodin seiner Frau mitteilte), Cui riß sie in einem Artikel regelrecht in Stücke. Rimsky-Korsakows Neigung für diese Oper schließlich ist daran zu messen, daß er rund zwanzig Jahre später eine revidierte Fassung des Werks herstellte, in der die Harmonik »korrigiert«, die »rauhen Partien« geglättet, zahlreiche Passagen gestrichen, an anderen Stellen zur Herstellung eines Gleichgewichts in der Komposition Takte eingeschoben und die »unpassende« Instrumentation völlig überarbeitet worden war. Somit stand Tschaikowsky mit seinen Gedanken, die er nach gründlichem Partiturstudium seinem Bruder Modest eröffnete, nicht allein da: »Mit ganzem Herzen und ganzer Seele jage ich Mussorgskys Musik zum Teufel. Es ist banalste Musik – ihre niedrigste Parodie.«[2] Daß Tschaikowskys Versuche auf dem Gebiet des realistischen Musiktheaters kaum erfolgreicher waren als die Rimsky-Korsakows, überrascht nicht, wenn man sich Tschaikowskys diesbezügliche Äußerungen aus jener Zeit vergegenwärtigt. Er schrieb 1877 in einem Brief: »Zweifellos hängt Realismus irgendwie mit einer geistigen Beschränktheit zusammen, mit der Fähigkeit, den Drang nach Wahrheit auf einfachste und billigste Weise zu stillen. Der Realist ist skeptisch gegenüber denen, die in ihrem Leben nach Aussöhnung streben, und zwar in Religion, in Philosophie, in der Kunst.«[3]

In einem anderen Brief faßte Tschaikowsky seine Einstellung zur Oper überhaupt zusammen: »Wenn ein Komponist eine Oper schreibt, muß er fortwährend die Bühne im Sinn haben, das heißt, er darf nicht vergessen, daß im Theater nicht nur Melodien und Klänge vonnöten sind, sondern auch

Modest Mussorgsky

Handlung, um den Theaterbesucher aufmerksam zu halten, der ja gekommen ist, um zu hören und zu sehen. Schließlich muß ihm klar sein, daß der Stil seiner Musik für die Bühne dem Stil der Bühnenbildnerei ähnlich sein muß: einfach, klar und farbenfroh. Ein Bild von Meissonier würde ebenso all seinen Zauber verlieren, wenn man es auf die Bühne verpflanzte, wie Musik, reich an harmonischen Feinheiten, vieles gerade davon im Theater einbüßen muß; ein Zuhörer braucht hier scharf konturierte Melodien, die sich von einer durchsichtigen Harmonik abheben.«

Trotz der russischen Züge in Anlage, Stil und Musik wäre die *Opritschnik*-Handlung vielmehr typisch für westeuropäische Opernkomponisten der Zeit. Ein schönes Mädchen (Natalja) wurde von ihrem Vater (dem Fürsten Schemtschuschny) mit einem ältlichen Freier (Mitkow) verlobt, ist aber verliebt in den hübschen, jungen Andrej. Ihm und dessen Mutter zerschlug Schemtschuschny ihre glückliche Zukunft und vertrieb sie aus ihrem Haus. Um sich an Schemtschuschny zu rächen, tritt Andrej – mit Zustimmung Basmanows, des Günstlings des Zaren – dem Kreis der Opritschniks bei, der gefürchteten Männer im Gefolge Iwans des Schrecklichen, die nur diesem zu Gehorsam verpflichtet sind und aller Welt entsagt haben. Seinen Eid leistet Andrej unter Tränen – sehr zum Vergnügen des Fürsten Wjasminsky, eines väterlichen Feindes. Andrej soll, um Natalja heiraten zu können, aus seinen Verpflichtungen dann entlassen werden, wenn es am Tage der feierlichen Hochzeitsvorbereitungen Mitternacht wird. Andrej bricht jedoch seinen Eid, weil er Natalja aus Gefahr retten will, in die seine Feinde sie mit Fleiß versetzt haben. Er wird zum Tode verurteilt; seiner Mutter versetzt das tödlichen Schrecken.

Der *Woiwode* hatte keinen Erfolg gehabt, ebenso die in der Folgezeit entstandenen Märchenopern: Die erste war von der Opernkommission abgelehnt worden, die andere hatte Tschaikowsky selbst aufgegeben, weil das Libretto nicht zu gebrauchen war. Die nächste Tschaikowsky-Oper dagegen war nun auf Erfolg angelegt: »Oft wird die Inspiration des Komponisten von den Bedingungen, die die Bühne ihm stellt, geradezu gelähmt; daher haben Symphonien und Kammermusikwerke höheren Wert. Eine Symphonie oder Sonate setzt mir keine Grenzen; andererseits hat die Oper für mich den Vorteil, daß ich mit ihr die musikalische Sprache der Massen sprechen kann. Eine Oper wird unter Umständen vierzigmal in einer einzigen Saison gegeben, eine Symphonie vielleicht einmal in zehn Jahren.«[4]

Allen diesen Überlegungen zum Trotz stammt die schönste Musik im *Opritschnik* aus dem *Woiwoden*. Besonders hervorzuheben ist der Chor der Jungfrauen, dem Ostrowskys Volksliedmelodie und der »Chorowod« der Mädchen zugrunde liegt, hier nun als Schluß des ersten Akts (Notenbeispiel 6).

Nur wenige Seiten der Partitur des ersten Akts wurden neu komponiert, dann aber sehr im Stile Meyerbeers; man vergleiche Nataljas Ges-Dur-Arioso, »con passione largamente«, mit »Tu l'as dit« aus dem vierten Akt der *Hugenotten*. Zunächst einmal stehen beide Stücke in derselben Tonart[5], ferner kommen in beiden Stücken Streichertremoli vor, der Singstimme ist beide Male ein solistisches Echo-Instrument beigegeben. Weitere Ähnlichkeiten ließen sich aufzählen, obwohl sich die Melodik des Tschaikowsky-Stücks von Meyerbeers Musik völlig unterscheidet. Tschaikowsky ließ auch in vielen seiner späteren Opern ähnliche Ges-Dur-Arien vorkommen, und zwar jeweils an einem Angelpunkt des dramatischen Geschehens. Er schien von der eingängigen Melodik dieses meisterhaften Liebesduetts Meyerbeers, eines beliebten Stücks im Konzertrepertoire der Zeit, regelrecht erfüllt zu sein – wir werden darauf zurückkommen. Das Orchesternachspiel in Tschaikowskys Arioso schwankt in charakteristischer Weise zwischen den Klängen der Grundtonart und der bereits erwähnten »russischen Sext« (vgl. S. 52). Nicht so glücklich war Tschaikowsky in der Wahl weiterer Meyerbeer-Anklänge, zum Beispiel in dem etwas billigen, konventionellen Schreckensgemälde am Schluß der Oper oder in der Einleitung des dritten Akts. Dort übrigens klingt gegen Ende wieder einmal

Notenbeispiel 6:
»Der Opritschnik«, Finale des 1. Akts

Notenbeispiel 7:

a) Tschaikowsky, »Der Opritschnik«, Einleitung des 3. Akts

b) Borodin, »Fürst Igor«

c) Cui/Mussorgsky/Rimsky-Korsakow, »Mlada«

a)

b)

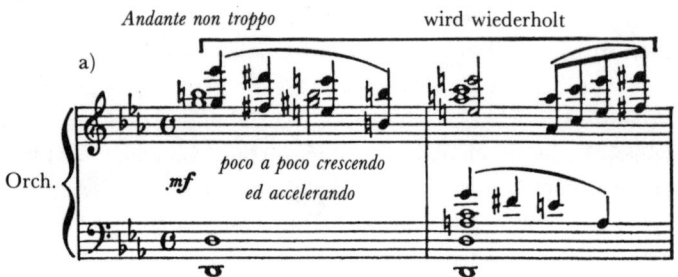

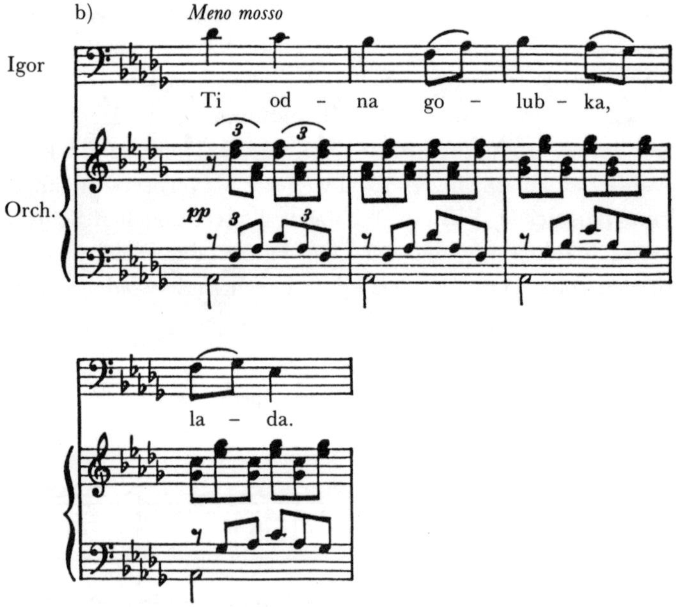

c)

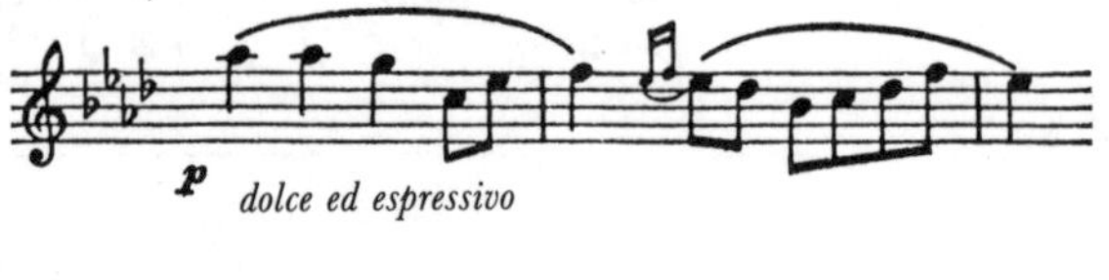

eine Passage an (Notenbeispiel 7a), die die ganze russische Musik der Zeit durchzieht: Sie ist dem Jaroslawna-Thema aus einer Arie des Igor in Borodins *Fürst Igor* ähnlich (Notenbeispiel 7b), das sich seinerseits aus der Oper *Mlada* herleiten läßt (Notenbeispiel 7c), die Cui, Mussorgsky und Rimsky-Korsakow als Gemeinschaftswerk geschaffen hatten. *Mlada* entstand etwa zur selben Zeit mit Tschaikowskys abschließenden Arbeiten am *Opritschnik*. In der Arie des *Fürst Igor* scheint die Erinnerung an *Mlada* und den *Opritschnik* eine unterbewußte Vereinigung eingegangen zu sein: Sie erhielt nämlich erst in den frühen 1880er Jahren ihre endgültige Gestalt.

Abgesehen von ein oder zwei Leitmotiven kommt ein wichtiges Hauptthema immer wieder vor. Es stellt die Opritschniks dar. Wie wir gesehen haben, hatte Tschaikowsky wenige Monate, bevor er seine Oper zu schreiben begann, Anton Rubinsteins Musikgemälde *Iwan der Schreckliche* für Klavier zu vier Händen bearbeitet[6]. Aus Rubinsteins Komposition läßt sich hier nun das Thema der Leibwächter herleiten. Anton Rubinstein hatte inzwischen eine seiner bisherigen Positionen aufgegeben und war nun selbst dazu übergegangen, in seinen Werken Volkstümliches zu verarbeiten. Balakirew hatte Rubinsteins »Gemälde« uraufgeführt, und Borodin hatte dem Werk bescheinigt, es habe Momente »wahrer Stärke« in sich. Das zweite Thema des Stücks ist unverhüllt volkstümlich, doch erst spätere Versuche Rubinsteins auf diesem Gebiet waren wirklich erfolgreich, beispielsweise in der Eröffnungsmelodie seiner g-Moll-Symphonie. Tschaikowskys Opritschnik-Thema seinerseits erklingt häufig, und zwar ausschließlich in den letzten drei Akten der Oper. Das hängt in gewisser Weise mit dem dramatischen Vorwurf zusammen, denn Andrej wird erst im zweiten Akt selbst ein Opritschnik; ein Hauptgrund dafür, daß das Thema erst dort anklingt, wird jedoch sein, daß die Musik zum ersten Akt bereits komponiert war, bevor es dieses Leitmotiv gab, und daß sie zunächst in einem ganz anderen Sinnzusammenhang stand: im *Woiwoden*.

Daher erscheint die Oper vielleicht ein wenig als Flickwerk

– Tschaikowsky verarbeitete zudem noch Material aus der Symphonischen Dichtung *Fatum* (im Duett Natalja–Andrej im letzten Akt). Doch liegen die musikalischen Höhepunkte nicht ausschließlich im ersten Akt. Der vierte beispielsweise enthält einen sehr gehaltvollen Hochzeitschor, das Arioso der Natalja im dritten Akt nimmt schon ein wenig die eindrucksvollen Tatjana-Szenen aus *Eugen Onegin* vorweg, und Andrej hat im zweiten Akt bereits unmittelbar vor seiner Aufnahme in den Kreis der Opritschniks (2. Szene) eine strahlende Arie in der unverwechselbaren Manier Tschaikowskys. In dramtischer Hinsicht ist diese Szene sicher die beste der ganzen Oper. Sie hat drei Komponenten: den würdevollen, ostkirchlich anmutenden Gesang, den die Opritschniks, selbst Mönchen ähnlich, vortragen und der an den Anfang von *Romeo und Julia* erinnert, dann die üblichen Musiktheater-Requisiten à la Meyerbeer, die den Rollen Basmanows, Wjasminskys und den Opritschniks dann zugewiesen werden, wenn sich ihre Musik nicht nach dem ersten Typ hin gestaltet, und schließlich Andrejs Beiträge zu den Geschehnissen und seine Erinnerungen. Die Form, in der diese Elemente angeordnet sind, hat sowohl theatralisch als auch strukturell ihre Wirkung; durchschlagenden Erfolg im Umgang mit derartigen Techniken konnte Tschaikowsky jedoch erst in *Pique-Dame* erringen.

Obwohl Tschaikowsky mit dem *Opritschnik* schon sehr bald nach Abschluß der Komposition unzufrieden war, wurde die Oper doch ein – wenn auch nur mittelmäßiger – Erfolg. Immer wieder wurde sie gespielt (sehr zu Tschaikowskys Bestürzung, denn er wollte das Werk eigentlich zu »zwei Dritteln« umkomponieren, was aber, weil die Rechte teilweise auf den Verleger Bessel übergegangen waren, unmöglich war). Um Rimsky-Korsakows etwa gleichzeitig entstandene Oper, *Das Mädchen von Pskow*, stand es da ganz anders: Er konnte seine etwa ähnliche Unzufriedenheit mit dem eigenen Werk voll zum Ausbruch kommen lassen, revidierte seine Oper grundlegend und arbeitete sie noch ein weiteres Mal um, bis sie – in dritter Fassung – 1895 erklang, kurz bevor Rimsky-

Korsakow den Vorsatz faßte, Mussorgskys *Boris Godunow* umzuarbeiten.

Nach der Uraufführung des *Opritschnik* wurde Tschaikowsky zu Ehren ein Galadiner veranstaltet, bei dem ihm (zu seiner Überraschung) der M. A. Kondratjew-Preis, 300 Rubel, überreicht wurde. Daraufhin, ausgestattet mit dem Auftrag seiner Zeitung, eine Kritik über eine Mailänder Inszenierung des *Leben für den Zaren* zu schreiben, brach Tschaikowsky am 14./26. April in bester Laune nach Italien auf. Er besuchte Venedig, Rom, Neapel und Florenz und fuhr verärgert nach Rußland zurück, nachdem er erfahren hatte, daß sich die Premiere der Glinka-Oper verzögerte; es sollten noch einige Änderungen vorgenommen werden, »um dem Geschmack des italienischen Publikums zu entsprechen«[7].

Anfang Juni, nach Ende der Unterrichtsperiode am Konservatorium, eilte Tschaikowsky zu Nikolaj Kondratjew nach Nizy und begann mit den Vorarbeiten für eine neue Oper. Auf Geheiß der Großfürstin Helena Pawlowna hatte Polonsky ihrem Protegé Serow ein Libretto verfaßt, dem Gogols ukrainische Novelle »Die Nacht vor Weihnachten« zugrunde liegt. 1871 war Serow jedoch plötzlich verstorben, die Großfürstin

Petersburg, Marinski-Theater

war auf ihrem Libretto förmlich sitzengeblieben – kein Komponist war zu der Vertonung des Textes bei der Hand. Nach einiger Zeit entschloß sich die Dame, einen Wettbewerb auszuschreiben und die beiden besten Kompositionen prämiieren zu lassen; das Werk des Siegers sollte im Marinski-Theater aufgeführt werden. Als sie selbst 1873 starb, übernahm die Russische Musikgesellschaft die Organisation des Wettbewerbs; schließlich wurde der 1. August 1875 als Termin festgesetzt, zu dem die Einsendungen der Jury vorliegen sollten. Tschaikowsky jedoch irrte sich in der Jahreszahl: Er meinte, schon am 1. August 1874 fertig sein zu müssen. Daher stürzte er sich in halsbrecherischem Tempo auf seine Arbeit und komponierte sechs Wochen lang in Nizy fieberhaft an *Wakula der Schmied* – so sollte die Oper heißen –, dann in Ussowo, wo er den Entwurf vollendete und die Partitur orchestrierte, bis er sein Werk am 21. August 1874 abgeschlossen hatte, wie sein autographes Datum ausweist[8]. Den Wettbewerbsregeln entsprechend mußte die Partitur von einem Dritten abgeschrieben und unter einem Kennwort eingereicht werden. Hierfür wählte sich Tschaikowsky »Ars longa, vita brevis«, was als sein persönlicher Wahlspruch weithin bekannt war. Zudem noch schrieb Tschaikowsky selbst es auf seine Partitur. Als er nach Moskau zurückkehrte, wartete er voller Ungeduld auf ein Ergebnis des Wettbewerbs; doch er konnte nur in Erfahrung bringen, daß er mit seiner Einsendung ein Jahr zu früh gekommen war. Sogleich bereute er, das Stück überhaupt eingesandt zu haben, denn, Preis hin, Preis her, er hätte es sicherlich irgendwo zur Aufführung bringen können, zum Beispiel an der Hofoper. Über diese Gedanken hinaus erschien es ihm unerträglich, ein ganzes Jahr warten zu müssen, bis er ein Ergebnis erfahren würde. Und bis zu einer Aufführung würde – wie er wissen mußte – noch einmal ein Jahr vergehen. Daher schrieb er im Oktober zunächst an den Marinski-Intendanten Kondratjew (mit Tschaikowskys Freund Nikolaj Kondratjew nicht verwandt), dann an Naprawnik[9], um zu erwirken, daß *Wakula* trotz der Teilnahme am Wettbewerb schon vorher aufgeführt würde. Bald mußte Tschaikowsky jedoch erfahren, daß seine Anfrage den Großfürsten Konstantin Nikolajewitsch, den Vorsitzenden der Jury, äußerst verärgert hatte und schroff abgelehnt worden sei[10]. Ein weiterer Grund, der für diese Ablehnung angeführt werden konnte, war, daß die Rechte am Libretto nicht bei Tschaikowsky lagen, sondern nur beim Preisgericht. So nahm das Stück weiter am Wettbewerb teil, obwohl bereits den Wettbewerbsregeln zum Hohn eine Reihe von Jurymitgliedern wußte, wer es geschrieben hatte. Selbstverständlich hätte es dort unangetastet ruhen sollen; die Ouvertüre jedoch wurde bereits im November 1874 von Nikolaj Rubinstein in Moskau aufgeführt. Wußte Tschaikowsky, daß auch Nikolaj Rubinstein Mitglied der Jury war? Rubinstein jedoch setzte sich mit der ihm eigenen Bonhomie darüber hinweg – es wisse ja sowieso jeder, wer den Preis bekommen werde. Auch Rimsky-Korsakow, ebenfalls Preisrichter, war völlig im Bilde; als Tschaikowsky mit seinem Werk tatsächlich den Preis davontrug, konnte er schreiben, es sei »kein Schaden angerichtet« worden[11].

Die Handlung der Oper läßt sich folgendermaßen skizzieren: Der Teufel nähert sich mit Liebessehnen der Hexe Solocha. Ihr Sohn, der Schmied Wakula, hat ihn auf häßlichste Weise porträtiert. Bei seiner Flucht läßt der Teufel als Rache einen Schneesturm aufkommen und versteckt den Mond, wodurch es Wakula erschwert wird, Oksana den Hof zu machen. Dort jedenfalls schickt er ihren betrunkenen Vater, Tschub, und seinen Freund fort, doch Oksana stellt sich gefühllos, wirft ihn selbst aus dem Haus – und gesteht sich, daß sie Wakula liebt. In der Hütte der Hexe Solocha dagegen wird die traute Zweisamkeit gestört. Der Bürgermeister tritt auf; dem Teufel bleibt nur, sich in einem Sack zu verstecken, ebenso wie dem Bürgermeister, als der Schulmeister, und diesem, als schließlich Tschub auf der Bildfläche erscheint. Wakula löst den Knoten. Oksana dagegen wünscht sich ein Paar »Tscherewitschki«, Lederstiefel mit hohen Absätzen, die der Zarin gehören; Wakula erklimmt daher den Rücken des

Teufels und fliegt auf ihm nach Petersburg, bekommt die Tscherewitschki, kehrt heim und begehrt Oksana zur Frau.

Erst am 28. November/6. Dezember 1876 kam das Stück auf die Bühne. Trotz aller Voraussagen Cuis, das Stück müsse ein Erfolg werden, und seiner Kritiken, die ein relativ hohes Maß an Anerkennung zum Ausdruck bringen, konnte sich das Publikum mit dieser Oper nicht recht anfreunden. Neun Jahre später wurde sie als *Tscherewitschki* überarbeitet – neue Passagen traten hinzu, andere wurden gestrichen, markiges Rezitativ durch weitschweifiges Arioso ersetzt, so daß die entsprechenden Passagen musikalisch gehaltvoller wurden. Trotzdem hielt Tschaikowsky an einer Konzeption fest, die es ihm möglich machte, 1890 an Jürgenson zu schreiben: »Was die Musik angeht, ist es wahrscheinlich meine beste Oper.«[12]

Bereits die oberflächliche Betrachtung der Partitur bestätigt, wie richtig Tschaikowsky hier dachte. Die Musik ist voll strahlend-lyrischer Einfälle, harmonisch adäquat und in Übereinstimmung mit den Regeln der Petersburger Komponisten ausgestaltet – denn Tschaikowsky konnte doch mit Sicherheit davon ausgehen, daß der eine oder andere aus dem »Mächtigen Häuflein« Jurymitglied sei. Überall erklingen, geistvoll ausgewählt, Melodien, die an russische oder ukrainische Volksmusik erinnern, zum Beispiel der ukrainische »Hopak«, im Duett zwischen dem Teufel und der Hexe Solocha (erster Akt), das in Wakulas Ritt auf dem Rücken des Teufels durch die Lüfte von Dikanka in der Ukraine nach Petersburg wieder anklingt. Ebenso der Volksmusik entstammt Solochas Duett mit Oksana am Anfang des vierten Akts sowie die Gesänge der Saprosch-Kosaken und Russen (Akt 3, Szene 2). Dieser russische Tanz ist alles andere als orientalisch, nämlich ein »Kasatschok«; Tschaikowsky kannte ihn wahrscheinlich nicht nur aus Dargomischskys gleichnamigem Werk, sondern auch aus Glinkas *Ruslan und Ludmilla* (zweites Thema, »Lesginka«). Die Oper ist damit exzellent ausgestattet; in der Art, wie sie an *Ruslan und Ludmilla* anknüpft, entsprach sie genau dem Stil, den das »Mächtige

Michail Glinka

Häuflein« proklamierte – was Tschaikowsky natürlich genau wußte. Die mächtige H-Dur-Melodie, mit der der Teufel im ersten Akt den Schneesturm entfesselt und die Borodin im selben Typ mit gleicher Wirkung einsetzte, weist auf »Lel« im ersten Akt des *Ruslan* zurück; der f-Moll-Chor der Nixen am Anfang des dritten Akts, durchgehend mit Glinka-ähnlichen Triolen, leitet sich direkt aus den herrlichen Frauenchören im dritten und vierten Akt von *Ruslan* her, und die Ganztonmelodie, die bereits am Ende der ersten Szene erklingt, hatte ebenso bereits bei Glinka Verwendung gefunden. Von all den weiteren Verwandtschaftsbeziehungen, auf die man hinweisen könnte, ist am interessantesten die zwischen Wakulas mächtiger c-Moll-Arie (Notenbeispiel 8a), in der sich Wakula zu Ende der ersten Szene des zweiten Akts über die Gefühlskälte der interessierten, aber grausam kokettierenden Oksana

Notenbeispiel 8:
a) Tschaikowsky, »Wakula der Schmied« (II/1), Arie des Wakula
b) Glinka, »Ruslan und Ludmilla«, 4. Akt, Arie der Ludmilla

beklagt, und Ludmillas Arie im vierten Akt von Glinkas *Ruslan* (Notenbeispiel 8b).

Die an Bellini erinnernden Triolen in der *Ruslan*-Begleitung einerseits, die Begleitung in Tschaikowskys Werk (Bellini mit Verdi gemischt) andererseits zeigen klar die Fährte, auf der Tschaikowsky hier sein Material beschafft hatte. Die Ähnlichkeit im Anfang beider Melodien sollte man allerdings nicht überbewerten. Doch wie man kaum eine Verdi-Oper finden wird, in der keine derartige Melodie anklingt, hat Tschaikowsky entsprechend auch in zahlreichen anderen Werken auf sie zurückgegriffen, so zum Beispiel in der »Canzonetta« im Violinkonzert. Im übrigen hat Rimsky-Korsakow sicher aus unterbewußter Erinnerung an diese Arie Tschaikowskys geschöpft, als er das Leitmotiv der Schwanenprinzessin in seiner Oper *Zar Saltan* (1900) komponierte: Dort erscheinen exakt dieselben acht Anfangstöne, sogar zu demselben Begleitrhythmus (nur in Dur statt Moll). Auch Tschaikowskys delikate Instrumentation, bei der wiederum Glinka Pate stand, nahm sich Rimsky-Korsakow zum Vorbild: Die Instrumentation des *Wakula* ist durchsichtig – später nannte er sie »kammermusikartig«.

Für den Mißerfolg, den die Oper anfänglich beim Publikum erntete, führte Rimsky-Korsakow einen Grund an, der für Tschaikowskys musikalische Zeitgenossen möglicherweise entscheidend gewesen ist: Sie sei »überfüllt mit Details..., zu musikalisch, nicht theatralisch genug, die Harmonie zu chromatisch«[13]. Doch für uns heute müßten diese überwältigende Gefühlswelt, dieser Verzicht auf hohle Theatralik und dieser harmonisch-chromatische Reichtum des Werks seine strahlenden Höhepunkte sein. Somit stünde diese komische Oper über den Stoff der Gogolschen Ukraine noch der späteren Leistung Mussorgskys im *Jahrmarkt von Sorotschinsy* nach, wäre ihr Komponist damals nicht schon dem Alkohol zu weit verfallen gewesen; Rimsky-Korsakows *Mainacht*, die in vielem auf *Wakula* aufbaut, ist Tschaikowskys Werk vielleicht tatsächlich noch überlegen.

Wakula oder die spätere Fassung als *Tscherewitschki* zeigt deutlich, ähnlich wie die Zweite Symphonie, Tschaikowskys außerordentlichen Charme – eine Seite seines Wesens, auf die alle hinweisen, die ihn kannten; nur wer nicht weitherzig genug war, um einem Mann mit so stark hysterisch-verzweifelten Emotionen diesen nicht etwa aufgesetzten, sondern angeborenen Charme zuzugestehen, nahm ihn nicht richtig wahr. Schließlich waren sowohl seine Enttäuschungen wie sein Charme die Frucht seiner Erziehung zum Gentleman. Doch der Charme des *Wakula*, von *Schwanensee*, dem Violinkonzert, der Streicherserenade, dem *Capriccio italien*, dem Scherzo aus der *Manfred*-Symphonie und zahlreichen anderen Werken aus allen Lebensabschnitten ihres Schöpfers war sicher nicht nur ein Flitterersatz für das, was zu viele Biographen und Filmproduzenten, vielleicht mit der unseligen *Nußknacker-Suite* im Ohr, uns als das vorstellen, dessen Tschaikowsky einzig fähig gewesen wäre.

Fünftes Kapitel

ZUNEHMEND EIGENSTÄNDIG
1874–1876

Die 27 Monate zwischen Fertigstellung und Uraufführung des *Wakula* waren für Tschaikowsky überaus schaffensreich. In seiner fieberhaften Tätigkeit wollte er das Komponieren zum Höhepunkt führen, Emotionen dagegen auf ein Minimum zurückschrauben. Dem mag ein gewisser Ekel an wachsender sexueller Betätigung vorausgegangen sein, die wahrscheinlich eher in Beschäftigung mit sich selbst als in aktiver Homosexualität bestanden hat, jedenfalls aber zur Folge hatte, daß Tschaikowsky mehr denn je als – merkwürdig unlogische – Lösung seiner Probleme nach einer Heirat verlangte. In diesem Sinne schrieb er im Herbst 1876 an Modest, er sei zu heiraten entschlossen[1]; er wolle mit seinen Gewohnheiten für immer brechen[2]. Wenig später jedoch berichtete er, daß er gegen seinen Vorsatz bereits dreimal verstoßen habe; zu einem Wendepunkt gelangte er erst 1877.

Zu den weniger bedeutenden Werken, die in dieser Zeit entstanden, gehören zwölf Klavierstücke, die Tschaikowsky in aller Eile niederschrieb, eines pro Monat – denn sie wurden in einer Zeitschrift veröffentlicht. Später erschienen sie unter dem Sammeltitel *Die Jahreszeiten;* sie sind jedoch nur wenig gehaltvoll. Daneben komponierte Tschaikowsky einige für seine Verhältnisse deutlich überdurchschnittliche Lieder, zum Beispiel das dramatische *Die Korallen* (op. 28 Nr. 2) und das gefühlvolle *Warum träumte ich von dir* (op. 28 Nr. 3). Sie entstanden, nachdem Tschaikowsky in Paris von Schilowsky einen Klavierauszug zu Bizets *Carmen* erhalten hatte. Ihm war damals, im März 1875, kein geeignetes Libretto zur Hand, um daraus eine Oper komponieren zu können; daher floß jenes gute Material, das sonst wohl in ihr hätte aufgehen können, in diese Liedersammlung ein. Doch abgesehen von den Orchesterwerken ist das beste Stück aus jener Zeit das Dritte Streichquartett (es-Moll), das Tschaikowsky zum Gedächtnis des Violinisten Ferdinand Laub schrieb. Laub war, was Tschaikowsky schwer getroffen hatte, plötzlich gestorben. Das Quartett steht vielleicht noch höher als die beiden vorangegangenen Schwesterwerke derselben Gattung, besonders in seinem überwältigenden ersten Satz. Überall ragt die erste Violine aus dem Ensemble weit heraus, was sicher auf die besonderen Entstehungsumstände zurückzuführen ist. Doch schon zuvor hatte sich Tschaikowsky an einem Stück für Soloviovioline versucht: in der *Sérénade mélancholique* für Violine und Orchester, Leopold Auer gewidmet. Vielleicht war sie ursprünglich der Entwurf zu einem ersten Violinkonzert – Tschaikowskys Violinkonzert entstand nur wenig später.

Doch zuvor schrieb Tschaikowsky sein berühmtes b-Moll-Klavierkonzert. Kaum zu zählen sind die Gedanken, die vorgebracht worden sind, um das feurige Thema der Einleitung, an Meyerbeer und Liszt erinnernd, zu verunglimpfen. Besonders hat man Tschaikowsky als kompositorischen »Unfug« angelastet, daß er das Thema nach der Introduktion nie wieder anklingen läßt, weder im ersten Satz, noch im übrigen Konzert; dadurch habe er das formale Gleichgewicht »gestört« und eine »schiefe« Wirkung hervorgebracht. Seitenlange Erläuterungen, komplizierte Analyseschemata wurden abgefaßt; man hat beispielsweise darüber spekuliert, ob Tschaikowsky das Thema im weiteren Verlauf des Stücks nochmals habe verwenden wollen. Doch ist auch völlig zu Recht darauf hingewiesen worden, daß eben das Thema der Introduktion und das zweite Thema des Finalsatzes in ihrer Gestalt einander ziemlich ähnlich sind. Außerdem stehen beide in Des-Dur, beide im ¾-Takt. Mit dem einen öffnet sich der Vorhang, mit dem anderen schließt er sich wieder; damit ist an sich Balance genug geschaffen!

In dem Rahmen, den diese beiden großartigen Eckthemen stecken, komponierte Tschaikowsky ein phänomenales Konzert, dessen Feingliedrigkeit ein Ausgleich für die stürmischen Außenteile ist. Tschaikowsky gebrauchte auch hier mit glänzender Wirkung Melodien aus der ukrainischen Volksmusik, und zwar in den Hauptthemen des ersten und letzten Satzes; damit stellt sich das Werk in eine Reihe mit den national gefärbten Kompositionen Tschaikowskys. Der gefühlsreiche, strahlend schöne langsame Satz, in dessen Mitte ein amüsant frivoler schneller Abschnitt über die französische Chansonette *Il faut s'amuser, danser et rire* steht, ist die Krone des ganzen Werks oder – bildlich gesprochen – der Scheitelpunkt des Bogens, dessen Fundamente die extrovertierten Des-Dur-Themen sind und auf dessen halber Höhe die innen liegenden b-Moll-Volksmusikmelodien stehen. Dieser Bogen wird natürlich noch von anderen Themen, Modulationen und Figuren weiter ausgeschmückt, doch jene einfache Darstellung der Grundstruktur birgt in ihrer Kürze das Wesentliche der Form.

Tschaikowsky stellte das Konzert am Weihnachtsabend 1874, noch bevor es orchestriert war, Nikolaj Rubinstein vor. Drei Jahre später schrieb er voller Selbstmitleid an Frau von Meck[3], Rubinsteins Kritik sei schlicht destruktiv gewesen. Er hatte erklärt, der Klavierpart sei »unspielbar«, das Werk sei so schlecht, daß sich eine Revision kaum lohne; doch als er sah, wie niedergeschlagen Tschaikowsky von seinen Bemerkungen war, erklärte er sich bereit, das Konzert zu spielen, wenn Tschaikowsky es wunschgemäß umgestalte. Tschaikowsky weigerte sich und zog seinen ursprünglichen Plan, das Werk Rubinstein zu widmen, zurück[4]. Im folgenden Monat orchestrierte er das Stück und widmete es Sergej Tanejew, strich jedoch auch diese Widmung durch und fügte statt dessen »Hans von Bülow« ein; er hoffte, daß Bülow, der sich über Tschaikowskys Werke bereits lobend geäußert und sie als

Pianist aufgeführt hatte, das Konzert in einer Weise verbreiten könne, wie es dem jungen russischen Pianisten Tanejew kaum möglich gewesen wäre.

Hans von Bülow freute sich sehr über die Widmung und sprach in einem Brief in liebedienerischen Dankfloskeln über das Konzert[5]. Im nächsten Brief an Tschaikowsky verzichtete er dann auf schmeichelhafte Wendungen: »Sie sind einer der fünf unter meinen Zeitgenossen, die ich für die ausgeprägtesten Individualisten halte. Die vier anderen sind Brahms, Raff, Rheinberger und Camille Saint-Saëns.«[6] Tschaikowsky berichtete später Frau von Meck, daß er sich außerordentlich geehrt gefühlt habe, in einem Atemzug mit Brahms, Raff und Saint-Saëns genannt worden zu sein; daß auf der Liste auch Rheinberger stand, habe ihn »erstaunt«[7].

Auf einer Amerika-Tournee, am 13./25. Oktober in Boston, spielte Hans von Bülow das Konzert erstmals öffentlich; unmittelbar nach der Aufführung berichtete er Tschaikowsky telegrafisch von dem Erfolg – es soll das erste Telegramm gewesen sein, das von Boston nach Moskau gekabelt wurde. Die russische Erstaufführung folgte in Petersburg, und in Moskau brachte Sergej Tanejew das Werk glänzend zu Gehör; bei dieser Aufführung stand kein geringerer als Nikolaj Rubinstein am Pult, denn er hatte sein Urteil inzwischen revidiert Tschaikowsky hatte ihm erklärt, er werde »keine einzige Note« umschreiben[8]. Zumindest für die Erstveröffentlichung 1875 hielt er Wort, ließ aber später zu, daß der Pianist Eduard Dannreuther, der das Stück 1876 in London spielen wollte, den Klavierpart geringfügig abänderte. Seine Eingriffe übernahm Tschaikowsky fast vollständig in die zweite Auflage (1879). Zur Vorbereitung der dritten (1889) zog er schließlich einen Freund, den Pianisten Alexander Siloti, zu Rate. James Friskin hat darauf hingewiesen, daß erst in dieser letzten Fassung die einleitenden Klavierakkorde, die von der gesamten Klaviertastatur Gebrauch machen, hinzukomponiert wurden[9]. Somit war also die gleißende Anfangswirkung des Werks nicht Tschaikowskys ursprüngliche Absicht – oder er hat sie zumindest nicht in der uns heute so bekannten Form zum Ausdruck gebracht. Jedenfalls nahm Dannreuther einen Großteil seiner Änderungen gerade an den Stellen vor, die auch Rubinstein bemängelt hatte: nämlich dort, wo der Klavierpart noch von der Hand eines ungeübten Komponisten geführt erscheint.

Im Sommer 1875 ging Tschaikowsky nicht auf Reisen; seinen Urlaub verbrachte er wie üblich in Ussowo und Nizy, allerdings diesmal nicht in Kamenka, sondern auf einem anderen Landgut der Dawydows in der Nähe, Werbowka. Dort beschäftigte er sich mit der Komposition seiner Dritten Symphonie (D-Dur). Im Jahr zuvor hatte er aus der Komponiererfahrung mit der Zweiten Symphonie (ihrer Urfassung!) die Erste überarbeitet, doch mit seiner Beherrschung symphonischer Techniken war er nach wie vor unzufrieden, besonders was die Gestaltung von Eingangssätzen anging. Die Funktionen der »Durchführung« an sich waren ihm inzwischen zwar klar geworden – charakteristische Auszierung, häufige Phrasenwiederholungen auf unterschiedlichen Tonstufen und in unterschiedlichen Besetzungen, gelegentlich unter Verwendung von Kontrapunkt- und Kanontechnik –, dagegen hatte er es noch nicht in den Griff bekommen, die Durchführung im Sinne eines zielgerichteten Entwicklungsprozesses zu gestalten. In dieser Symphonie nun sollte wohl aus dem einleitenden Trauermarsch das erste Thema des Allegro brillante hervorgehen; doch abgesehen von Punktierungen findet sich in Charakter oder Melodie nur wenig Gemeinsames. Um wieviel besser waren Borodin und Balakirew in ihren ersten Symphonien mit diesen Problemen fertiggeworden! In der Verarbeitung des Materials tut Tschaikowsky kund, daß er sich inzwischen Schumanns Symphonien zum Vorbild gewählt hatte, um an ihnen seinen eigenen symphonischen Stil zu verbessern. Nur ist merkwürdig, daß Tschaikowskys Wahl gerade auf Schumann fiel, der einen Komponisten doch kaum Entwicklung, sondern vielmehr gerade die Auszierung beibringen könnte.

Tschaikowsky wußte offenbar, daß bereits seine jeweils

ersten Themen bisher zuviel vom Charakter solcher Durchführungen gehabt hatten, denn das erste Thema im Einleitungssatz der Dritten Symphonie ist schlicht gestaltet: Ihm liegen einfache Dreiklangs- und Tonleitermotive zugrunde. Im gleichen Sinne schrieb Tschaikowsky knapp drei Jahre später an Frau von Meck: »Zahllose neue und ansprechende melodische Kombinationen können noch gewonnen werden [aus dem einfachen Dreiklang]... Melodien von Beethoven, Weber, Mendelssohn und vor allem Wagner sind häufig nur aus Dreiklangtönen aufgebaut. Ein talentierter Musiker kann immer wieder aus dem Tonmaterial einer Fanfare eine schöne Melodie erfinden.« Er betonte: »Nur Talent zählt..., und nur es ermöglicht, herrliche Musik aus dem Nichts zu schaffen.«[10]

Leider ist eben in diesem »Musik aus dem Nichts schaffen« der erste Satz der Symphonie kein Meisterwerk geworden. Die schwächliche Entwicklung des ersten Themas in Viertaktperioden, die ganz entsprechende Anlage des zweiten Themas (von Schumann sich herleitend, vielleicht aus dessen Dritter Symphonie: erster Satz, zweites Thema), das aber ausdruckslos wiederholt und somit praktisch im Kreis herumgeführt wird, als sei es ein matter Abglanz russischer Volksmusik – dies alles erweckt nicht den Eindruck, daß Tschaikowsky nun die Mittel der Gattung erfolgreich auszuschöpfen verstand. Das Finale ist ebenfalls platt. Doch die Durchführung hier wie im Anfangssatz kann nicht verbergen, daß sie vom Komponisten des b-Moll-Klavierkonzerts geschrieben wurde. Auch zeigen sich noch gewisse Anklänge an Balakirew, dessen *Ouvertüre über tschechische Themen* (später umgearbeitet zur Symphonischen Dichtung *In Böhmen*) Tschaikowsky bei ihrer Uraufführung 1867 in Moskau gehört hatte. Man vergleiche die in Notenbeispiel 9a wiedergegebene Passage aus Balakirews Werk mit einem Ausschnitt aus Tschaikowskys Finale der Dritten Symphonie (Notenbeispiel 9b).

Wie Schumanns Dritte Symphonie ist nun auch dies Stück Tschaikowskys fünfsätzig, doch das Intermezzo, das als feierliches, an Schumann angelehntes Tongemälde dem Finale vor-

Notenbeispiel 9:
a) Balakirew,
»Ouvertüre über tschechische Themen«
b) Tschaikowsky,
Dritte Symphonie D-Dur, Finale

Notenbeispiel 10:
a) Glinka, »Valse-Fantaisie«,
Anfang des Hauptthemas
b) Tschaikowsky, Dritte Symphonie D-Dur,
Intermezzo »alla tedesca«

angeht, wird hier als »alla tedesca« (»deutsch«) zwischen Anfangssatz und langsamen Satz gestellt. Es ist ein Walzer nach der Art der Glinkaschen *Valse-Fantaisie,* die ursprünglich ein Klavierstück war, von ihrem Schöpfer aber später orchestriert wurde und seinerseits auf Webers *Aufforderung zum Tanz* zurückgeht. Bei Tschaikowsky ist an dem Stück kaum mehr deutsch als einfach der Ursprung des Satztyps. Der Beginn des Hauptthemas von Glinkas *Valse-Fantaisie* (Notenbeispiel 10a) sei hier dem Anfang der zweiten Hälfte von Tschaikowskys Walzer gegenübergestellt (Notenbeispiel 10b).

Die schnatternden Triolen im Trio, zunächst in den Bläsern, dann in den Streichern, sind in ihrem Einsatz geradezu typisch für Tschaikowsky (vgl. den Marsch in der Sechsten

Symphonie); das klagende Fagottsolo mit seiner Harmonisierung aus Tonika und Subdominante[11] stand Tschaikowsky wohl noch deutlich vor Augen, als er später das Hauptthema zum ersten Satz seiner Fünften Symphonie komponierte, in dem die ganz ähnliche Marschmotivik rhythmisch abwechslungsreicher und lebendiger gestaltet wird. Das Scherzo in h-Moll dagegen, von dem wir wissen, daß Tschaikowsky es sich nochmals gründlich anschaute, bevor er den unübertroffenen Scherzo-Satz seiner *Manfred*-Symphonie komponierte[12], erscheint überhaupt nicht als Vorgänger einer späteren Komposition, sondern ist ein Glanzstück für sich, in dem nun beispielsweise die Mittel der Ganztonleiter tatsächlich zauberhaft ausgeschöpft sind. Das marschähnliche Trio geht in seinen Grundzügen auf Musik aus der Gelegenheitskantate von 1872 zurück. Die Instrumentation von Scherzo und Trio hat Tschaikowsky in ganz eigenwilliger Weise ausgeführt; wie sehr die Orchesterbehandlung Tschaikowskys damals Rimsky-Korsakow imponierte, haben wir bereits erwähnt. Daher ist interessant, daß Cui, der sich in seiner Kritik über die ersten drei Sätze der Symphonie lobend äußerte, anmerkte, das Scherzo sei nur als klangliches Gebilde von Bedeutung – es sei »fast ohne musikalischen Gehalt«[13]. Rimsky-Korsakow nämlich mußte später genau dieselbe Kritik einstecken. Der Charakter dieser Musik jedoch ist ungeheuer schwer zu fassen. In ihrer Gewagtheit und Originalität ist sie kaum zu übertreffen. Daher ist einigermaßen verständlich, daß dieser Satz – aus der Feder eines Komponisten, der sonst für breite, gefühlvolle Themen bekannt war – in den Augen Cuis keinen Sinn hatte. Ganz anders bezog Balakirew Position: Er sah in diesem Satz etwas vom besten, was Tschaikowsky je geschrieben habe.

Insgesamt hat Tschaikowsky in dieser Symphonie also nicht den Zuwachs an technischem Können erreicht, den er sich so sehnlichst gewünscht hatte; erst viel später standen ihm die Mittel voll zu Gebote, zu denen er hier zweifellos durchzudringen versucht hatte. Doch er war zunächst einmal der Ansicht,

»technisch einen Schritt weiter gekommen« zu sein, wie er am 12./24. November 1875 an Rimsky-Korsakow schrieb[14].

Mittlerweile hatten die Moskauer Kaiserlichen Bühnen bei Tschaikowsky ein Ballett in Auftrag gegeben; er komponierte *Schwanensee*. Ausgangsmöglichkeiten für die Arbeit bot ihm auch das Stück, das er drei Jahre zuvor für die Dawydow-Kinder geschrieben hatte. Erst im April des folgenden Jahres konnte er es vollenden, und die Premiere, in kitschiger und schlecht vorbereiteter Inszenierung, verzögerte sich gar noch bis Februar 1877. Die Musik war für das Ballettpublikum der Zeit viel zu anspruchsvoll. Lieber hätte man eine etwas frivole »Begleitung« zum Tanz hören wollen. Auch der laienhafte Dirigent der Uraufführung fand die Musik zu schwer; er war es gewohnt, Stücke zu dirigieren, die über Adolphe Adam und Pugni nicht hinausgingen.

In *Schwanensee* zeigt sich Tschaikowsky als Ballettkomponist ganz eigenen Gepräges; hierin ist ihm unter den Zeitgenossen

»Schwanensee«, 2. Akt.
Szenenbild der Uraufführung am 20. 2. 1877 in Moskau

nur Leo Delibes an die Seite zu stellen, von dessen Ballett *Sylvia* (drei Monate nach Vollendung des *Schwanensee* uraufgeführt) Tschaikowsky später schwärmte, es sei »tausendmal besser« als Wagners *Ring*. Tschaikowsky kann das Stück zu der Zeit, als *Schwanensee* entstand, noch nicht gekannt haben, auch nicht Delibes' frühes Ballett *Coppelia* – erst 1878 machte er mit diesem Werk Bekanntschaft. Demnach waren Tschaikowskys Fähigkeiten als Ballettkomponist wohl ganz urwüchsig – was das Publikum der Zeit jedoch so nicht wahrnahm, vielleicht auch wegen der miserablen Darbietung. Doch man hielt das Stück nicht nur als Ballett für unspielbar; mehrere Nummern wurden gestrichen und durch bekanntere Sätze, zum Beispiel gerade von Pugni, ersetzt. Erst mit der Choreographie von Petipa und Iwanow zwei Jahre nach Tschaikowskys Tod konnte sich der ursprüngliche, heute so bekannte *Schwanensee* durchsetzen.

Gegen Jahresende 1875 war Tschaikowsky in Hochstimmung. Sein Klavierkonzert hatte in den Vereinigten Staaten und Rußland Anerkennung gefunden; erfreulicherweise war auch die Uraufführung der Dritten Symphonie in Moskau erfolgreich gewesen. Er kam mit Saint-Saëns zusammen, der auf Durchreise in Moskau Station machte. Beide trafen sich in ihrer Begeisterung für Ballett und extemporierten in dieser ihrer gemeinsam geliebten Gattung ein Stück, das man »Pygmalion und Galathea« nannte: Tschaikowsky als Pygmalion brachte die steinerne Galathea, nämlich Saint-Saëns, zum Leben, begleitet von Nikolaj Rubinstein, der die dazu passende Klaviermusik improvisierte. Désirée Artôt-Padilla war in Meyerbeers *Hugenotten* als Valentine aufgetreten; Tschaikowsky berichtete davon am 10./22. Dezember in einem Brief – die Leidenschaft von einst war verglüht. Die Artôt sei »erschreckend dick«, sie habe »fast ihre Stimme verloren«, aber »ihr Talent macht noch immer Eindruck«[15]. Ebenfalls in dieser Zeit wurde Tschaikowsky offiziell mitgeteilt, daß sein *Wakula* den Wettbewerb gewonnen habe und in der kommenden Saison im Marinski-Theater gespielt werde. Noch mehr freute sich Tschaikowsky darüber, daß Modest, über dessen Situation er sich Sorgen gemacht hatte, nun eine annehmbare Stellung gefunden hatte: Modest sollte einen taubstummen Jungen, Nikolaj (Kolja) Konradi, unterrichten. Koljas Vater schickte Modest für ein Jahr nach Lyon, damit dieser dort in die Unterrichtsmethoden für Taubstumme eingewiesen werde. Auf der Reise über Berlin und Genf begleitete ihn sein Bruder Peter bis Paris; dort gingen die Brüder Tschaikowsky in *Carmen*. Tschaikowskys »ungesunde Leidenschaft« für das Werk, wie Modest es ausdrückte[16], war noch gewachsen: Bizet war bald nach der Uraufführung der Oper gestorben, ohne noch den Ausbruch der Begeisterung beim Publikum miterlebt haben zu können. Hingerissen von der Darstellung der Titelrolle durch Célestine Galli-Marié, verband sich für ihn unkontrollierte Leidenschaft mit mystischem Fatalismus. Die Atmosphäre der Opernproduktion nahm er mit großer innerer Beteiligung in sich auf; sie fraß sich tief in das Unbewußtsein des überaus sensitiven Russen. Die Gefühle, die bis dahin noch ziemlich verborgen in ihm geschlummert hatten, erwachten und drangen immer stärker in seine Komponierarbeit vor, durch *Carmen* nun schon fast brutal gefördert.

Tschaikowsky machte sich also wieder einmal auf die Suche nach einem Opernstoff; je ähnlicher er *Carmen* sein würde, desto besser. Schilowskys Bruder Konstantin hatte ein Libretto, »Ephraim«, geschrieben – doch Tschaikowsky war viel eher begeistert von »Francesca da Rimini«. Das fertige Libretto von Swantsew ließ er jedoch wieder fallen[17], denn der Dichter wünschte, daß sein Werk wagnerianisch vertont würde. So ging Tschaikowsky direkt zur Quelle zurück, zum 5. Gesang aus Dantes »Inferno«, und beschloß, nicht etwa eine Oper, sondern ein Orchesterwerk zu schreiben; im folgenden Sommer wurde es skizziert. Wieder war Tschaikowsky in Westeuropa, diesmal zur Kur in Vichy, um sich von einer Krankheit des Frühjahres zu erholen. Er besuchte Modest in Lyon und trat via Paris seine Heimreise an, machte aber einen Zwischenhalt in Bayreuth. Dort sollte er im August eine komplette Aufführung des *Ring des Nibelungen* besuchen und sie anschließend in Russkije Wjedomosti rezensieren.

Lebendig berichtet Tschaikowsky von diesen ersten, begeisterten Tagen in Bayreuth. Liszt empfing ihn freundlich, doch zu Wagner wurde niemand vorgelassen. In seiner Kritik verhielt sich Tschaikowsky objektiv. Seine tatsächlichen Ansichten brachte er in Briefen an Modest zum Ausdruck. Über *Rheingold:* »Vom Musikalischen her ist das unglaublicher Blödsinn«, abgesehen von »Augenblicken außerordentlicher Schönheit« (2./14. August). Nach *Götterdämmerung:* »Ich fühle mich wie aus dem Gefängnis entlassen. Vielleicht sind die *Nibelungen* ein Meisterwerk, doch wohl nie hat es etwas quälend Langatmigeres gegeben als dieses unendliche Stück« (8./20. August)[18]. Diese letzteren Gedanken schrieb Tschaikowsky bereits auf dem Heimweg nieder, in Wien. Mehr und mehr überkam ihn der Wunsch, zu heiraten, wie aus seinen Briefen an Modest und Anatol zu erkennen ist. Er versprach aber, nichts zu überstürzen.

Nachdem Tschaikowsky einen *Slawischen Marsch* komponiert hatte, der zunächst als *Serborussischer Marsch* in einem Anflug von Patriotismus während des russisch-türkischen Krieges entstanden war und zum Wohle verwundeter Soldaten aufgeführt wurde, nahm er sich *Francesca da Rimini* nun ernsthaft vor; am 5./17. November war die Partitur abgeschlossen. Im folgenden Monat, also unmittelbar nach der Uraufführung von *Wakula*, komponierte er die *Rokoko-Variationen* für Violoncello und Orchester.

Er hätte kaum zwei unterschiedlichere Werke zur selben Zeit komponieren können als diese. Die Petersburger Fünf hielten *Francesca* für den Gipfel dessen, was Tschaikowsky bis dahin hervorgebracht hatte; Laroche[19] und andere eher eklektizistische Kritiker waren von diesem Stück ebenfalls angetan. Überall ist dort Tschaikowskys noch größere Subjektivität erkennbar, nicht zuletzt in den herrlichen zentralen Themen, die mit Francesca selbst in Verbindung gebracht werden, besonders in der zweiten, über einem Orgelpunkt aufstrebenden Melodie. Es hat den Anschein, als ob es Francescas gewaltsames Verlangen nach der doch unerlaubten Liebe darstellen solle, mit dem sich Tschaikowsky selbst so lückenlos identifizieren konnte. Neben dieser neu gewonnenen Eigenständigkeit, sei es hier, sei es an anderen Stellen, blieb er weiterhin in Tuchfühlung mit der Volksmusik und den Formen Balakirews und Glinkas – was dem »Mächtigen Häuflein« die Möglichkeit gab, die Musik von der eigenen Warte aus positiv zu beurteilen. Auch Tschaikowskys noch nicht lange zurückliegender Bayreuth-Besuch hinterließ, wie Cui später ausführte, seine Spuren in *Francesca*. Tschaikowsky ließ sich leicht beeinflussen, so daß er vielleicht Wagners Musik trotz aller bewußter Antipathien hier dennoch eine Frucht hervorbringen ließ. Doch war Tschaikowsky damals in seiner Entwicklung bereits weit genug, um alle diese Einflüsse des *Ring* (vor allem in den Allegro-vivo-Teilen) so zu verarbeiten, daß kaum ein Takt wagnerianisch klingt. Es ist dagegen nicht ohne Bedeutung, daß – nach einer langen, 66 Takte dauernden Einleitung – der Allegro-vivo-Wirbelwind noch weitere 71 Takte hingehen kann, bis das Hauptthema erstmals erklingt. Nie zuvor hatte Tschaikowsky versucht, in derart ausgedehnten Zeitkategorien zu denken, auf derart großer Fläche zu malen.

Dagegen stammt nichts, was an Einflüssen in die viel kleingliedrigeren *Rokoko-Variationen*, geschrieben für den Kollegen Fitzenhagen, einströmte, aus Wagners Richtung: Hier dominiert Mozart. Tschaikowsky verehrte Mozarts Musik zeitlebens. In ihr konnte er wie durch eine verklärende Brille in eine Vollendung der Vergangenheit zurückblicken; verglichen mit ihr erschien ihm die Gegenwart heruntergekommen und vulgär. In die Hofszene des *Wakula* hatte er bereits ein Neo-Rokoko-Menuett eingebaut, zu anderer Zeit arbeitete er noch intensiver auf diesem Wege, zum Beispiel in seinen Orchestersuiten (deren vierte, *Mozartiana*, sogar ein Arrangement echter Mozart-Musik ist) und in *Pique-Dame*.

Damit sei aber nicht gesagt, die *Rokoko-Variationen* seien »wie

Mozart« – ebenso wie Brahms' Haydn-Variationen, rund zehn Jahre zuvor geschrieben, nicht im mindesten »haydnsch« sind. Jedenfalls stammte Brahms' Thema nicht von Haydn selbst (obwohl er es für ein solches hielt), und das Orchester, für das er die Variationen komponierte, klang vollkommen anders als das des 18. Jahrhunderts. Um Tschaikowskys *Rokoko-Variationen* stehen die Dinge nicht viel anders; Tschaikowsky wollte nur die Zartheit und den Charme des 18. Jahrhunderts zum Ausdruck kommen lassen, zugleich mit der Periodik eines als »klassisch« konzipierten Themas (hierin also anders als Brahms' Thema, der Antonius-Choral mit seinem unregelmäßigen Bau). Doch Brahms' Variationen stehen in der unmittelbaren Entwicklungslinie symphonischen Denkens; bei Tschaikowsky träfe diese Feststellung eher auf *Francesca* zu als auf die *Rokoko-Variationen*. Diese wurden geschrieben als Reflex einer glückbringenden Welt – damit im krassen Gegensatz zu *Francesca* –, in der die Enttäuschungen und der Schrecken der Gegenwart eine Zeitlang im Nachdenken über die Vergangenheit vergessen werden können.

Doch nicht in der Komposition solcher Werke fand Tschaikowsky das Mittel, das seine Sorgen überdecken konnte, sondern in seinem Briefwechsel mit Nadeshda von Meck, der im Dezember seinen Anfang nahm, noch während der Arbeit an den *Rokoko-Variationen*.

Sechstes Kapitel

DIE WENDE
1876/1877

Nadeshda Filaretowna von Meck begegnete kurz nach dem Tod ihres Mannes (1876) erstmals einem Werk Tschaikowskys: dem *Sturm*. Wahrscheinlich hatte Nikolaj Rubinstein sie auf das Stück aufmerksam gemacht, denn er legte ihr nahe, den Komponisten, der in Geldsorgen sei, durch einen Kompositionsauftrag zu unterstützen. Die kultivierte, weitgereiste und überaus wohlhabende Dame, von deren Kindern elf am Leben geblieben waren und sieben noch zu Hause wohnten, fand in der Musik einen emotionalen Rückhalt, den sie in ihrem häuslichen Alltag zu Lebzeiten ihres Mannes nie hätte finden können. (Zunächst allerdings hatte sie diesen Rückhalt anderweitig gesucht, denn ihr Mann war an einer Herzattacke gestorben, als er erfuhr, daß sie ihm untreu geworden war.) Mit ihrem Geschäftssinn und den Fähigkeiten ihres Mannes als Ingenieur wurde die Familie durch den Eisenbahnbau reich. Als Ergebnis enttäuschter Gefühle hatte Nadeshda von Meck die dominierende Rolle in der Familie übernommen. Nach dem Tod ihres Mannes sah die vom Schicksal schwer geprüfte Frau außer ihrer Familie und Nikolaj Rubinstein, der ihr eine Art Mittelsmann zur musikalischen Welt war, praktisch niemanden mehr. Sie verschloß sich vor der Welt, unternahm aber weiterhin ausgedehnte Reisen, doch nur in speziellen Zügen und in ihrem Extrawagen, im Kreise ihrer Familie. Zu ihrer Familie gehörte immer ein Musiker, der ihr vor-

Nadeshda von Meck

spielte, denn sie wollte sich nicht einmal zu einem Konzert in die Öffentlichkeit begeben. Mit ihrem psychischen Zustand verbunden war eine Aversion gegen Menschenmassen an sich.

Bald nach dem Tod ihres Mannes berief sie den Geiger Joseph Kotek in ihren Haushalt. Kotek war Tschaikowsky-Schüler, bewunderte dessen Musik und lobte ihn in höchsten Tönen. Seine Empfehlung, dazu noch die Rubinsteins, führte dazu, daß Nadeshda von Meck Tschaikowsky bat, einige seiner kleineren Werke für Violine und Klavier zu bearbeiten. Ohne Zögern erfüllte Tschaikowsky den Auftrag; daraufhin entwickelte sich eine ungewöhnliche Brieffreundschaft zwischen Frau von Meck und Tschaikowsky, in der beide sich bemühten, vor dem anderen das Innerste zu verbergen: sie aufrichtig und mit zunehmender Überschwenglichkeit, er zunächst weniger aufrichtig, doch nach wenigen Monaten dafür um so mehr. Beide waren fest entschlossen, jeder persönlichen Begegnung mit dem anderen aus dem Wege zu gehen. Sie erklärte: »Sie üben eine ebenso große Faszination auf mich aus, wie ich fürchte, Ihre Bekanntschaft zu machen.« Tschaikowsky antwortete, diese »Misanthropie« oder zumindest Angst vor Desillusionierung, die »häufig aller Intimität auf dem Fuße folgt«, sei ein um so festeres Band zwischen ihnen. Fast war es mehr seine Musik als seine Person, die sie liebte, und sie schrieb ihm, für sie sei »der ideale Mann von Beruf Musiker«. Sie ließ ihn eine Passage aus dem *Opritschnik* zu einem Trauermarsch umarbeiten; dieses Stück, schrieb sie dann, »bringt mir Entspannung«[1] – sie sparte weder mit Lob noch mit Geld.

Inzwischen wuchs Tschaikowskys Unzufriedenheit über seine Arbeit am Konservatorium, denn sie hinderte ihn am Komponieren. Unmittelbar nach der Arbeit an *Francesca* und den *Rokoko-Variationen* hatte er mit der Komposition einer neuen Symphonie begonnen, der Vierten. In dieser Symphonie wollte er versuchen, etwas Neues zu machen, doch er war sich selbst eigentlich noch nicht im klaren darüber, worin dieses Neue bestehen sollte. Die Arbeit gestaltete sich schwierig, und Tschaikowsky war niedergeschlagen und überreizt. Der Gedanke an die Einflüsse des »Schicksals« im Leben war wieder zu einem seiner ständigen Gedanken geworden, seitdem er im Jahr zuvor *Carmen* gesehen hatte; so rückte dieser Gedanke auch ins Zentrum seiner Symphonie. Vielleicht sogar steht das erste Thema des Werks unter dem Einfluß des »Schicksalsthemas« aus dem *Carmen*-Vorspiel mit seinen fallenden Sequenzen; der gleichsam entstellte Walzer in Tschaikowskys Symphonie ist in seinem musikalischen Charakter jenem Satz jedenfalls ziemlich ähnlich. Somit würde diese Symphonie also sinnvollerweise den Platz einnehmen, den sie verdient: den einer »opernhaften« Symphonie. Tschaikowsky hatte im Sommer zuvor geschrieben, Wagners *Ring* sei eher symphonisch als opernhaft; nun also versuchte er selbst, eine Symphonie zu schreiben, die nicht weniger Oper als Symphonie ist – ganz ähnlich wie in seiner nächsten Oper, *Eugen Onegin,* die ihm später einmal »nicht theatralisch genug« schien. Entsprechend schrieb Tschaikowsky – über seine Arbeit an *Eugen Onegin* – an Tanejew, er könne auf alle Bühneneffekte verzichten.

Dann, gegen Ende April, als die Nervosität Folgen zu zeitigen drohte, erhielt Tschaikowsky aus heiterem Himmel einen Liebesbrief von einer gewissen Antonina Iwanowna Miljukowa. Sie schwärmte, ihn vor einiger Zeit im Konservatorium getroffen zu haben. Bisher habe sie sich damit begnügen können, ihn aus der Ferne zu bewundern und zu lieben. Das alles war für Tschaikowsky nicht weiter aufregend; derartige Briefe bekam er immer wieder, und daß er der Miljukowa jemals begegnet wäre, war ihm nicht bewußt. Er teilte Kaschkin mit, er werde den Brief ignorieren; bald hatte er ihn tatsächlich vergessen[2]. Dennoch war damit eine Folge von Ereignissen ausgelöst worden, die schwer zu durchschauen ist – ein Prozeß läuft neben einem anderen her, beide sind auf komplizierte Weise ineinander verschlungen, und Auswirkungen auf Tschaikowskys Kompositionsarbeit konnten nicht ausbleiben. Versuchen wir dennoch, uns strikt an die Chronologie zu halten. Am 30. April/12. Mai bat Frau von Meck Tschaikowsky, ein Stück mit dem Titel »Der Vorwurf« für Violine und Klavier zu schreiben, aus dem Sehnsucht nach Unglück, verzweiflungsvolle Ergebenheit – ja sogar Tod herausklingen solle, »denn Musik kann den Trost geben, der in der Wirklichkeit nicht zu finden ist«[3]. Am Tag darauf antwortete er ihr bereits, er fühle sich nicht in der Lage, ihren Auftrag zu erfüllen, weil er sehr viel mit der Symphonie zu tun habe, »die ich Ihnen gerne widmen möchte«. Er war »verärgert«, was dazu führte, daß die Arbeit an der Symphonie »nur schleppend voranging«. Er teilte Frau von Meck mit, er stecke in Geldsorgen, und fragte sie – obwohl er die Frage gleich ausdrücklich mißbilligte –, ob sie ihm 3000 Rubel leihen könne[4]. Sie wiederum antwortete postwendend, bat ihn, das Geld, das sie ihm schickte, auf keinen Fall zurückzuzahlen, und nahm die Widmung der Symphonie an. Tschaikowskys nächster Brief (3./15. Mai) schäumt über vor Dankbarkeit[5]; der Entwurf der Partitur, das Particell, war inzwischen bis zum dritten Satz der Symphonie vorangediehen.

In den folgenden Tagen bekam er zwei Briefe von Antonina Miljukowa; sie bat ihn, sich doch einem einzigen Treffen mit ihr nicht so grausam entgegenzustemmen, und drohte mit Selbstmord. Tschaikowsky holte bei dem Pianisten E. L. Langer Erkundigungen über sie ein, deren Ergebnis diesem »ungebildeten« Charakter[6] gegenüber nicht positiv ausfiel. An Klimenko schrieb Tschaikowsky am 8./20. Mai, er hoffe auf »eine Heirat oder eine andere dauerhafte Bindung«[7]. Am 13./25. Mai empfahl ihm Elisaweta Lawrowskaja als neuen Opernstoff Puschkins »Eugen Onegin«; Tschaikowsky konnte sich zunächst nur wenig für diesen Stoff erwärmen, doch bereits am folgenden Tag hatte er seine Einstellung zu diesem Thema geändert, kaufte sich das Werk (den ersten Band der Puschkin-Ausgabe von 1838) und arbeitete die ganze Nacht hindurch an einem Szenarium – bis zum nächsten Morgen war es fertig skizziert. Das Wochenende 15.–17. Mai (27.–29. Mai) verbrachte er bei den Schilowskys in Glebowo, um mit Wladimirs Bruder Konstantin an dem Szenarium fortzuarbeiten[8].

Auf Antonina kam Tschaikowsky selbst zurück. Später berichtete er Frau von Meck (in einem Brief vom 3./15. Juli 1877), er habe sich zu einer Antwort durchgerungen, weil der Brief so »warm und offen« war[9]. Er nahm Antoninas Einladung an und besuchte sie am 20. Mai/1. Juni, sagte ihr, er könne sie nicht lieben, sei aber für ihre Liebe dankbar und ihr gegenüber freundlich aufgeschlossen. Vertieft in seinen Entwurf zu *Eugen Onegin,* ergriffen von Tatjanas enttäuschter Liebe und Onegins brüsker Ablehnung, überkam es ihn, er habe vielleicht »gedankenlos« gehandelt. Wohl möglich, daß sein Besuch ihre Hoffnungen hatte wachsen lassen – konnte er sie nun noch fallenlassen, da sie sich doch mit Selbstmordgedanken trug? Wenige Tage nach dieser ersten Begegnung besuchte er sie erneut und schlug ihr plötzlich, um nur ja nicht so gefühllos wie Onegin zu erscheinen – so etwa drückte er es Kaschkin gegenüber aus[10] –, die Heirat vor. Sie nahm das Angebot natürlich voller Freude an. »Ich werde ein Mädchen heiraten, das nicht mehr ganz jung ist [sie war achtundzwanzig], doch sie ist außerordentlich passend«, schrieb er einen Monat später an Anatol[11]. Ansonsten aber hüllte er sich in Schweigen. Er stellte sich vor, dieses ungebildete Mädchen könne ihm genauso entgegenkommen wie seinem Vater dessen dritte Frau, die dieser in seinen Siebzigern geheiratet hatte. Tschaikowsky machte der »nicht mehr ganz jungen« Antonina in aller Deutlichkeit klar, daß ihre Ehe platonisch zu sein habe, und wenn sie tatsächlich seine Musik liebe und sich ihm ganz widmen wolle, würde alles in Ordnung gehen – später mußte er jedoch feststellen, daß sie von seiner Musik auch nicht die leiseste Ahnung hatte. Doch war sie geistig zu beschränkt, um sich mit der Rolle eines moralischen Feigenblattes zufrieden geben zu wollen. In Wirklichkeit stimmte sie zwar diesen Hochzeitsbedingungen zu, zweifelte aber keinen Augenblick daran, ihren Zukünftigen in Bewegung bringen zu können, so daß es ihrer Meinung nach also nur eine Frage der Zeit sein würde, bis er ihren weiblichen Reizen erlegen wäre – in krassem Gegensatz zu seiner tatsächlichen persönlichen Verfassung, auf die ihr Gegenüber doch sicher mindestens einmal angespielt hatte.

Zur selben Zeit wurde das Particell auch des Finalsatzes der Vierten Symphonie fertig. Aus dem gesamten Werk tritt noch viel unverblümter als aus dem *Onegin* hervor, welche stürmischen Leidenschaften sich in Tschaikowsky in diesen entscheidenden letzten Maitagen entfesselt hatten. Als er dann am 29. Mai/10. Juni in Glebowo einen ersten Teil seiner Sommerferien antrat, hatte er die Hauptarbeit an der Symphonie bereits hinter sich; er konnte sich nun mit voller Kraft dem *Onegin* zuwenden, begann bei der zweiten Szene des ersten Aktes (mit Tatjanas Briefszene) und hatte sie bereits am 6./18. Juni fertiggeschrieben[12]. Diese Szene ist für die ganze Oper von zentraler Bedeutung; somit muß also das Kompositionstempo außerordentlich rasch gewesen sein, trotz aller Entwürfe, die sich Tschaikowsky vielleicht schon vor seiner Ankunft in Glebowo gemacht hatte. Sein Engagement für Antonina war zwischen ihm und ihr ein wohlgehütetes Geheimnis. Allmählich zog er sich nun so weit in die Märchenwelt der Geschichte Tatjanas zurück, daß er sich in höchstem Maße mit ihrer Rolle identifizierte, und schrieb hieraus Musik von einem lyrischen Schmelz und intensiv erfühltem Ausdruck, wie es kaum noch zu überbieten ist. Selbst Onegin, dessen Charakter und Verhalten Tschaikowsky abstoßend fand, geriet ihm auffallend milde. Nirgends in der Oper hat man den Eindruck, der Komponist sei der Hysterie nahe – wie es dagegen aus der Symphonie durchaus herauszulesen ist. Am 15./27. Juni konnte Tschaikowsky dann an Anatol schreiben: »Der ganze erste Akt mit seinen drei Szenen ist fertig; heute habe ich mit dem zweiten begonnen... Du kannst gegen *Eugen Onegin* sagen, was Du willst – mir macht die Arbeit außerordentlich Freude.« (Am 21. Mai/2. Juni hatte Anatol Bedenken geäußert, daß sich dieser Stoff für eine Oper eigne.)[13] Doch um den 23. Juni/5. Juli herum – zwei Drittel der Oper waren im Entwurf fertig – hatte Tschaikowsky seine Phantasiewelt hinter sich gelassen und berichtete in einem Brief an seine Familie erstmals von seinen Heiratsabsichten. Er schrieb dies weder an seinen homosexuellen Bruder Modest noch an seine verehrte Schwester Sascha; ihnen schickte er erst am Tage vor der Hochzeit entsprechende Briefe, so daß er also bereits verheiratet war, als sie etwas davon erfuhren. Er hatte dagegen das Bedürfnis, seinem 82jährigen Vater zu schreiben, und legte diesen Brief einer Sendung an Anatol bei, in der er Anatol weitere Erklärungen abgab. Er schrieb dem Bruder, er solle sich keine Sorgen machen, und er habe eigentlich erst nach der Hochzeit schreiben wollen, es aber nicht für richtig gehalten, »ohne väterlichen Segen« in den Ehestand einzutreten. Sowohl Anatol als auch den Vater bat er um strengstes Stillschweigen. In seiner Antwort wünschte der Vater Peter alles Gute und gab seiner Freude leidenschaftlichen Ausdruck[14].

Gegen Ende Juni reiste Tschaikowsky wieder von Glebowo ab. Seinen plötzlichen Aufbruch entschuldigte er damit, seinen alten Vater in Petersburg besuchen zu müssen. Statt dessen fuhr er jedoch nach Moskau und traf dort die notwendigen Vorkehrungen für die Hochzeit. Innerhalb von drei Tagen hatte er genügend Mut gesammelt, um Frau von Meck einen detaillierten Bericht über seine Situation erstatten zu können, den er in einem langen Brief niederlegte[15]. Als Gründe für seine Heirat nannte er das Drängen des Vaters und das Schicksal, das ihn mit Antonina zusammengeführt habe. »Niemand kann vor seinem Schicksal fliehen«, schrieb er. »Was sein soll, wird auch geschehen.« Dieser typisch russische Fatalismus war in Tschaikowsky erwacht, als er, wie wir sahen, *Carmen* erlebte und auf diesen Eindruck fast krankhaft stark reagierte; außerdem wurzelte der Fatalismus darin, daß Tschaikowsky Tatjanas Gefühlswelt und die seiner eigenen Verlobten parallelisierte. Er lebte damals nicht mehr nur das eigene Leben: es hätte ebensogut eine Lieblingsoper sein können, Fiktion und Realität überdeckten einander. Er betonte jedoch vor Nadeshda von Meck, daß er Antonina nicht wirklich liebe. In ihrem Antwortbrief – äußerst taktvoll – stand nichts Vorwurfsvolles, nur Sympathiebezeigung[16]. Doch in Wirklichkeit waren ihre Gefühle anders, wie sie ihm zwei Jahre später gestand. Sie hielt es für »bitter und unerträglich«, daß »jene Frau« ihm nahestehe. Sie haßte Antonina, »weil sie Sie nicht glücklich machte; doch ich hätte sie hundertmal mehr gehaßt, wenn Sie mit ihr glücklich gewesen wären«. Denn Antonina hatte ihr genommen, was sie ganz für sich haben wollte, denn sie liebte ihn »mehr als irgendjemanden sonst« und schätzte ihn höher »als alles in der Welt«[17]. Sie schrieb dies, nachdem sie die eben veröffentlichte Klavierbearbeitung der Vierten Symphonie gespielt hatte, die ihr, wie sie es sich gewünscht hatte, nicht namentlich, sondern anonym gewidmet war: »Meiner besten Freundin«. Sie war

Tschaikowsky mit seiner Frau Antonina, 1877

voll emphatischer Begeisterung über das Werk; so ist es wohl zu erklären, daß sie nun, im September 1879, ihre wahren Empfindungen zu den Ereignissen des Juli 1877 zu Papier brachte, die sie damals aus Höflichkeit bewußt zurückgehalten hatte.

Nach der Hochzeitsfeier am 6./18. Juli reiste das junge Paar nach Petersburg, um Tschaikowskys Vater einen Besuch abzustatten; am 14./26. kehrten die Jungvermählten nach

Moskau zurück, wo Tschaikowsky einen Glückwunschbrief von Sascha vorfand[18]. Er absolvierte den pflichtgemäßen Besuch bei seiner Schwiegermutter, mußte sich danach jedoch schon eingestehen, daß er die Familie seiner Frau mit all ihrer Zänkerei und Engstirnigkeit – so, wie er sie kennengelernt hatte – haßte. Sein einziger Vertrauter war Kotek sowie Frau von Meck; in einem Brief schüttete er ihr am 28. Juli/9. August sein Herz aus[19]. Er war nach Kiew geflohen, und hatte seiner Frau gesagt, er müsse zur Kur in den Kaukasus – wofür er von Frau von Meck 1000 Rubel bekommen hatte. So hatte er sich für den August eine Art Schonzeit eingerichtet und den schauderhaften Gedanken, mit seiner Frau auch nur im selben Zimmer wohnen zu müssen, für eine gewisse Zeit vergessen. An Frau von Meck schrieb er, er habe sich, als er aus Moskau davonfuhr, gefühlt, als erwache er aus einem »entsetzlichen Alptraum«. Allein durch ihre Anwesenheit sei seine Frau für ihn abstoßend; in ihrer Nähe gebe es keine Möglichkeiten zum Komponieren. Seine Zukunft stellte sich ihm dar wie »das Leben einer Pflanze«.

Doch im freundlichen Haus Dawydow beruhigten sich seine angespannten Nerven; er begann, die Symphonie zu orchestrieren. Am 12./24. August schrieb er an Frau von Meck, die Arbeit am ersten Satz bereite ihm zwar Mühe, weil dieser so lang und komplex sei, die übrigen drei zu instrumentieren werde jedoch das reinste Vergnügen sein. »Das Scherzo bringt einen neuen Orchestereffekt, auf den ich große Hoffnungen setze«[20] – es wird pizzicato gespielt. Am 27. August/8. September, noch bevor die Arbeit abgeschlossen war, machte er sich wieder an *Eugen Onegin*, um das Particell fertigzustellen. Puschkin selbst war einige Male in Kamenka gewesen; die Arbeitsatmosphäre war ideal. Doch das Ende der Oper empfand Tschaikowsky als problematisch. Sollten Tatjana und Onegin gemeinsam die Bühne verlassen? Er war sich seiner Sache nicht sicher. Die Schwiegermutter seiner Schwester, Alexandra Dawydowa, die Puschkin bei Besuchen in ihrem Haus getroffen hatte, erklärte, dies wäre ein Sakrileg. Oder sollte es ein großes Liebesduett geben, bevor Tatjana ihren leidenschaftlichen Liebhaber wegschicken würde? Die endgültige Version wurde erst später geschrieben; sie ist das Stück der Oper, das dem Original Puschkins überhaupt am nächsten kommt.

Inzwischen war die Orchestrierung der ersten Szene abgeschlossen worden (30. August/11. September). Tschaikowsky befürchtete nun, die geringe Zahl der Bühneneffekte in der Oper werde den Erfolg des gesamten Werks schmälern. Doch trotz dieses Mangels »ist das Stück aufrichtig geschrieben, und auf diese Aufrichtigkeit setze ich alle meine Hoffnung«[21]. Tschaikowsky war fest entschlossen, die Gefühlsentfremdung gegenüber seiner Frau zu besiegen und sich auf ihre positiven Eigenschaften zu besinnen, »die sie zweifellos besitzt«.

Am 12./24. September sollte der Alltag am Konservatorium wieder beginnen; Tag für Tag, Nacht für Nacht würde Tschaikowsky eine Frau anzusehen haben, die bereits versucht hatte, ihrem Mann Leidenschaft beizubringen, denn sie prahlte, Generäle, die Neffen berühmter Bankiers, bekannte Künstlerpersönlichkeiten, nicht zu vergessen einige Mitglieder der Zarenfamilie, sie seien alle vor Liebe zu ihr entbrannt. Tschaikowsky schrieb an Anatol: »Sie regt mich nicht auf; sie ist einfach lästig.« Er merkte wohl, daß sie in der Zeit seiner so angenehmen Abwesenheit die Wohnung ordentlich herausgeputzt hatte, und stellte sie auf einem Essen bei Jürgenson seinen Kollegen und Freunden vor. Kaschkin, der auch unter den Anwesenden war, berichtet, Tschaikowsky habe immer die Sätze seiner Frau zuende gesprochen – aus Sorge, sie könne etwas Dummes sagen, das sogar noch in der ohnehin trivialen Gesprächsrunde negativ hätte auffallen können[22]. »Der Tod ist doch der größte Segen; mit der ganzen Kraft meiner Seele erflehe ich ihn«, schrieb Tschaikowsky an Frau von Meck[23]. Entgegen seiner von Anatol geäußerten Behauptung war ihm das Zusammensein mit Antonina fürchterlich; Mitte September fühlte er sich unfähig, diese Anspannung länger zu ertragen, und beschloß, Selbstmord zu begehen, jedoch so, daß es auch nach einem zufälligen Tod aussehen könnte. Er suchte sich eine abgelegene Stelle an der Moskwa und stieg »fast bis zur Taille« ins eiskalte Wasser – in der Hoffnung, er werde sich eine Lungenentzündung zuziehen. Schließlich mußte er zu Antonina zurückkehren, was ihm nun allerdings erträglicher vorkam, und erklärte, er sei angeln gewesen und dabei ins Wasser gefallen[24]. Offensichtlich galt dieser halbherzige Selbstmordversuch wirklich nur dem Zweck, seinem unerträglichen Eheleben ein Ende zu setzen. Immerhin war Tschaikowsky an einem Punkt angelangt, an dem er sein plötzliches Ausreißen vor sich selbst damit entschuldigte, daß der Selbstmord dem Leben mit ihr vorzuziehen sei; genauso hatte sie ja vier Monate zuvor gedacht, der Selbstmord sei besser als ein Leben ohne ihn.

Tschaikowsky telegrafierte nun an Anatol, er möge ihn bitte seinerseits telegrafisch unter Naprawniks Namen nach Petersburg rufen[25]. Als Tschaikowsky dort ankam, war er geistig und körperlich mit seinen Kräften am Ende. Anatol brachte ihn schleunigst in ein Hotel, konnte aber nicht verhindern, daß der Bruder dort einen ernsten Nervenzusammenbruch erlitt; Tschaikowsky lag daraufhin 48 Stunden lang im Koma. Der Gehirnspezialist, der für Tschaikowsky sorgte, riet, in diesem Fall könne nur eine völlige Änderung der Lebensumstände eine Aussicht auf Rettung bieten. Auf jeden Fall müsse der Kontakt zu Antonina völlig unterbunden werden. Anatol fuhr zu ihr nach Moskau und berichtete ihr in Begleitung Nikolaj Rubinsteins von dem, was geschehen war; sie bewirtete ihre Gäste mit Tee und erklärte voller Ruhe, für das Wohl ihres Mannes werde sie alles auf sich nehmen. Zu Anatols Überraschung fügte sie, als Rubinstein gegangen war, hinzu: »Ich hätte nie gedacht, daß Rubinstein heute zum Tee zu mir kommen würde!«[26] (Vielleicht hatte sie also sogar Rubinstein der Liste ihrer Bewunderer zugeschlagen.) Anatol war entsetzt über diese Bemerkung, die jedoch nicht so sehr aus Beschränktheit, Frivolität oder mangelnder Charaktertiefe heraus geäußert worden war; eher waren diese Erscheinungsformen alle drei das Ergebnis ihrer geistigen Verwirrung. Ein hysterischer Anfall jedenfalls wäre angesichts der Umstände viel natürlicher gewesen als diese Gefühlskälte. Antonina mußte die letzten zwanzig Jahre ihres Lebens in einer Nervenheilanstalt zubringen (sie starb 1917), jedoch nicht ohne zuvor ihrem geistig kaum weniger angegriffenen Ehemann eine Menge Schwierigkeiten bereitet zu haben. So sehr man sich um seine Verwirrung bemühte, nahm damals jedoch keiner die ominösen Zeichen in ihr wahr. Hinter seinem pervertierten und ihrem überstarken Sexualempfinden lagen die Neurosen noch viel tiefer; daß zwei derart aneinander vorbei empfindende Menschen einander heirateten, muß eine boshafte Laune des Schicksals gewesen sein.

Siebtes Kapitel

HOCHZEITSFOLGEN
1877/1878

Tschaikowsky schrieb an Modest: »Allmählich finde ich mich selbst wieder und kehre ins Leben zurück.«[1] Anfang Oktober 1877 trat er mit Anatol eine Westeuropa-Reise an. Zunächst gingen sie für einen Monat nach Clarens an den Genfer See; dort orchestrierte Tschaikowsky die noch verbliebenen Teile des ersten *Onegin*-Aktes. Er berichtete Frau von Meck von seinem Zusammenbruch und bat sie wieder einmal um Geld, denn es reichte ihm im Augenblick nur für ein paar Aufenthaltswochen. Von Rubinstein bekam er mitgeteilt, daß sein Gehalt am Konservatorium weitergezahlt und ihm ein Freijahr gewährt werde. Schließlich war er auch zu einem russischen Gesandten bei der Pariser Weltausstellung von 1878 ernannt worden – ein bezahlter Posten. Tschaikowsky jedoch hatte Zweifel, ob er für ein derartiges Amt der richtige sei; doch nahm er zunächst einmal an. Wenig später schrieb ihm Frau von Meck, gerade aus Italien nach Moskau zurückgekehrt, sie wolle ihm so viel Geld geben, daß er davon mehrere Monate im Ausland zubringen könne. Gleichzeitig versprach sie ihm eine Jahresrente in Höhe von 6000 Rubel, damit er seine Finanzprobleme ein für allemal los sei und sich ganz dem Komponieren widmen könne. In seinem Dankesbrief schrieb Tschaikowsky am 25. Oktober/6. November, von nun an sei jede Note, die aus seiner Feder fließe, ihr gewidmet[2]. Als er gegen Jahresende vom Finanzministerium dann offiziell zum russischen Gesandten bei der Weltausstellung ernannt wurde (für 1000 Francs im Monat), wies er den Ruf zurück. Rubinstein war darüber äußerst ärgerlich; besonders hart traf es ihn deshalb, weil er sich für Tschaikowsky so intensiv eingesetzt hatte, um dessen Ruf als Komponist und den des Konservatoriums, noch immer im Schatten der Petersburger Institution, zu verbessern. Statt dessen begnügte sich Tschaikowsky nun mit den Wohltaten einer reichen Dame. Rubinstein befürchtete, Tschaikowskys Charakter könne darüber Schaden nehmen und ihm zum Schlendrian verleiten; Tschaikowsky seinerseits war wütend über Rubinstein, der offensichtlich nicht begriff, daß der gewonnene Freiraum ja bestmöglich ausgefüllt werden sollte – mit Komposition[3].

Über Wien, von wo aus Anatol nach Rußland zurückfuhr, reiste Tschaikowsky weiter nach Italien. Anatol war von seiner niedergeschlagenen Schwester und deren Mann nach Kamenka gerufen worden, denn er sollte Antonina zu ihrer Mutter nach Moskau bringen. Sascha hatte Mitleid mit ihrer Schwägerin und hatte sie aus Odessa, wo sie sich bereits häuslich eingerichtet hatte, nach Kamenka geholt. Nun dachte Sascha daran, das Paar wieder zusammenzuführen. Ihre gutgemeinten Versuche hatten ein paar ohne jeden Zusammenhang dahingeschriebene Briefe Antoninas an Tschaikowsky zur Folge. Sascha jedenfalls kam sich erst allmählich über Antoninas geistige Verfassung ins klare; Antonina dagegen gefiel es in Kamenka so gut, daß sie gar nicht daran dachte, wieder abzureisen. Dies wird wohl der Hintergrund für Saschas Hilferuf an Anatol gewesen sein.

An diesem entscheidenden Angelpunkt in Tschaikowskys schöpferischer Laufbahn wuchs sich die Korrespondenz zwischen ihm und Nadeshda von Meck zu einem lebensbestimmenden Faktor aus. Daß Frau von Meck ihm eine Art Vertraute war, bedeutete ihm eine immense Hilfe von außen auf seinem Weg zur Wiedererlangung psychischen Gleichgewichts; ihr selbst machte die keineswegs passive Rolle Freude. »Sie [Antonina] wird nicht unter der Trennung leiden«, schrieb sie; »regen Sie sich nicht auf, wenn Ihnen erzählt wird, sie sei in Tränen aufgelöst... Seien Sie sicher: Das ist nur äußerlich.«[4] Tschaikowsky hatte ihr von Antoninas fortgesetzter Trauer in Kamenka erzählt. Charakteristisch für Frau von Meck ist: »Ich warte voller Ungeduld auf neue Musik von Ihnen.« Sie befürchtete, der Schaffensdrang in ihm könne erlöschen. Doch Tschaikowsky selbst drängte darauf, die

Vierte Symphonie. Beginn der autographen Partitur, 1877

Orchestrierung jenes Werkes zu Ende zu bringen, das er seiner Wohltäterin widmen wollte. Die Partitur war aber in Rußland geblieben und verirrte sich auf dem Postweg, was ihre Ankunft erheblich verzögerte. Doch am 26. Dezember 1877/7. Januar 1878 hatte Tschaikowsky auch die Vierte Symphonie fertig komponiert, knapp vier Wochen vor Vollendung des *Eugen Onegin*.

Entgegen seiner sonstigen Gepflogenheit faßte Tschaikowsky hier das Programm des Werks in Worte – extra für Frau von Meck, extra für seine Vierte, »ihre« Symphonie[5]. Das »Schicksalsmotiv« am Anfang sei der »Kern der ganzen Symphonie«. Er verglich es mit einem Damoklesschwert, »das über unseren Häuptern hängt«. Das Hauptthema beschreibe Gefühle wie »Niedergeschlagenheit und Hoffnungslosigkeit«. die zweite Gruppe drücke zwar eine »Traumwelt«, eine »Flucht vor der Wirklichkeit« aus, hebe aber andererseits die opernhafte Seite hervor (die damals in Tschaikowskys symphonischen Stil immer tiefer eindrang): Der Kontrast zwischen dem scharf punktierten ersten »Thema der Wahrheit« und dem ebenfalls punktierten, aber flüchtigen und sylphenartigen zweiten wird durch einen Tempowechsel noch erhöht. Die Themen in allen ihren Erscheinungsformen, auch die Eröffnungsfanfare, kämpfen in der Durchführung gewaltsam gegeneinander; in der Coda erklingt die Anfangsfanfare noch einmal, bevor der Satz mit dem ersten Thema, aber in der Form eines infernalischen Marsches (molto più mosso), schließt. In jeder Hinsicht war dies nun Tschaikowskys bester Satz in der klassischen Form des Sonatenhauptsatzes geworden.

Leider allerdings gelang es Tschaikowsky nicht, das Schicksalsmotiv so einzusetzen, daß es tatsächlich »der Kern der ganzen Symphonie« wurde – trotz der Anklänge im Fest-Finale (das Vorbild zu dieser Gestaltung liegt in *Carmen:* ihr schrecklicher Tod mitten im Volksfest des Stierkampfes). Auch besteht kein Zusammenhang zwischen den beiden inneren Sätzen. Erst in der Fünften Symphonie (1888) bekam

Tschaikowsky die Eigenheiten der zyklischen Form der Symphonie völlig in den Griff: Hier fand er dann eine Lösung für alles, was im Schaffensjahrzehnt zwischen Vierter und Fünfter Symphonie in der Schwebe blieb.

Im Finale ist wieder einmal eine Volksliedmelodie verarbeitet, und zwar als zweites Thema: *Auf dem Feld steht eine Birke*. Wie allerdings diese Melodie eingebaut ist, ist unbefriedigend und unterscheidet sich völlig von ähnlichen Stellen in der Zweiten Symphonie. Tschaikowsky bog hier die Rhythmik auf ungünstige Weise derart zurecht, daß sie sich im Viervierteltakt verarbeiten ließ, was aber ihren ursprünglichen Fluß stört.

Dem Finale, einem also eher enttäuschenden Satz, der in der Zeit der unmittelbaren Heiratsvorbereitungen entstand, geht das berühmte pizzicato-Scherzo mit seinem volkstümelnden Holz- und Blechbläser-Trio voraus. In diesem Satz solle, so Tschaikowsky, dem Hörer »plötzlich eine bäuerliche Trinkszene« vorgestellt werden; »dann nähert sich aus großer Entfernung ein Militärumzug«. Man muß sich über Vorfahrenschaft dieses Satzes nicht allzuviel Gedanken machen; sie klärt sich zu einem Teil in einem Satz aus Delibes' *Sylvia*, zum andern in den Balaleika-Chören von Glinka. Obwohl Tschaikowsky vielleicht an Stücke anderer Komponisten gedacht hat, als er diesen Satz konzipierte, ist dies Scherzo doch ein ganz eigenständiger Geniestreich. Also war die Symphonie als Ganzes ein »technischer Schritt nach vorn«, wie Tschaikowsky an Frau von Meck schrieb[6].

Doch der wichtigste »Schritt nach vorn« betraf Tschaikowskys Umsetzung der persönlichen Gefühlswelt in Musik. Alle Enttäuschungen seiner tiefwurzelnden Homosexualität und die im Trinken noch aufgeputschten Emotionen, die durch die Hochzeit eine noch größere Bedeutung bekommen hatten, kamen in der Vierten Symphonie zur Entfaltung. Sie ist damit das erste größere Werk Tschaikowskys, das in dieser – für ihn später charakteristischen – Weise subjektive Züge trägt. Schwesterwerke hierin sind die *Manfred*-Symphonie, die

Fünfte und Sechste Symphonie, die Symphonische Ballade *Der Woiwode* und *Pique-Dame,* um nur die Hauptwerke zu nennen. Dennoch bleibt der Konflikt zwischen Verdrängung und Realitätsnähe verhüllt, trotz scharfgezeichneter Kontraste und trotz der großen inneren Beteiligung des Komponisten; Tschaikowsky stemmte sich gegen das, was *Eugen Onegin* als besonderes Werk auszeichnet: die Identifikation des Komponisten mit seinem Werk.

Tanejew behauptete, er könne die Symphonie nicht anhören, ohne unwillkürlich an die beiden Tänzerinnen »Frau Sobeschkanskaja oder Gillert Nr. 2« zu denken, wodurch ihm die Lust am Hören genommen sei[7]. Wirklich könnte das herrliche b-Moll-Thema der Oboe im zweiten Satz direkt aus *Schwanensee* entsprungen sein, und auch die verträumten Stellen im ersten Satz, das Scherzo mit Trio und das Fest-Finale hätten in einem Ballett Verwendung finden können. In seiner Antwort an Tanejew[8] fragte Tschaikowsky, was gegen Ballettmusik einzuwenden sei und warum in einer Symphonie keine Tanzmelodien anklingen sollten. Er sah auch nicht ein, daß ein Programm einer Symphonie unbedingt schädlich sei – was Tanejew ebenfalls angemerkt hatte. Tschaikowsky berief sich zur Verteidigung seines Werks auf den zentralen Gedanken der Fünften Symphonie Beethovens, die Tschaikowsky (und mit ihm viele andere Musiker der Romantik) als Werk mit einem Programm ansah.

Die Frage des Programms ist an sich nebensächlich, Tanejews Bemerkung über Ballettmusik dagegen, obwohl von Tschaikowsky entschieden zurückgewiesen, war jedoch verhängnisvoll – in zweierlei Hinsicht. Zunächst einmal wird immer wieder von Tschaikowsky-Biographen, die eher arriviertes als eigenes Gedankengut verarbeiten, hieraus abgeleitet, Tschaikowskys Hauptinteresse habe dem Ballett gegolten – eine ganz und gar törichte Bemerkung, die nicht einmal auf Strawinsky passen würde, dessen erste große, bedeutungsvolle Werke (anders als bei Tschaikowsky!) tatsächlich Ballettmusiken waren. Zweitens aber nahm sich Tschaikowsky diese

Bemerkung mehr als nötig zu Herzen, denn er ging nun – abgesehen von einer Revision der Zweiten Symphonie – dazu über, anstelle von Symphonien Suiten zu schreiben, in denen er zumindest nicht der Vernachlässigung symphonischer Strukturen bezichtigt werden konnte. Wie immer reagierte er also auch diesmal überstark auf die an ihm geübte Kritik; so mögen Tanejews Äußerungen einer (aber nur einer) der Beweggründe dafür gewesen sein, daß Tschaikowsky an dieser Stelle die organische Fortentwicklung seines symphonischen Stils für ein paar Jahre auf Eis legte, um sein Talent dann wie einen Vulkan wieder ausbrechen zu lassen. Andererseits mag, was die symphonische Sprache angeht, gerade diese Schaffenspause den »Lavaausstoß« noch gefördert haben, als jener »Vulkan« dann schließlich zum Ausbruch kam.

Interessant ist auch, daß Tschaikowsky gerade in dieser Zeit, zwischen Vollendung der Vierten und Revision der Zweiten Symphonie, voller Unzufriedenheit einen Brief darüber schrieb, wie unausgeglichen er in der Handhabung von Formalem sei. Dieser Brief wird leider allzu häufig aus seinem Zusammenhang gerissen interpretiert und als Argument gegen Tschaikowskys symphonischen Stil zitiert. Es heißt da: »Auch wenn ich keinen Grund hätte, meine mangelnde Vorstellungskraft oder fehlenden Erfindungsgeist zu beklagen, würde ich doch immer noch darunter leiden, daß ich mit unterschiedlichen Formen nicht fertigwerde. Nur als Ergebnis meiner andauernden Bemühungen habe ich es inzwischen geschafft, daß sich die Form jeweils in etwa dem Inhalt meiner Kompositionen anpaßte. Bisher war ich immer zu schlampig..., die Nähte waren immer zu sehen. Dies ist ein Fehler höchsten Grades, und nur im Laufe langer Jahre konnte ich daran Stück um Stück arbeiten. Meine Kompositionen aber werden in ihrer Form nie rein sein, weil ich die Grundlagen meiner musikalischen Natur nur korrigieren, nicht aber völlig ändern kann... Dennoch macht es mir Freude, zu sehen, daß ich allmählich vorankomme auf dem Weg zur Vollendung [meines musikalischen Talents].«[9]

Maria Klimentowa, die erste Tatjana, in der Briefszene aus »Eugen Onegin«

Binnen kürzester Frist strich Tschaikowsky seine Zweite Symphonie rigoros zusammen und nahm darüber hinaus noch weitere, tiefere Eingriffe vor. Merkwürdig, daß gerade Tanejew einige Jahre nach Tschaikowskys Tod an Modest schrieb, ihm habe die erste Fassung so sehr viel besser gefallen.

In Tanejews Brief, in dem er an der Vierten Symphonie Kritik übte, finden sich dagegen überaus anerkennende Worte über *Eugen Onegin*: »*Onegin* gefällt mir sehr gut. Ich hatte so viel Freude am Studium dieser Partitur, daß in ihr keine einzige Stelle musikalisch schwach sein könnte. Eine wunderbare Oper! Und trotzdem wollen Sie zu komponieren aufhören? Im Gegenteil: Es ist für Sie notwendiger denn je, weiterzuarbeiten. Sie haben noch nie so gut komponiert. Legen Sie das, was Sie an Perfektion gewonnen haben, so gut wie möglich an.«[10]

Eugen Onegin spielt im frühen 19. Jahrhundert. Tatjana Larina, die ihr ganzes junges Leben auf dem Land zugebracht hat, verliebt sich in den intellektuellen Eugen Onegin, einen Freund Lenskis, des Verlobten ihrer Schwester Olga. Tatjana schreibt eine Nacht hindurch an einem Liebesbrief an Onegin. Sie trifft ihn am nächsten Tag im Garten. Er weist ihre Liebeserklärung zurück, wirft ihr vor, ihr fehle jede mädchenhafte Scham, und zudem wolle er mit einer so ungebildeten Person wie ihr nichts zu tun haben. Auf einem Ball, der an Tatjanas Geburtstag veranstaltet wird, tanzt Onegin, wütend darüber, wegen seiner Affäre mit Tatjana ins Gerede gekommen zu sein, mit Olga und provoziert damit eine Auseinandersetzung mit deren Geliebten Lenski; Lenski fällt im Duell. Sechs Jahre später findet im Petersburger Palast des ältlichen Fürsten Gremin, inzwischen mit Tatjana verheiratet, wiederum ein Ball statt. Onegin, der mittlerweile im Ausland gelebt hatte, befindet sich unter den Gästen. Als er Tatjana in dieser großartigen Atmosphäre sieht, verliebt er sich heftig in sie. Er drängt, sie möge doch mit ihm fliehen. Hatte sie zunächst noch auf seine Liebesschwüre geantwortet, erinnert sie sich nach kürzester Zeit an die Pflichten, die sie ihrem Mann gegenüber hat; sie weist Onegin auf ewig von sich.

Wie fein Tschaikowsky die Rolle der Tatjana und deren Ausdruck zeichnete, wird nirgends deutlicher als in der

Notenbeispiel 11:
»Eugen Onegin«, Briefszene der Tatjana (I/2)

berühmten Briefszene, deren musikalischer Kern in Notenbeispiel 11 wiedergegeben ist. Tschaikowsky stand hier auf seinem höchsten Gipfel. Die abwärtsschreitende Tonleiter empfand er, an *Carmen* angelehnt, als »Schicksalsmotiv«. Später klingt diese Leiter in Lenskis Arie wieder an, kurz bevor dieser im Duell mit Onegin ums Leben kommt. In der Briefszene liegt in dieser Tonleiter ebenso viel Liebe wie Tragik, daß nämlich diese Liebe nie zur Erfüllung kommen werde. Dazu kann hier im Unterbewußtsein noch ein weiteres musikalisches Vorbild gestoßen sein: »Tu l'as dit«, das große Ges-Dur-Liebesduett aus Meyerbeers *Hugenotten,* das mit einer ebensolchen Tonleiter abwärts beginnt, wie sie hier Tschaikowskys Stil so tief durchdrungen hat. Die erniedrigte Sexte (Bes') hier im zweiten Takt ist ein weiterer Hinweis auf Meyerbeer. Vielleicht ist von Bedeutung, daß Tschaikowsky wenige Wochen vor der Komposition der Briefszene den »Marche Funèbre« aus dem an Meyerbeer angelehnten Ges-Dur-Arioso der Natalja im *Opritschnik* für Frau von Meck bearbeitet hatte: In ihm nämlich kommt genau dieselbe besondere, erniedrigte Sexte vor.

Noch erhellender ist das, was Gerald Abraham »eine Art Leitmotiv der ganzen Oper« genannt hat: die Hornphrase, die im dritten Takt von Notenbeispiel 11 beginnt. Mit ihr wird jungfräuliche, aber auch kindliche Unschuld und reine, ehrliche Liebe ausgedrückt; vielleicht ist sie nur ein unterbewußtes, dafür aber nicht weniger wirkungsvolles Mittel, das der Oper Geschlossenheit gibt[11]. So sehr Tschaikowsky sich dieses »Leitmotiv« zu Herzen nahm, ist es – aus dem Zusammenhang genommen – doch nur eine allzu bekannte Phrase. Möglicherweise sollte man auch Einflüsse des bereits zitierten »Tu l'as dit« von Meyerbeer annehmen; die entsprechende Passage aus jenem Duett ist in Notenbeispiel 12 wiedergegeben. Eine gewisse Verwandtschaft zwischen dieser Passage und dem dritten und vierten Takt in Notenbeispiel 11 wird man kaum leugnen können, reicht sie doch bis zur Verwendung des Horns an so auffälliger Stelle.

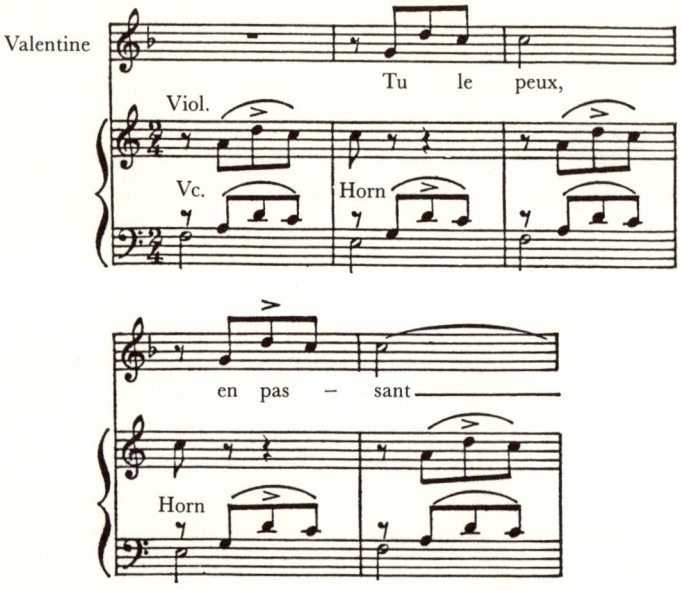

Notenbeispiel 12:
Meyerbeer, »Die Hugenotten«

Ein andermal in der Briefszene taucht diese Leiter abwärts noch stärker chromatisiert auf; entsprechend wird sie in der – nur aus einem einzigen Ton aufgebauten – Einleitung verwendet (Notenbeispiel 13a). Das Thema steht also dem Lied *Warum träumte ich von dir* sehr nahe, das Tschaikowsky komponierte, kurz nachdem er sich die Partitur zu *Carmen* angeschafft hatte. So sei hier also zum Vergleich auch das Schicksalsmotiv aus *Carmen* herangezogen (Notenbeispiel 13b).

Das *Carmen*-Motiv erscheint hier natürlich nur in freier Anlehnung und Umgestaltung; dennoch kann man die Ähnlichkeiten nicht als zufällig abtun, besonders auch in der leidenschaftlichen Begeisterung, die Tschaikowsky für Bizets Oper entwickelt hatte. Schließlich soll mit dem Nachweis eines derartigen Anknüpfens ja auch nicht behauptet werden, *Eugen Onegin* sei als Oper nur aus anderen Opern heraus

Notenbeispiel 13:
a) Tschaikowsky, »Eugen Onegin«, Briefszene
b) Bizet, »Carmen«, Schicksalsmotiv

entwickelt; Tschaikowskys Kunst lag hier darin, sich Erfahrungen anderer Komponisten anzueignen und auf ihnen ein eigenes und rundum subjektives Stück entstehen zu lassen, das sich von anderen Opern, seien sie von Meyerbeer oder Bizet, völlig unterscheidet.

Die schönste Musik in dieser Oper entstand für die Rolle der Tatjana; doch auch kleinere Rollen, zum Beispiel Lenski, sind voller Sorgfalt ausgeführt. Die Oper neigt sich also insgesamt Tatjana zu und begibt sich ein wenig von der Person des Onegin weg, dessen Musik Tschaikowsky daher auch nicht aus so großer Gefühlstiefe heraus geschrieben hat, wie es Puschkins Vorlage erfordert hätte. Schließlich aber ist der ungeschickte Junggeselle, der sich selbst liebende Charmeur vom Anfang dieser »Erzählung in Versen«, am Ende ein ganz anderer geworden: Er muß erkennen, daß das Mädchen vom Land, das ihn geliebt hatte, sich in eine stolze Prinzessin verwandelt hat; aus dieser Erkenntnis heraus ist er zu einem Mann geworden, der auch zur Liebe zu einer anderen Person fähig geworden ist. Tschaikowsky traf die Konzeption nicht ganz. Trotzdem verlieh er auch der Ironie der Situation eine gewisse Gestalt: Onegins Text »Ja, ja, kein Zweifel mehr! Ich liebe sie, als wäre ich ein Junge, in Leidenschaft erstarrt« läßt er auf ebendieselbe Melodie singen, die Tatjana zu Beginn der Briefszene, in Liebe zu ihm entbrannt, gesungen hatte. Ein äußerst geglücktes Themenzitat, typisch für die französische und italienische Oper der Zeit!

Auch die Ausgestaltung der Oper ist vollkommen gelungen, zum Beispiel durch die herrlichen Volkschöre am Anfang oder den Ballsaal-Tanz, ohne den keine russische Oper der Zeit abgeschlossen werden konnte (selbst Mussorgsky mußte bei der Revision des *Boris Godunow* eine »Mazurka« und eine »Polonaise« in seine Oper einbauen). Und der ausgeprägt ländliche Walzer (in der Ballszene bei den Larins auf ihrem weit draußen liegenden Landsitz, zweiter Akt) steht in scharfem Gegensatz zu dem »feinen« Walzer, »con dolcezza ed eleganza«, während dessen Onegin Tatjana zum ersten Male in ihrer neuen, intellektuellen Umgebung sieht und entsetzt feststellen muß, daß sie inzwischen verheiratet ist. Mit derart ausgesuchten Stildelikatessen wurde *Eugen Onegin* zu einem Kunstwerk besonderer Größe, einer der wichtigsten Meisteropern und schließlich nicht zuletzt einem besonderen Höhepunkt in Tschaikowskys Schaffen, der nur in langsamer und unberechenbaren Schwankungen unterworfener Entwicklung erreicht werden konnte.

Auf dieser hohen Stufe auszuharren war angesichts der skizzierten kompositorischen Entwicklung kaum möglich. Bevor jedoch die Schöpferkraft nun wieder um etwas zurückging, entstanden die Lieder op. 38, von denen zwei aus derselben Inspirationskraft heraus geschaffen sind wie *Onegin* (*Don Juans Serenade* und *Mitten im Trubel des Balls*). Noch ein weiteres großes Werk, binnen eines Monats geschrieben, wurde wichtig – Tschaikowsky schrieb, aus dieser »phantastischen Verfassung« heraus sei »Komponieren das reinste Vergnügen« (an Frau von Meck, 10./22. März 1878)¹². Er hatte sich mit Modest getroffen und war in Hochstimmung nach Clarens zurückgekehrt; das Leben war »rosig«, besonders auch nachdem der umgängliche, junge Kotek eingetroffen war (inzwischen ein Schüler von Joseph Joachim). Tschaikowsky hatte eine Klaviersonate zu schreiben begonnen, die ihm aber nicht leicht von der Hand ging. Mit Kotek spielte er unter anderem die *Symphonie espagnole* von Edouard Lalo, was ihm, wie er Frau von Meck schrieb, »größtes Vergnügen« bereitete¹³. Die »Frische, Leichtigkeit, eigenwilligen Rhythmen, wunderbaren und imponierend harmonisierten Melodien« inspirierten ihn, ein Violinkonzert zu schreiben, in dem nun die spanische Diktion Lalos nicht ganz ohne Wirkung sein konnte. Die Arbeit ging in Geschwindschritt voran. Der erste Satz »ergriff« Kotek und Modest, das Finale machte bei ihnen »Furore«¹⁴. Das Andante mußte völlig neu geschrieben werden¹⁵: Ohne Kotek, schrieb Tschaikowsky, »hätte ich es nie fertigbringen können«. Am 30. März/11. April war die Orchestrierung fertig. Nichts hatte die Arbeitswut hindern können, nicht einmal Tanejews vernichtende Bemerkungen über die Vierte Symphonie; immerhin hatte Tanejew ja sein »Gift« dadurch versüßt, daß er sich über *Eugen Onegin* lobend äußerte, besonders aber durch seinen Bericht davon, welch begeisterte Reaktionen *Francesca da Rimini* bei ihrer ersten Aufführung in Petersburg (11./23. März) hervorgerufen hatte. Tschaikowsky hätte Kotek, dem er in Spezialfragen der Violintechnik viele Ratschläge verdankte, das Konzert nur zu gerne gewidmet; damit hätte er es aber, wie er später an Jürgenson schrieb, dem »Klatsch« preisgegeben¹⁶.

Das Violinkonzert liefert den Beweis, daß Tschaikowsky inzwischen aus seiner Verzweiflung in das Reich der Lebensfreude zurückgekehrt war; doch ist auch dieses Stück noch Resultat (allerdings ein positives) dessen, was Tschaikowsky durchgemacht hatte. Es sprudelt über von eben dieser Lebens-

Tschaikowsky mit 38 Jahren (1878)

freude, die Tschaikowsky damals erfuhr – von der einleitenden Orchestermelodie an, die die Hörbereitschaft des Publikums weckt. Diese Melodie, ähnlich dem b-Moll-Klavierkonzert, kehrt im ganzen Werk nicht wieder. Den Möglichkeiten der Violine kam Tschaikowsky in wohlabgewogenem Maße entgegen, hat sie aber technisch auch ausgeschöpft. Doch der lyrische Zauber der Hauptthemen liegt beim Orchester. Nur in den Ritornellen, die die Komposition an ihren entscheidenden Stellen gliedern, wird das volle Orchester für längere Strecken entfesselt. Insgesamt kommt ein formales Gleichgewicht zustande, das selbst Mozart akzeptiert haben würde – Tschaikowsky schrieb damals an Frau von Meck, daß die Musik Mozarts, des »sonnigen Genies«, ihn »zu Tränen rühre«.

Der zweite Satz, das »Andante canzonetta«, wurde, wie wir gesehen haben, als letzter komponiert. Während man in seiner Anfangsmelodie die typisch russisch-italienischen Klänge erkennen kann, die für Tschaikowsky so charakteristisch sind, hat das Ende der ersten achttaktigen Phrase einen eher spanischen Glanz – z.B. mit seinem übermäßigen Sekundintervall –, was aber in Wirklichkeit nicht spanischer ist als Lalos oder Bizets »spanisierende« Musik. Ganz gleich, ob dort Vorbilder für Tschaikowsky lagen – es ist eine der profiliertesten Melodien, die Tschaikowsky je komponierte; sie klingt später wieder an, wird dort herrlich ausgeschmückt und leitet über in eine sehr hübsche Vorwegnahme des ersten Finale-Themas – kaum denkbar, daß der Schlußsatz nicht schon zuvor komponiert gewesen wäre! Wie John Warrack ausgeführt hat[17], liegt in diesen Violinpassagen (Notenbeispiel 14a) spezifisch volkstümlicher Charakter – das Thema besteht aus kaum mehr Material als aus diesen paar Tönen. Ihm schließen sich nur noch Sechzehntel-Takte an, die zum nächsten Themeneinsatz überleiten. Warrack hätte zusätzlich darauf hinweisen können, daß sich dieses Thema mit Glinkas *Kamarinskaja* in Zusammenhang bringen läßt, dessen zweites

Notenbeispiel 14:
a) Tschaikowsky, Violinkonzert, Finale
b) Glinka, »Kamarinskaja«, 2. Thema

Thema ein russisches Volkslied ist (Notenbeispiel 14b). Ein oder zwei Jahre später sprach Tschaikowsky einmal von Glinkas »verblüffender Originalität« in *Kamarinskaja,* auf die sich jeder Komponist, auch er selbst, immer wieder zurückbesinnen müsse, wenn er eine russische Tanzmelodie entwickeln wolle[18]. Das »Zitat« im Violinkonzert war jedoch unbewußt. Glinka konnte in einer Komposition zusammenfassen, »was zweitklassige Talente nur unter Anstrengung aller ihrer Kräfte erreicht hätten«. Das zweite Thema des Finale, ebenso volkstümelnd, weist dagegen eher in die russische Zigeunermusik. Zigeunergeiger und ihre Streicher-Musik standen im Rußland der Zeit hoch im Kurs; zum wenigsten hat Tschaikowsky sie in Restaurants gehört. Sein funkelndes Finale ist nicht weniger wirkungsvoll als das der Zweiten Symphonie, mit dem es sich auch in anderer Hinsicht in eine Reihe stellen läßt.

Der ursprünglich als Widmungsempfänger gewünschte Leopold Auer weigerte sich, das Stück zu spielen: Es sei »unviolinistisch« – also zu schwer. Erst im Dezember 1881 wurde es von einem anderen Geiger, dem jungen Virtuosen Adolf Brodsky, in Wien bei dessen dortigem Debüt uraufgeführt. Hanslick und viele andere Kritiker verhielten sich mittelmäßig ablehnend (Hanslicks Äußerung über die »stinkende Musik«[19] dürfte hinreichend bekannt sein), doch hatte das Konzert ihnen immerhin als eines der »klassischen« Violinkonzerte gegolten. Merkwürdig, daß Tschaikowskys beide großen Konzerte – außer diesem das Erste Klavierkonzert – ihre Premieren außerhalb Rußlands erfuhren!

Als gegen Ende März 1878 das Konzert fertig orchestriert war, war Kotek aus Clarens bereits abgereist. Auch die Vorbereitungen für Tschaikowskys Rückkehr nach Rußland waren angelaufen. Sascha, die zuerst kühl ablehnend gegen ihren Bruder gewesen war, weil er seine Frau »verlassen« hatte, hatte diese nun persönlich kennengelernt und war heilfroh, als Anatol sie nach Moskau gebracht hatte. Nun konnte Tschaikowsky nach Kamenka kommen und von dort in seinen häuslichen Alltag zurückkehren.

Achtes Kapitel

INNERLICH ENTSPANNT – SCHÖPFERISCH ERSTARRT
1878–1885

Am 11./23. April 1878 kam Tschaikowsky in Kamenka an. Zu seiner großen Freude konnte er feststellen, daß Sascha ihm und seinem Diener ein separates Haus eingerichtet hatte, in dem es »angenehm« zu arbeiten sein würde[1]. Zum Essen würde er ins Hauptgebäude gehen. Dies alles konnte er für die nächsten sieben Jahre als sein Zuhause bezeichnen; Sascha gegenüber war er des Dankes voll. Anatol und Jürgenson bemühten sich, die Scheidung einzuleiten; Antonina schrieb ihnen sogar, daß sie einwilligen werde[2]. Doch im Herbst, als Tschaikowsky nach Moskau zurückging und Jürgenson sie aufforderte, sich an ihr Versprechen zu halten, weigerte sie sich und behauptete, Tschaikowskys Familie intrigiere gegen sie. Schließlich ließ sie sich überreden, Moskau zu verlassen – gegen Geld. Im Frühjahr darauf war Tschaikowsky dann bei seinem Bruder in Petersburg. Als er eines Tages nach Hause kam, traf er Antonina, wie sie auf ihn wartete. Die Niedergeschlagenheit, die ihn daraufhin überkam, wurde noch größer, als sie die Wohnung, die über seiner lag, mietete und ihn mit Geldforderungen belästigte. Im Laufe des Sommers schrieb sie ihm in die Ukraine, wollte mehr Geld und wandte sich ganz entschieden gegen eine Scheidung. Im Sommer darauf willigte sie dann endlich ein, eine Scheidung zu akzeptieren, ließ aber nicht zu, daß man Ehebruch als Vorwand annahm – wodurch die Scheidung wiederum unmöglich wurde. An Frau von Meck schrieb Tschaikowsky, es mache ihn bereits krank, ihre Handschrift auf einem Briefumschlag zu entdecken. Antonina beschwerte sich, die Familie Tschaikowsky greife sie verleumderisch an. Ihr »Spiel« hat schließlich Jürgenson treffend dargestellt, als er Anfang 1881 an Tschaikowsky schrieb: »Mit ihrer Schwester wohnt sie in Nr. 20, ihr ›Bruder‹ Bolkow in Nr. 21.«[3] Es sickerte durch, daß Antonina von diesem Gentleman ein Kind bekam, das sie im Waisenhaus unterbrachte (in den folgenden Jahren hatte sie noch eine Reihe unehelicher Kinder). Schließlich kam es zu einer Art Waffenstillstand zwischen ihr und Tschaikowsky, der jedoch später Jürgenson aufforderte, ihr jedesmal Geld zu geben, wenn sie welches haben wollte; bis zu seinem Lebensende schrieb sie ihm immer wieder Briefe, über die er allemal sehr niedergeschlagen war.

Als Tschaikowsky 1878 nach Moskau zurückkam, hatte er sich vorgenommen, von seinem Konservatoriumsposten zurückzutreten. Er konnte das hierfür Erforderliche jedoch nicht gleich in die Wege leiten, denn Rubinstein war auf der Weltausstellung in Paris – in der Funktion, die Tschaikowsky abgelehnt hatte. Doch einen Monat später übergab ihm Tschaikowsky sein Kündigungsschreiben. Erstaunlicherweise erhob Rubinstein kaum Protest; Tschaikowsky hatte sich darauf vorbereitet, daß jener ihm lange Vorhaltungen machen würde. Statt dessen bemerkte Rubinstein nur, daß Tschaikowskys Weggang einen Prestigeverlust für das Konservatorium bedeute[4]. Tschaikowsky wies das Angebot eines leichteren, aber wesentlich lukrativeren Postens am Petersburger Konservatorium ebenso zurück wie die Direktorenstelle des Moskauer Konservatoriums, die ihm nach Rubinsteins Tod (1881 in Paris) angeboten wurde. Er wollte sich seine Freiheit nicht einschränken und in seine Beziehungen zu Frau von Meck keine Störung geraten lassen. Frau von Meck war und blieb ihm in ideeller und finanzieller Hinsicht eine Lebenshilfe. Außerdem wußte er, daß sie ihn gerne als »gewissermaßen meinen Komponisten« betrachtete, wie sie mehrfach schrieb; auch stellte sie ihm die rein rhetorisch gemeinte Frage, ob es falsch sei, derart um ihn »besorgt« zu sein. Trotz finanzieller Einbußen, von denen sie erstmals 1881 sprach, bevor sie ihren großen Besitz Brailow in der Südukraine gegen das viel kleinere Pleschkejewo eintauschte, zahlte sie ihm weiterhin ohne Zögern seine jährliche Rente.

Mit der Niederlegung des Postens am Konservatorium im Oktober 1878 brach Tschaikowskys »Nomadenzeit« an, wie er sie nannte. Er pendelte zwischen Rußland und Westeuropa und hielt sich nirgends länger auf. Noch hatte er große Scheu, persönliche Kontakte zu knüpfen. Als er zum Beispiel Anfang 1879 in Paris war, besuchte er weder Jürgenson noch Saint-Saëns; einer Begegnung mit dem Dirigenten Colonne, der den *Sturm* mit nur mäßigem Erfolg aufgeführt hatte, ging er erfolgreich aus dem Wege. In einem Brief an ihn entschuldigte er sich mit nichtssagenden und völlig unnötig unaufrichtigen Floskeln. Erst später ließ er sich in die Pariser Künstlerwelt hineinziehen. Im folgenden Jahr dirigierte Colonne, finanziert von Frau von Meck, die Vierte Symphonie in Paris. Die beiden Innensätze hatten Erfolg und wurden einen Monat später nochmals gespielt, doch den Außensätzen stand das Pariser Publikum verständnislos gegenüber. Tschaikowsky war zutiefst verletzt; er wollte seiner Wohltäterin nicht einmal erlauben, Geld für die Aufführung eines weiteren Werks (der Ersten Orchestersuite) unter Colonnes Leitung auszugeben, weil er es als gemein empfand, auf diese Art seine Musik fördern zu lassen.

Eine Bekanntschaft, die er jedoch machte, war die des Großfürsten Konstantin Konstantinowitsch (1880), der Tschaikowskys Musik überaus bewunderte. Zu Anfang März des folgenden Jahres traf Tschaikowsky den Großfürsten und dessen Verwandtschaft in Rom und wurde eingeladen, mit nach Athen und Jerusalem zu reisen. Seine kaiserlichen Gönner mußten ihre Reise jedoch wegen des Mordes an Alexander II. abbrechen, und Tschaikowsky mußte nach Paris reisen, wo Nikolaj Rubinstein plötzlich gestorben war. Die Unterstützung der Zarenfamilie erwies sich späterhin für Tschaikowsky als äußerst nützlich. Tschaikowsky bekam nach kurzer Zeit den St.-Wladimir-Orden verliehen; Alexander III. war an mehreren Kompositionsaufträgen maßgeblich beteiligt und bei einer Anzahl Generalproben von Tschaikowsky-Opern zugegen. Der Zar besuchte auch die Petersburger Premiere von *Mazeppa*[5] und war äußerst erstaunt, als er erfuhr, daß Tschaikowsky sie nicht miterlebte – da er doch wenige Tage zuvor in der Moskauer Premiere gewesen war. Doch Tschaikowsky mied noch immer jede größere Menschenansammlung und hatte sich noch nicht aus der Hülle, in die er sich 1877 zurückgezogen hatte, wieder befreit. Das einzige Medium, in dem sich seine Gefühle ausdrückten, besonders in den späten siebziger und frühen achtziger Jahren, waren und blieben seine überschwenglichen Briefe an Frau von Meck.

Kehren wir hier an den Anfang dieser Periode zurück. Ende 1878 mietete Frau von Meck für Tschaikowsky in Florenz ein paar Zimmer, nicht weit entfernt von ihrer eigenen Villa, und sie bekamen sich sogar für wenige Augenblicke zu Gesicht. Sie legten es nicht auf ein Zusammenkommen an. So genossen sie ihre ungewöhnlichen »Flitterwochen«, die diesmal Tschaikowsky um ein Vielfaches besser gefielen als die echten, die er im Jahr zuvor zu ertragen gehabt hatte. Frau von Meck ließ ihm nur brieflich ihre Liebeserklärungen zuteil werden; gelegentlich jedoch sehnte sich Tschaikowsky auch nach mehr, zum Beispiel als er ein paar Jahre später dem jung verheirateten Anatol (1882) von dem unerfüllten Wunsch, von einer Frau geliebt zu werden, berichtete[6]. Was er aber tatsächlich gebraucht hätte, wäre weniger eine Frau gewesen als eine Mutter. Der Briefwechsel mit Frau von Meck kam einem Mutter-Sohn-Verhältnis ziemlich nahe, und wenn sich Tschaikowsky in seiner Rolle auch nicht immer völlig erfüllt sah, so erwies sich der Briefwechsel doch zumeist als ausreichend – mindestens genügte er, um anderen, weniger platonischen Liebschaften vorzubeugen.

Schon im Sommer 1878 hatte Frau von Meck ihm ihr Haus

in Brailow zur Verfügung gestellt[7]. Zwei herrliche Wochen verbrachte Tschaikowsky dort, befreit von den Sorgen, die immer noch auf ihm lasteten; er streifte in der üppigen Landschaft umher und sog die Natur in vollen Zügen ein. Immer wieder konnte er in Brailow sein; in Simaki, in der Nähe, bekam er zudem ein kleines Haus, in dem er wohnen konnte, wenn Frau von Meck selbst in Brailow war. Ein unglücklicher Zufall wollte es, daß sie sich 1879 einmal in den Wäldern trafen, was beide in große Verlegenheit brachte. Tschaikowsky ging grußlos an ihr vorüber und lüftete nur seinen Hut; sie jedoch konnte ihr Verwirrung nicht verbergen.

Im Sommer 1880 kam ein junger Musiker in den Haushalt Frau von Mecks, ebenso in den Sommermonaten der beiden folgenden Jahre. Später wurde er berühmter als jeder andere, den Frau von Meck bei sich beschäftigte: Es war der achtzehnjährige Claude Debussy. Sein Lehrer Massenet sei für ihn ein wahrer Held, berichtete Frau von Meck Tschaikowsky. Mit Debussy spielte sie die Vierte Symphonie und die Erste Orchestersuite in Bearbeitung für Klavier zu vier Händen; von der Fuge in der Suite war Debussy völlig hingerissen[8]. Im Herbst 1880 nahm Debussy unter anderem die Partitur zu *Romeo und Julia* mit nach Hause. Vielleicht ist allerdings von Bedeutung, daß er den spanischen, neapolitanischen und russischen Tanz aus dem dritten Akt von *Schwanensee* für Klavier bearbeitete. Offensichtlich hat Jürgenson diese Arrangements verlegt, die, wie Frau von Meck Tschaikowsky mitteilte, nicht den Namen von Herrn »de Bussy« tragen sollten, um nicht das Mißfallen Massenets heraufzubeschwören.

Wenn Frau von Meck auch nie eine echte persönliche Beziehung zu Tschaikowsky herstellen konnte, so hatte sie sich doch schon lange Zeit gewünscht, eine derartige Verbindung mindestens auf Umwegen zustandekommen zu lassen, nämlich indem eines ihrer Kinder in Tschaikowskys Familie hineinheiratete. Am 11./23. Januar 1884 heiratete dann tatsächlich in Petersburg ihr zweiter Sohn, Nikolaj, Saschas Tochter Anna. Ursprünglich hatte Frau von Meck für Nikolaj

Annas Schwester Vera ins Auge gefaßt; diese hatte jedoch 1881 Alexej Rimsky-Korsakow geheiratet. Tschaikowskys Tagebücher wurden um die Mitte der 1880er Jahre detaillierter, seine Briefe an Frau von Meck dagegen kürzer. In beiden liest man von Tschaikowskys verschlechterter Gesundheit – von Magenbeschwerden, Gallenkoliken, Schlaflosigkeit, fieberhaften Kopfschmerzen und ähnlichem. Aus Versehen hatte Tschaikowsky ihr im Herbst 1878 geschrieben, er »stärke« sich mit Wein, was sie höchst gefährlich fand; sie bat ihn, seine Leiden nicht auf diese Art kurieren zu wollen[9]. Von da an stehen Hinweise auf Tschaikowskys Alkoholgenuß nur noch in den Briefen an die Zwillinge und in den Tagebuchaufzeichnungen. Nie jedoch wurde Tschaikowsky Alkoholiker. Ein Rausch war bei ihm keine Suchtbefriedigung, sondern eine Reaktion auf Einsamkeit und Langeweile.

In den sieben Jahren zwischen der Vollendung des Violinkonzerts im März 1878 und dem Beginn der Arbeit an der *Manfred*-Symphonie im April 1885 stieß Tschaikowsky in sich selbst nur einmal auf eine schaffensträchtige Ader: im Jahr 1880. Ende 1879 hatte er bereits das Zweite Klavierkonzert skizziert, doch bevor er dazu überging, eine Fassung für zwei Klaviere oder gar die Orchesterfassung auszuarbeiten, revidierte er die Zweite Symphonie erneut und begann, das *Capriccio italien* zu komponieren. Am 16./28. Januar 1880 schrieb er Frau von Meck aus Rom: »Ich möchte gerne etwas schreiben in der Art von Glinkas *Spanischen Fantasien*«[10], also in der Art von *Jota Aragonesa* oder *Nacht in Madrid*, den beiden spanischen Ouvertüren. Der Tod des Vaters (9./21. 1. 1880) überschattete Tschaikowskys Arbeit nicht; er fühlte sich nicht einmal bemüßigt, zur Beerdigung nach Rußland zu reisen. Tatsächlich wurde das *Capriccio italien* eines seiner fröhlichsten Werke. Eine Woche später war es im Entwurf fertig: »Ich glaube, ihm eine gute Zukunft voraussagen zu können. Dank der herrlichen [italienischen] Themen, deren ich glücklicherweise habhaft werden konnte (teils aus Sammlungen, teils aus dem, was ich auf der Straße hörte), wird es gewiß seine

Wirkung haben.«[11] Die Fanfare vom Anfang beispielsweise geht zurück auf ein Hornsignal, das Tschaikowsky allabendlich aus einer nahe gelegenen Kavalleriekaserne hörte.

Im Mai 1880 schloß Tschaikowsky in Kamenka die Instrumentation ab; Nikolaj Rubinstein dirigierte noch gegen Jahresende die Uraufführung in Moskau, die ein überaus großer Erfolg wurde. Die Kritiker lobten das Stück in den höchsten Tönen (was seitdem jedoch nicht immer der Fall war). Noch überraschender ist, daß man Tschaikowsky eine »Verwestlichung« und einen »Kosmopolitismus« vorwarf. Wohl hatte er italienische Melodien aufgegriffen, aber die Methoden, nach denen er die Melodien verarbeitete und immer wieder ineinander hineinspielen ließ, stehen durchaus in russischer Tradition – der Tradition der spanischen Stücke von Glinka, wie Tschaikowsky schon vorab so richtig feststellte. Formal steht das *Capriccio italien* Glinkas *Nacht in Madrid* sehr nahe – Balakirew hatte diese Form Tschaikowsky mehr als zehn Jahre zuvor

Das Haus der Dawydows, der Familie von Tschaikowskys Schwester Sascha, in Kamenka

als Vorbild empfohlen, weil man daran studieren könne, wie »Teile meisterhaft zusammengefügt werden« könnten (siehe oben S. 53). Darüber hinaus bezog allerdings Rimsky-Korsakow seine Anregungen für sein *Spanisches Capriccio* (1887) nicht nur von Glinka, sondern gerade auch von Tschaikowsky – eines dieser drei brillanten Orchesterstücke ist übrigens die berühmte *Scheherazade;* Tschaikowskys funkelnde Orchestertechnik im *Capriccio italien* war ihm ein Vorbild. Und schließlich lassen sich die spanischen Themen Glinkas und Rimsky-Korsakows ebenso wie die italienischen Tschaikowskys kaum anders verarbeiten, als es in den entsprechenden Werken geschah. Kurz, die Werke dieser drei Komponisten stehen hier in derselben Tradition. Keines von ihnen ist auch nur irgendwo »kosmopolitisch«. Die russische Musik hatte in ihre Tradition die Volksmusik aus dem weiten, in sich heterogenen Zarenreich aufnehmen können – warum sollte dies nun mit spanischen oder italienischen Volksliedern nicht ebenso möglich sein? Balakirew etwa benutzte in seiner *Tschechischen Ouvertüre* tschechische Themen und spielte sogar mit dem Gedanken, eine Symphonische Dichtung über griechische Melodien zu schreiben.

Ein weiteres großartiges Werk, das Tschaikowsky in jener Zeit »aus innerem Antrieb«, wie er Anatol erläuterte, schrieb, war als Symphonie oder Streichquartett begonnen worden[12], wurde aber schließlich eine »Serenade für Streichorchester« – »je größer das Streichorchester, desto besser«, schrieb Tschaikowsky. Von Anfang an war die *Streicherserenade* ein wahrer Publikumsliebling. Ihre Erstaufführung erlebte sie unter Naprawniks Leitung; Anton Rubinstein wählte sie dann für eines der Konzerte aus, die im Rahmen der Moskauer Kunst- und Industrieausstellung im Sommer 1882 stattfinden sollten. Am 31. Mai/12. Juni, dem Tag nach jener ersten Aufführung, schrieb Jürgenson an Tschaikowsky: »Bei der ersten Probe sagte Jupiter [= Anton Rubinstein] zu mir: ›Ich glaube, das ist Tschaikowskys bestes Stück.‹ Vor den Ohren anderer lobte er es etwa ähnlich überschwenglich. In der Generalprobe

Anton Rubinstein

bemerkte er: ›Sie können sich gratulieren, dies Stück in Ihrem Verlag zu haben.‹ Das Publikum und die Musiker, sie alle haben das Stück in ihr Herz geschlossen.«[13] Nun also hatte Anton Rubinstein endlich ein Werk seines früheren Schülers gefunden, das er mit ganzem Herzen gutheißen konnte.

Max Unger schrieb 1926: »Die Serenade für Streichorchester bekundet den Einfluß, den die deutsche Klassik und Romantik auf Tschaikowsky ausübten, in höherem Grade als seine meisten anderen Orchesterwerke. Zumal beim Vortrag des ersten Satzes mit der gewichtigen Schrittes auftretenden Einleitung, dem Schumannschen Hauch atmenden ersten und dem altväterischen zweiten Thema würde einer, der über den

Tondichter im unklaren wäre, vielmehr auf einen archaisierend eingestellten deutschen Romantiker denn auf den russischen Meister schließen wollen. Eher schon läßt der zweite Satz an ihn denken: Dieser Walzer, der über die Art eines Johann Strauß französisches Parfüm gießt, hat in Tschaikowskys Schaffen eine ganze Reihe Gegenstücke.«[14]

Man wird diesen Worten kaum Recht geben können. Die Einflüsse Schumanns sind für Tschaikowskys Musik überaus wichtig gewesen, nicht nur in der Streicherserenade; aber nicht das zweite, sondern ein anderes Thema, das ziemlich häufig im Stück anklingt, ist als »altväterisch« zu bezeichnen. Allgemein ist der Unterschied, der zwischen der Adaption archaischer Formen und Themen einerseits und archaisierenden Volksliedern andererseits besteht, sei es in der Instrumental- oder Opernmusik, nur sehr gering. In jedem Fall paßte Tschaikowsky beides derart fugenlos in seine Werke ein, daß daraus vollends ein Teil seines persönlichen Stils werden konnte – eines Stils, der uns ebenso unmißverständlich aus der Streicherserenade wie aus den beiden letzten Symphonien, trotz aller Unterschiede zwischen diesen Werken, hervortritt. Darüber hinaus trägt der Hauptteil des Allegro-con-spirito-Finales in der Streicherserenade ähnliche Züge wie das Finale der Zweiten Symphonie. Beiden liegen kurze, wiederholungsreiche Volkslieder zugrunde, beide haben ein freies zweites Thema, das als musikalischer Hintergrund figuriert, beide sind in derselben Weise ausgearbeitet wie Glinkas *Kamarinskaja*. Dazu noch kann man in dem russischen Volkslied aus dem Finale der Streicherserenade die Grundlage für das ganze Werk sehen, weil sich dies Lied nur von einer einfachen, abwärts schreitenden Tonleiterfolge herleitet; daß auch die breite, starke »marcatissimo«-Leiter abwärts in der Introduktion zum ersten Satz auf dem Volkslied des Finales wurzelt, ist deutlich zu erkennen, zum Beispiel gegen Schluß des Finales, wo beide Themenformen einander gegenübergestellt sind. Wir haben bereits gesehen, daß Tschaikowsky zu behaupten pflegte, ein Komponist, der sich stilistisch im Griff habe, könne auch aus einem gebrochenen Dreiklang ein anständiges Thema gewinnen. Hier zeigt er nun, daß einfachste Tonleiterbruchstücke ebenfalls Themen abgeben können. Andere Themen in der Streicherserenade, die ebenso feinsinnig aus abwärtsgerichteten Tonleiterausschnitten gewonnen wurden, sind das »altväterische« zweite Thema des ersten Satzes und das zweite Thema des – allerdings ganz und gar nicht Straußischen – Walzers. Im Gegensatz dazu sind die Einleitung des ersten Themas im Walzer und die bedeutenden Eröffnungstakte des dritten Satzes (»Elegie«) aus steigender Tonleiterthematik aufgebaut. »Nur Talent zählt..., und nur es ermöglicht, herrliche Musik aus dem Nichts zu schaffen« – gerade das hat Tschaikowsky hier fertiggebracht.

Einer der interessantesten Aspekte der Streicherserenade ist die Streichertechnik, auf die Tschaikowsky hier zurückgreift. Er beweist hier in seinem Stil technischen Mut und technisches Verständnis, wie es nicht einmal der Hexenmeister des vollen Orchesters, Rimsky-Korsakow, an den Tag legen konnte, wenn er für Streicher allein komponierte; nur Borodin kam Tschaikowsky hierin nahe. Klangfülle (z. B. in der Elegie, Takt 43) erreichte Tschaikowsky in der Streicherserenade auf großartige Weise mit Doppelgriffen und ähnlichen Mitteln. Doch noch bemerkenswerter ist die Zurückhaltung, wenn Tschaikowsky hier zwei- oder dreistimmig komponierte – mit entsprechend zartfühlenden Stimmverdoppelungen – wie zum Beispiel dort, wo im Walzer das erste Thema wiederkehrt[15]. Wie anders arbeitete Tschaikowsky im langsamen Satz der Fünften Symphonie (»Andante mosso«, Takt 142) mit hysterischen Oktavierungen in den Streichern, begleitet von entsprechend lautstark akzentuiertem Blech, wobei aus dem »fff con anima« allmählich »con desiderio e passione« (»mit Drängen und Leidenschaft«), »con tutta forza« (»mit aller Kraft«) und schließlich »ffff« wird. Solche Mehrfach-Fortissimo-Oktavverdoppelungen und die sie umgebenden Figuren und Akkordstöße aus den Reihen der Holz- und Blechbläser sind der eine Tschaikowsky; der andere tritt uns in der Streicherserenade entgegen: in zurückhaltenden Stimmverdoppelungen und in schlichter Anlage des Werks. Tschaikowsky verfügte so über eine zweite Palette von musikalischen Gefühlsäußerungen, neben dröhnendem Triumph und ungebändigter Verzweiflung, die er in anderen Lebensabschnitten so unmittelbar musikalisch darstellte. In diesem Gefühlsreichtum aber vor allem lag wohl der Grund dafür, daß Anton Rubinstein, die Inkarnation musikalischen Feinsinns und Bildung, das Stück so positiv bewertete.

Zwar waren auch andere Werke, die Tschaikowsky zwischen 1878 und 1885 komponierte, zumindest Teilerfolge; doch nur im *Capriccio italien* und in der Streicherserenade brachte er wahre Meisterwerke zustande. Ihnen stehen Gelegenheitskompositionen gegenüber, die als Auftragswerke entstanden und vergleichweise eintönig und schwach erscheinen – in ihrem Inhalt, manchmal auch in ihrem Umfang. Im Falle der Ouvertüre *1812*, zur selben Zeit wie die Streicherserenade geschrieben, mag es genügen, Tschaikowsky selbst zu zitieren: »Die Ouvertüre wird sehr laut und geräuschvoll sein; ich habe sie jedoch ohne jede Neigung und Lust geschrieben, so daß in ihr wohl keine künstlerischen Werte liegen.«[16] Unter den zahlreichen Auftragswerken ist ein Marsch, dazu eine Kantate mit dem Titel »Moskau«, komponiert für die Krönung Alexanders III. (1883) – eine Verbindung vom *Slawsja* aus Glinkas *Leben für den Zaren* in vereinfachter Fassung mit der damaligen russischen Nationalhymne. Alexander ließ verlauten, daß er gerne auch Kirchenmusikwerke von Tschaikowsky hätte. Dieser schrieb daraufhin *Drei Cherubinische Hymnen* (1884) sowie den *Hymnus auf St. Cyrill und St. Methodius* und *Sechs Kirchengesänge* für vierstimmigen Chor (1885). Ein weiterer Kirchenmusik-Versuch Tschaikowskys – im Auftrag von Jürgenson – war Edition und Arrangement der Kirchenmusik von Bortnyansky (1881) gewesen; Tschaikowsky erklärte offen, Bortnyanskys Musik ekele ihn an. Ein geistliches Werk, das er dagegen gerne schrieb, war die *Liturgie des Heiligen Johann Chrysostomos* (1878). Tschaikowsky hatte eine klare Abneigung gegenüber religiösem Dogma, doch ihn faszinierte die orthodoxe Liturgie. Seine Bearbeitung ist sehr einfach, die Melodie wird meist nur akkordisch begleitet. Damit genügte er den strengen Vorschriften der russisch-orthodoxen Geistlichkeit, die er nur zu gut zu beherzigen wußte. Daß nun jedoch Kirchengesänge in einem öffentlichen Konzert musiziert wurden, sah man bereits mit Argwohn, weil liturgische Musik ausschließlich in eine Kirche gehöre. Tschaikowsky war von dieser schroffen Erklärung tief verletzt, denn er hatte das Stück mit echter innerer Anteilnahme geschrieben.

Viele Stücke entstanden jedoch aus eigenem Antrieb. An Frau von Meck schrieb Tschaikowsky am 24. Juni/6. Juli 1878: »Ich glaube, es ist die Pflicht des Künstlers, nie aufzugeben, denn Trägheit ist ein nur allzu menschlicher Charakterzug. Nichts Schlimmeres kann einem Künstler widerfahren, als daß er ihr verfällt. Er sollte auch nicht darauf warten, daß ihn Inspiration anfliegt. Sie gehört nicht zu den Besuchern, die unaufgefordert zum Faulenzer kommen, sondern gibt sich nur denen hin, die sie rufen.«[17] Für die G-Dur-Klaviersonate war sie jedoch vergeblich gerufen worden: An ihrer Stelle nahm das Violinkonzert Tschaikowsky im März 1878 völlig gefangen, und erst im Sommer (am 26. Juli/7. August) war die Sonate fertiggeschrieben. Man stellt jedoch fest, daß sich die Inspiration, bevor Tschaikowsky die Arbeit an der Sonate wieder aufgenommen hatte, aus dem Staube gemacht haben muß. Tschaikowsky selbst gab sich über dieses Werk keinen Illusionen hin. Im Brief vom 29. Oktober/10. November 1879 berichtete er Frau von Meck, Nikolaj Rubinstein habe »dies zu trocken geratene und komplizierte Stück« großartig gespielt[18]. »Inspiriert« von Rubinsteins Interpretation der Sonate und mit den Gedanken an das Erste Klavierkonzert im Herzen, das Rubinstein ja zunächst abgelehnt hatte, ging Tschaikowsky an einem zweiten Klavierkonzert energisch an die Arbeit. Er begann es einzig in der Absicht, etwas gegen seine Langeweile zu tun, die ihn unverändert immer wieder übermannte[19]. Doch wiederum wich Tschaikowsky vom eingeschlagenen Weg ab: Kaum war das Klavierkonzert im Entwurf fertig, da kam die wahre Inspiration derart über ihn, daß er zunächst das *Capriccio italien* komponierte; erst am 28. April/10. Mai 1880 war die Instrumentation des Konzerts ausgeführt. Es wurde Nikolaj Rubinstein gewidmet; dieser war sorgsam darauf bedacht, nicht wieder durch ein vorschnelles Urteil die Gefühle des Komponisten so schwer zu verletzen, konnte sich aber nicht enthalten, auf den nur beiläufigen Charakter des Klavierparts hinzuweisen. Wegen Rubinsteins unglücklich frühem Tod mußte die Uraufführung hinausgeschoben werden; schließlich konnte Tanejew den Klavierpart übernehmen.

Anton Rubinstein war der Dirigent der Uraufführung des Zweiten Klavierkonzerts; sie fand in derselben Konzertserie statt, in der er zuvor die Streicherserenade dirigiert hatte. Seine Begeisterung über dieses Stück ließ sich allerdings – zu Recht – nicht auch auf das Klavierkonzert übertragen. Der erste Satz ist aller Konvention entgegen zu lang, das Andante schwerfällig, farblos und fast ein Tripelkonzert wegen seiner zahlreichen Abschnitte für Solovioline und Solocello; auch das Finale mit seinem an Schumann erinnernden ♪♩♪♩ -Rhythmus im zweiten Thema (auf der Mollparallele) enthält nichts Außergewöhnliches. Mit all diesem wird im ganzen Konzert auf weite Strecken nicht mehr erreicht, als daß die komplizierten Themen aufgebauscht werden und das ganze Stück nur langweilig ausgeschmückt erscheint. Keine Melodie ließe sich in irgendeiner Hinsicht vergleichen mit den vollblütigen Themen des Ersten Klavierkonzerts; es wäre unsinnig, behaupten zu wollen, die Reichtümer des früheren Konzerts seien im späteren noch übertroffen worden. Natürlich kann man über die Gründe spekulieren – vor allem weil auch Tschaikowskys kleinere Klavierwerke, nicht nur aus dieser Zeit (wie die 24 Kinderstücke, die Sechs Stücke op. 51 und das *Impromptu-Capriccio*), gleichermaßen zweitklassig sind. Vielleicht liegt eine Antwort darin, daß Tschaikowsky sich nicht vom Klavier als Instrument inspirieren lassen konnte – bei

Berlioz war das nicht wesentlich anders. Dagegen hat man die Ursachen für den Erfolg des Ersten Klavierkonzerts darin zu suchen, daß es nicht etwa vom Klavier her konzipiert, sondern in den Sprachformen des Orchesters gedacht ist; alle Themen sind in ihrer Orchestergestalt entworfen worden (Tschaikowsky berichtete Frau von Meck, daß er beim Komponieren immer an die instrumentalen Farben denke!), und das Klavier, auch wenn es ein Thema selbst vorstellt, trägt dann nur ein – allerdings erstklassiges – Arrangement einer orchestralen Konzeption vor. Zum Beispiel werden alle Themen des herrlichen zweiten Satzes vom Orchester eingeführt, und zwar in höchst eigenwilliger, mitreißender Instrumentierung; sogar die merkwürdige, kleine französische Melodie im Prestissimo bleibt den Streichern vorbehalten, während das Klavier lebendige Begleitfiguren spielt. Nach Rubinsteins kritischen Bemerkungen über den Klavierpart des Ersten Klavierkonzerts war es jedoch selbstverständlich, daß Tschaikowsky sich im Zweiten ernsthaft darum zu bemühen hatte, in der Sprache des Klaviers zu komponieren statt in der des Orchesters; vielleicht also ist das zumindest teilweise der Grund für die Minderwertigkeit dieses späteren Werkes.

Tschaikowskys nächste Komposition für Klavier und Orchester war die Konzertfantasie G-Dur op. 56 (1884). Mit diesem Werk lassen sich die obigen Überlegungen noch weiter stützen. Das lebhafte, volkstümliche erste Thema im einleitenden »Quasi rondo« ist von den Holzbläsern her entwickelt; das zweite Thema, vom Klavier zuerst angesprochen, klingt in der Instrumentierung für Streicher in Oktaven ein paar Takte später wesentlich passender. Genau dasselbe läßt sich vom ersten Thema des zweiten, abschließenden Satzes sagen: Langsam und in g-Moll, wird es zwar zunächst vom Klavier in einem wohl geglückten Arrangement dargeboten, hat aber in seiner Streicherfassung viel eher den Charakter einer Originalfassung. Daß es dort Tschaikowskys ursprüngliche Absichten wiedergibt, wird daraus deutlich, daß Tschaikowsky diesen Satz ursprünglich seiner etwa gleichzeitig entstandenen

Dritten Orchestersuite voranstellen wollte. Der Satz trägt den Titel »Gegensätze«; dementsprechend ist das zweite Thema nach der Art eines schnellen russischen Tanzes gestaltet, wie man ihn in der Hofszene des dritten Aktes von *Wakula der Schmied* findet – also ein Gegensatz zum ersten Thema. Diesen Liebling Tschaikowskys unter seinen Opern revidierte er 1884; jenes zweite Thema bewegt sich also genau im Rahmen des Typs »Bellini mit einem russischen Akzent«, den man auch im *Wakula* findet. Dies »Tanzthema«, in Dur, wird später genial kombiniert mit dem langsamen Moll-Thema, das nunmehr, um beide Themen einander näherzubringen, ebenfalls in Dur erscheint. Obwohl durch diesen Wechsel von Moll nach Dur das erste Thema fast banal klingt, muß man insgesamt doch feststellen, daß die musikalische Gewandtheit und der Charme dieses Satzes dessen Mängel mit Leichtigkeit aufwiegen. Dasselbe gilt auch für den dreiteiligen ersten Satz. In ihm steht zwischen Exposition und Reprise der Sonatenform ein langer Klavierabschnitt über neu eingeführtes Material; obwohl dieses kadenzartige Material vielleicht als rhetorische Floskel erscheint, ist es doch kaum möglich, die Musik für Klavier und Orchester aus dem späten 19. Jahrhundert in ihren unterschiedlichen Strömungen ganz zu erfassen, ohne auf ähnliche Abschnitte zu stoßen. Trotz aller Schwächen verdient also diese zweisätzige »Suite« für Orchester und obligates Klavier nicht, in tiefe Vergessenheit geraten zu sein. Anders als im Zweiten Klavierkonzert muß man die Schönheiten der Konzertfantasie nicht erst unter Haufen von Plüsch zusammensuchen.

Als Tschaikowsky 1878 *Eugen Onegin* fertiggeschrieben hatte, war er zu der Überzeugung gelangt, diese Ansammlung lyrischer Szenen könne nie ein Bühnenerfolg werden. Tatsächlich machte die Oper keinen übermäßig großen Eindruck auf ihr Publikum, weder in der Studentenaufführung im März 1879 am Moskauer Konservatorium noch in der »echten« Uraufführung im Januar 1881 am Bolschoi-Theater in Moskau. Erst nachdem sie im Januar 1884 an der Petersburger

Hofoper zur Aufführung gekommen war, brach ihr unaufhaltsamer Erfolgsweg an. Inzwischen allerdings hatte Tschaikowsky zwei weitere Opern geschrieben, in der Absicht, beim Publikum allgemein positive Aufnahme zu finden.

Der ersten dieser Opern liegt Schillers »Jungfrau von Orleans« in Schukowskys Übersetzung zugrunde; die Einrichtung des Textes besorgte Tschaikowsky selbst. Wiederum konnte er Sympathie entwickeln für die weibliche Hauptrolle der Oper, die Johanna – wie seinerzeit für Tatjana; zweifellos hoffte er aber in erster Linie, eine Oper in der Meyerbeer-Tradition der Pariser Opéra zu schreiben, mit großen Massenszenen, Krönungszeremonie und ähnlichem. Doch nicht nur Meyerbeer, sondern auch dessen Nachfolger Charles Gounod, dessen Partituren Tschaikowsky erst kurz zuvor studiert hatte, stand Pate, besonders für die sentimentaleren Partien. Von größter Wichtigkeit ist, daß Tschaikowsky nach eigener Aussage fest entschlossen war, sich in dieser Oper vom Russischen zu lösen – was sich jedoch nur in Farblosigkeit äußerte. Fast völlig vermißt man das Subjektive, das fundamental notwendig war, wenn Tschaikowsky überzeugend komponieren wollte. Seine Identifizierung mit Johanna ließ ihn nur den Kern der Oper fühlen, nämlich Johannas Erzählung und die Erkennungsszene im zweiten Teil des zweiten Akts, die beide – wie die Briefszene im *Onegin* – vorab komponiert wurden, noch bevor sogar das Libretto fertig war. Andere erwähnenswerte Passagen sind der Chor der Dorfjungfrauen zu Anfang des ersten Akts, der an Glinka (nur in dessen blutärmeren Passagen) erinnert, sowie gegen Ende Johannas Arie, mit der sie Abschied von ihrem Dorf nimmt, im zweiten Akt die Tänze und das Gounod nachempfundene Arioso der Agnes sowie im Finale des dritten Aktes das Arioso des Königs, in dem der echte Tschaikowsky durchklingt. Die Darstellung der mittelalterlichen französischen Adligen und Bauern ist jedoch zu schematisch. Entgegen Tschaikowskys Hoffnungen war diese Oper von Anfang an ein Mißerfolg, wenn auch das Premierenpublikum am 13./25. Februar 1882 Tschaikowsky persönlich auf die Bühne rief. Doch eines erreichte Tschaikowsky, das er beim Komponieren der Oper sicher im Auge gehabt hatte: Es war seine erste Oper, die außerhalb der Grenzen Rußlands gespielt wurde. Nicht in Paris, sondern in Prag wurde sie aufgeführt – in einer tschechischen Übersetzung; die Erstaufführung fand am 16./28. Juli 1882 statt. Obwohl die Tschechen aus politischen Gründen damals so pro-russisch eingestellt waren, daß man ihre Haltung fast als hysterisch bezeichnen könnte, wurde die Oper bald wieder abgesetzt.

Weiter im Bemühen um einen Kassenerfolg verzichtete Tschaikowsky in der nächsten Oper darauf, wieder mit dem russischen Element zu brechen, denn er wußte, daß es ein unumgängliches Charakteristikum seiner Oper zu sein hatte. Schon im Frühjahr 1878 hatte er an Frau von Meck geschrieben, er sei seit seiner frühesten Kindheit auf dem Lande ganz erfüllt von den Schönheiten des russischen Volkslieds: »Ich bin russisch im umfassendsten Sinn des Wortes.«[20] Im Einbau ukrainischer und russischer volkstümlicher Melodien hatte es Tschaikowsky in seinem *Wakula* zu wahrer Meisterschaft gebracht; nun bot sich in *Mazeppa*, Anfang Juni 1882 begonnen, wiederum ein weites Feld für die Verarbeitung des Liedgutes, zum Beispiel in den Volkschören oder dem »Hopak« im ersten Akt. Jedoch erscheint das Volkstümliche in den Gesamtrahmen der Oper kaum befriedigend eingebaut. Die Szene zwischen der Heroine Maria und dem Bösewicht Mazeppa, mit der Tschaikowsky seine Arbeit an der Oper begann, hält einem Vergleich mit der Briefszene in *Onegin* nicht stand, obwohl sie beide für die Entwicklung der jeweiligen Oper gleichermaßen entscheidend sind. Auch schöpfte Tschaikowsky den Gehalt des Librettos (von W. P. Burenin nach Puschkins »Poltawa«) nur beiläufig aus. Die Darstellung des ukrainischen Separatisten Mazeppa hätte furchterregend sein müssen. Mazeppa ist ein Mann, der gleichzeitig zärtlich von seiner (beantworteten!) Liebe zu Maria singen und den Vater seiner Geliebten foltern und töten kann, um selbst daraus Erfolg zu schlagen. Während seine Folterknechte in aller Grausamkeit im Kerker wüten, singt er von den Schönheiten des ukrainischen Sternhimmels. Mussorgsky hätte zu derartigen Szenen makellose Musik geschrieben, so daß *Mazeppa* nicht einmal hinter *Boris Godunow* zurückgeblieben wäre. Doch Tschaikowsky konnte sich mit der Rolle des Mazeppa nicht identifizieren, so daß seiner Oper die dramatische Aufrichtigkeit fehlt – trotz aller musikalischer Präzisionsarbeit und einigen starken Momenten. Mit Maria, die ihren Geliebten erst in der Szene in rechtem Licht sieht, in der ihr Vater getötet wird, hätte Tschaikowsky wohl leidenschaftlicher empfinden können; sie stürzt auf der Bühne nieder, als das Beil (und mit ihm der Vorhang nach dem zweiten Akt) fällt. Doch sie hat eine nur zweitklassige, negativ gefärbte Rolle. Erst als sie sich selbst vergißt, kommt Leben in sie (nach dem Sieg Peters des Großen in der Schlacht von Poltawa); sie singt ein Schlummerlied für Andrej, den Liebhaber aus ihren Kindertagen, der nach einer Schußverwundung, die ihm Mazeppa beigebracht hat, im Sterben liegt. Mit diesem ergreifenden Des-Dur-Lied schließt die Oper. Ein derartiger dramatischer Geniestreich hätte die Oper aus der Zone des Mittelmäßigen reißen können, wenn er im Inneren des Dramas Entsprechungen gefunden hätte.

Außerdem fällt in die Zeit dieser sieben Jahre zwischen 1878 und 1885 die Komposition der drei Orchestersuiten (geschrieben zwischen 1878 und 1884). Die einzigartige Gelegenheit, die drei Suiten unmittelbar hintereinander zu hören, bietet nur die Schallplatte; unweigerlich entsteht dabei der Eindruck, den in gleicher Weise schon vor Zeiten auch Konzertpublikum und Dirigenten (mit ihnen sicher zahlreiche andere Musiker!) gewonnen haben, daß der beste Satz in der dritten Suite zu finden ist, in ihrem Schlußsatz: Thema mit Variationen. Hier führte Tschaikowsky zur Vollendung, was er so häufig in diesen Suiten zu erreichen versuchte, häufiger als ihm damit Erfolg beschieden war. Nicht aber nur die Suiten, sondern all die Musik, die Tschaikowsky zwischen 1878 und 1885 schrieb und die sich dazu noch qualitativ über sein übriges Werk erhebt, ist warm empfunden, ansprechend und entspannt. Doch sie enthält keine Anzeichen, daß in ihr tiefere Gefühlsregungen ihres Schöpfers vergraben wären wie in der Vierten Symphonie oder später in Tschaikowskys letzten Werken. Von der völligen Hingabe, wie sie sich überall in der Partitur des *Eugen Onegin* spiegelt, findet sich hier keine Spur. Das heißt nicht, Tschaikowsky habe nicht stets mit sich darum gerungen, sich wiederum ganz zu involvieren, doch nach den geistigen Ausbrüchen um die Mitte der siebziger Jahre ließ sich die Rückgewinnung des nötigen Selbstvertrauens nicht beschleunigen. Auch die Lieder op. 47, 1878 komponiert, in der diese Beteiligung des Komponisten zum Greifen nahe erscheint, sind nur ein schwacher Abglanz dessen, was Tschaikowsky in *Eugen Onegin* geleistet hatte, wenn auch Stücke wie *Wenn ich nur wüßte* bei oberflächlicher Betrachtung sich dem *Onegin* an die Seite stellen lassen könnten. Dagegen ist die spätere Liedersammlung (op. 57) eintönig und armselig. Auch die Violinstücke *Souvenir d'un lieu cher* sind nicht wesentlich besser; in ihnen fand übrigens auch das ursprüngliche Andante aus dem Violinkonzert, das einem neuen Satz weichen mußte, einen Platz. An Frau von Meck schrieb Tschaikowsky, es sei »gelegentlich ermüdend« gewesen, an diesen Stücken weiterzuarbeiten[21].

Von 1880 an versuchte Tschaikowsky, eine neue Symphonie zu schreiben; seine Tagebücher von 1884 berichten, um wieviel stärker mit der Zeit dieser Wunsch in ihm noch wurde. Am 16./28. April schrieb er aus Kamenka: »Ich versuche, den Boden für eine neue Symphonie zu bereiten... Wie ich aber im Garten herumging, merkte ich, daß es keine Symphonie, sondern eine Suite war, die ich in meinem Herzen bewegte.«[22] Während der Zeit, in der sich die Komponierarbeit an der Dritten Suite hinzog, finden sich viele Bemerkungen über den dreizehnjährigen Neffen Wladimir, genannt Bob, in Tschaikowskys Tagebuch, zum Beispiel: »Was für ein Schatz Bob ist!« – »Mein liebes, unvergleichliches und begeisterndes Idol Bob!«[23] Tschaikowskys Liebe zu seinem Neffen verwickelte ihn damals noch nicht in die fürchterlichen Vorwürfe gegen sich, aus denen heraus die Sechste Symphonie, das gewaltige, verzweiflungsvolle, Bob gewidmete Werk mindestens zu einem Teil zu erklären ist.

Wenn irgendetwas Tschaikowsky in den frühen 1880er Jahren tief bewegt hat, so war das der tragische Tod Nikolaj Rubinsteins 1881 in Paris. Rubinstein zum Gedenken schrieb er ein zweisätzige Klaviertrio – mit dem er auch einem Wunsch Frau von Mecks entsprechen konnte, die ihn schon länger um ein Stück für ihr privates Klaviertrio gebeten hatte. Edwin Evans ging jedoch zu weit, als er schrieb, der erste Satz (»Pezzo elegiaco«) »bezwinge die Gefühle jedes Hörers« von der ersten bis zur letzten Note, und die »Zeichen der Aufrichtigkeit« seien »völlig überzeugend«[24]. Aufrichtig betroffen war Tschaikowsky sicher von Rubinsteins Tod; dieser Eindruck brachte ihn dazu, sich zu realistischem Denken durchzuringen. Als er zu den Begräbnisfeierlichkeiten in Paris angekommen war, schrieb er an Modest: »Zu meiner Schande muß ich gestehen, daß ich nicht so sehr unter dem traurigen, unwiederbringlichen Verlust litt wie darunter, den toten Körper des armen Rubinstein sehen zu müssen.«[25]

Colin Masons Darstellung nimmt sich viel glaubwürdiger aus; er schrieb über das Trio, der erste Satz sei »ziemlich schwerfällig«[26] mit seiner unnötigen Dominanz des Klavierparts, die so dem Gleichgewicht des Werks schadet. Nur beim ersten Anhören ist Tschaikowskys Elegie überzeugend, ebenso der zweite Satz, der sich aus einer schier unendlichen Variationenreihe zusammensetzt. Mit dem Freund Rubinstein bringt man häufig ein naives Thema in Verbindung; es wird nur unbefriedigend verarbeitet. Jede Variation soll von einem Ereignis aus Rubinsteins Leben handeln; doch selbst in der gewaltigen letzten Variation ist die emotionale Beteiligung des Komponisten offensichlich mehr Schein als Sein. Trotz einiger Partiturseiten guter Musik ist die Wirkung dieses eher aufgeblähten Stückes Langeweile – ein Fehler, der sich auch bei Tschaikowsky nicht ganz entschuldigen läßt.

Neuntes Kapitel

NEUE SCHÖPFERISCHE KRÄFTE
1885–1888

In zweierlei Hinsicht war das Jahr 1885 bedeutungsvoll für Tschaikowsky. Erstens beschloß er, seinem Wanderdasein ein Ende zu setzen, und mietete sich in Maidanowo bei Klin ein Haus; von dort aus ließ sich Moskau leicht erreichen. Wenn er zu Hause war, richtete er sich nach einem streng durchorganisierten Tagesplan. Morgens von halb zehn bis um eins arbeitete er, abends wieder von fünf bis sieben. Die wichtigste schöpferische Arbeit lag jedoch zwischen diesen beiden Abschnitten: Auf seinen einsamen Spaziergängen am Nachmittag notierte er sich seine Gedanken. Balakirew hatte ihm als erster zu diesen schöpferischen Spaziergängen geraten, als Tschaikowsky *Romeo und Julia* zu komponieren begann; Tschaikowsky war fest davon überzeugt, daß sie ihn auf gute Gedanken bringen würden. Mit seinem Haus als Rückhalt konnte er sogar seine Menschenscheu so weit überwinden, daß er in die Welt hinauszog, um seine Werke zu dirigieren – nicht nur in Rußland, sondern auch in Westeuropa und in den Vereinigten Staaten. Der zweite Grund für die Bedeutsamkeit des Jahres 1885 war, daß sich Tschaikowsky nun nach siebenjähriger Pause wieder ernsthaft mit der Komposition einer Symphonie befaßte. Dies Werk befreite ihn aus der schöpferischen Erstarrung, in die er, ohne es zu wissen, geraten war, trotz der großen Zahl von Werken, die in jener siebenjährigen Pause entstanden waren.

Man ist vielleicht nicht einmal überrascht darüber, daß Balakirew, die eifrige, geschäftige, störende, aber dynamisch anziehende Persönlichkeit, bei dieser »Auferstehung« nachhalf. Balakirew nämlich hatte ja Tschaikowsky im Herbst 1869 während der Arbeit an *Romeo und Julia* trotz aller Bevormundung zu echtem Selbstvertrauen verholfen und so das schöpferische Feuer einer ersten Reifezeit in Gang gebracht, das in seiner Intensität bis in das Krisenjahr 1877 ständig weiter wuchs. Der Briefwechsel zwischen Tschaikowsky und Balakirew, der durch den Nervenzusammenbruch des letzteren und dessen Rückzug aus der Öffentlichkeit in den frühen 1870er Jahren zum Stillstand gekommen war, wurde nun neu

Mily Balakirew

belebt, als Tschaikowsky sich 1881 wegen einer Neuausgabe von *Romeo und Julia,* in dessen ursprünglicher Ausgabe keine Widmung gestanden hatte, an Balakirew wandte[1]. Erst nach einem Jahr beantwortete Balakirew den Brief; inzwischen hatte er eine Partitur von *Romeo und Julia* bekommen, auf deren Titelseite in großen Schriftzügen eine Widmung an ihn eingetragen war. Balakirew freute sich darüber, daß Tschaikowsky ihn nicht vergessen hatten, und sagte, er würde ihm gerne »ein Programm für eine Symphonie« geben, »das Sie prachtvoll ausführen könnten... Ihre Leitsterne – das sind Ihre beiden Symphonischen Dichtungen *Der Sturm* und *Francesca da Rimini,* vor allem die letztere.« Typisch Balakirew, was er hinzufügte: »Ich bin sicher, daß ich weiß, wo die Stärke Ihres Talents wirklich liegt.«[2] In einem weiteren Brief gab Balakirew das Programm wieder, das Stassow viele Jahre zuvor eigentlich für ihn selbst ausgearbeitet hatte; das Thema war Byrons »Manfred«. Balakirew ergänzte dies Programm mit eigenen Anmerkungen[3]. Tschaikowskys Antwort war nicht gerade begeistert, obwohl er zunächst Interesse zeigte; vor allem teilte er nicht Balakirews Ansichten über den *Sturm* und *Francesca*. Doch er schrieb einen schmeichlerischen Antwortbrief und verleugnete damit seine gehässigen Äußerungen über das »Mächtige Häuflein«, die er Ende 1877 in einem Brief an Frau von Meck niedergeschrieben hatte.

Erst als Tschaikowsky Balakirew im Oktober 1884 bei der *Onegin*-Premiere am Hoftheater in Petersburg getroffen hatte, konnte er sich ernstlich mit der Manfred-Idee anfreunden. Er ließ die Überredungskünste Balakirews auf sich wirken und rückte von seinen ursprünglichen Einwänden gegen das Projekt ab. Vor allem die Begeisterung für Schumanns *Manfred* und die daraus resultierende Unfähigkeit, sich selbst zu dem Stoff eine andere Musik vorzustellen als die Schumanns, waren die Hindernisse. Balakirew schickte Tschaikowsky eine neue, überarbeitete Fassung des Programms, in dem er schon Details ausgearbeitet hatte. Zum Beispiel nannte er bereits die Tonarten, die er für die Komposition empfehlen würde[4].

Tschaikowsky kaufte sich die Dichtung und reiste mit dem gerade noch rechtzeitig eingetroffenen Brief Balakirews in die Schweiz nach Davos – eigentlich weniger um die spezielle Stimmung der Alpen in seiner Komposition zu treffen als um Kotek noch einmal sehen zu können, der an Tuberkulose erkrankt war und dort im Sterben lag. Die Umgebung wäre die richtige gewesen, um mit der Arbeit an *Manfred* zu beginnen, auch die Stimmung, in der sich Tschaikowsky angesichts der schrecklichen Krankheit »Kotiks« befand; doch zunächst mußte er das Gedicht noch lesen und versicherte Balakirew brieflich von seiner Arbeitsbereitschaft. In Davos und Paris, wohin sich Tschaikowsky schließlich ziehen ließ, sowie im Februar und März 1885 in Maidanowo arbeitete er dagen an seiner Oper *Wakula der Schmied,* die er jetzt in *Tscherewitschki* umtaufte.

Wir haben die Oper bereits näher betrachtet. Tschaikowsky fügte nun jedoch in der herrlichen Radau-Szene bei Solocha die Arie des Schulmeisters, von Rezitativen umgeben, hinzu. Solochas Liebhaber treten einer nach dem anderen zu ihr. Sobald ein Klopfen die Ankunft des nächsten verrät, versteckt sich der vorige in einem Sack. Der Schulmeister singt von seinen leidenschaftlichen Empfindungen für Solocha zu einer Begleitung (Notenbeispiel 15a), die einer Passage aus Balakirews Musikalischem Gemälde *Tausend Jahre* (über das Volkslied *Es war nicht der Wind*) nahesteht (Notenbeispiel 15b) – in der Harmonik steht die Arie dem Abschnitt aus Balakirews *Tschechischer Ouvertüre* näher, der oben im Notenbeispiel 9a auf S. 98 zitiert wurde. Der kleine Spottgesang des Schulmeisters, mit dem die Szene fortgesetzt wird, ähnelt dem Volkslied, das Balakirew in *Tausend Jahre* zum zweiten Thema seines »Allegro moderato« gemacht hatte, in spritzigem ♫ -Rhythmus im ersten Takt und dem Stampfen im zweiten. Mit dem dramatischen Klopfen an der Tür geht Tschaikowsky zum Accompagnato-Rezitativ des Schulmeisters – entsetzt, er könne bei der leichtlebigen Solocha ertappt werden – über, das er mit Balakirewschen Harmonien würzt. Dies alles deutet

Notenbeispiel 15:
a) Tschaikowsky, »Tscherewitschki«,
Arie des Schulmeisters, Orchesterbegleitung
b) Balakirew, »Tausend Jahre«

unmißverständlich darauf hin, daß Tschaikowsky hier den »Schulmeister« Balakirew porträtiert hat.

Somit hatte sich Tschaikowsky also der Spitze entledigt, die er für Balakirew bereitgehalten hatte, und machte sich nun aus innerem Antrieb im April an die Komposition der *Manfred*-Symphonie; er zog sie dem Plan vor, eine Oper über Spaschinskys Drama »Die Zauberin« zu schreiben. Zu seiner Entscheidung für *Manfred* trug bei, daß er das von Spaschinsky vorbereitete Libretto noch nicht in Händen hatte. Wie bei den Vorbereitungen zur Vierten Symphonie führten auch hier die mannigfachen Probleme, zumal die einer Programmsymphonie größten Ausmaßes, zu Niedergeschlagenheit und Überspanntheit. Seit 1877 hatte Tschaikowsky diesen Druck der schöpferischen Arbeit nicht mehr gespürt. Im Brief vom 13./25. September konnte dann Balakirew begeistert lesen, daß Tschaikowsky den Wünschen entsprochen habe und *Manfred* fertig sei: »Natürlich weiß ich noch nicht, ob ich es Ihnen mit dieser Symphonie recht gemacht habe, aber glauben Sie mir, ich habe nie im Leben so schwer gearbeitet und meine Kräfte derart strapaziert.«[5] Als die Arbeiten abgeschlossen und die Noten gestochen waren, schrieb Tschaikowsky an Jürgenson: »Vielleicht sehe ich das nicht richtig – aber mir scheint, es ist mein bestes Werk.«[6]

Fast aufs Wort genau findet sich dieselbe Bemerkung in einem Brief an Frau von Meck, den Tschaikowsky ihr nach der Uraufführung schrieb; sie hatte am 11./23. März 1886 in einem Konzert der Russischen Musikgesellschaft in Moskau stattgefunden[7]. Bis September 1888 hatte Tschaikowsky seine Meinung jedoch vollkommen geändert: Er teilte dem Großfürsten Konstantin mit, das Stück sei »abscheulich«[8]. Doch damals hatte er bereits die Fünfte Symphonie komponiert, die, da ihre Komposition erst kurz zurücklag, das Vorgängerwerk in den Augen ihres Schöpfers überstrahlte. Als jedoch die Fünfte in der Kritik keine Anerkennung fand, schmähte Tschaikowsky sie ebenso wie ein Vierteljahr zuvor die *Manfred*-Symphonie. Frau von Meck schrieb er, es sei etwas Abstoßendes in ihr, etwas Grelles, Unehrliches und Künstliches. Er fügte eine Bemerkung an, die der »geliebten Freundin« zweifellos gefiel: »Gestern abend sah ich die Vierte Symphonie durch, unsere! Was für ein Unterschied – um wieviel höher steht sie, wieviel besser ist sie!«[9] Vielleicht ist es ebenso das Vorrecht eines Komponisten wie das einer Frau, so schnell die Meinung ändern zu dürfen. Lob und Tadel an Tschaikowskys Werken darf man in seinen Briefen nicht überbewerten – sie müssen sorgfältig aus ihrem Zusammenhang heraus interpretiert werden. Immer muß man bedenken, daß er mit seiner Äußerung dem Adressaten gefallen wollte; er schrieb einmal sogar in sein Tagebuch, mit seinen Briefen setze er sich gelegentlich in Positur – die Briefe des Gefeierten seien nicht immer »ganz ehrlich«[10].

Balakirew hielt die *Manfred*-Symphonie für Tschaikowskys Meisterleistung schlechthin. Sicher war sie bis dahin Tschaikowskys beste Symphonie; hinter ihrem besser bekannten symphonischen Nachfolger muß sie nicht zurückstehen. Die Aufrichtigkeit dieses überzeugend subjektiven Werks ist überall greifbar, und der Verzicht auf überflüssiges Gepränge ist wohl darauf zurückzuführen, daß das Werk Balakirew gewidmet werden sollte, einem Mann mit gutem Geschmack und scharfem Urteil. Daher erklärt sich der wunderbar weiche Schluß mit den lang ausgehaltenen Holzbläserklängen und dem Streicher-Pizzicato, ähnlich dem Ende von Schumanns *Manfred*-Ouvertüre und Balakirews *Tausend Jahre*, aber ganz anders als die »unvermittelt ausgestoßenen« Akkorde am Ende von *Romeo und Julia*, die Balakirew nicht gefallen hatten. Weitere Einflüsse Schumanns und Balakirews können im dritten Satz, der Pastorale, festgestellt werden: im Umgang mit dem chromatisierten Dominantklang über einem Orgelpunkt der Tonika, mit dem die Komposition in die Mollparallele gelenkt wird (Notenbeispiel 16a). Dies gehörte zu den von Balakirew besonders geschätzten Ausdrucksmitteln; er hat es zum Beispiel im Mittelteil der Klavierfantasie *Islamey* verwendet. Auf der Suche nach einem Vorbild hierfür bei Schumann braucht man nur direkt in die *Manfred*-Ouvertüre zu schauen (Notenbeispiel 16b); Rimsky-Korsakow folgte hierin übrigens Tschaikowskys Vorbild am Anfang des dritten Satzes seiner *Scheherazade*.

Alle formalen Aspekte, um eine solche Programmsymphonie zu schreiben, hatte Tschaikowsky geistig vollständig durchdrungen, besonders auch darin, wie das Motto-Thema an den verschiedenen Stellen in immer neuem Kontext erklingt. In diesem Thema läßt sich, wie wir gesehen haben (vgl. Notenbeispiel 5b auf S. 69), eine der melodischen Hauptformeln Tschaikowskys erkennen, die sich aus einem Volkslied herleitet; hier nun wird es in so düsterem Zusammenhang verwendet wie nie zuvor. Der Bedrücktheit des ersten und letzten Satzes wird voller Phantasie im dritten die idyllische Pastoralszene und – vielleicht die Krönung des Werks – ein Scherzo entgegengestellt, dessen Feinsinnigkeit, verbunden

Notenbeispiel 16:
a) Tschaikowsky, »Manfred«-Symphonie, 3. Satz
b) Schumann, »Manfred«-Ouvertüre

mit dem Schwung, der die programmgemäße Alpenszenerie darstellt, Manfred im Regenbogen eines Wasserfalls erscheint. Rimsky-Korsakow, der mit höchster Sorgfalt die Orchestrierung dieses Satzes studierte, hat es nie zu derartigem Charme, den man technisch nicht in den Griff zu bekommen vermag, gebracht – oder zu so viel Wirkung, die sich trotz ihrer Vielfarbigkeit so wenig aufdrängt.

Manfred lag fertig da; nun ging Tschaikowsky an *Die Zauberin*. Binnen drei Wochen war der erste Akt komponiert; doch erst im Mai 1887 konnte Jürgensons Notenstecher seine Arbeit an dem Stück abschließen. Der erste Akt enthält nur wenig Handlung; Tschaikowsky konnte hier viel volkstümliche Musik unterbringen, besonders in der Szene, in deren Zentrum eine phantastische Arie der Hauptfigur Natasja (»Kuma« genannt, »die Klatschbase«) steht. Im weiteren Verlauf der Oper versuchte Tschaikowsky sich an einem Pseudorealismus, fast wie ein Zugtier, das für Opernerfolg bei den Massen sorgen soll. Doch Tschaikowsky scheiterte so kläglich wie immer, wenn er seine eigene Gefühlswelt beim Komponieren ausklammerte. Die Primadonna kritisierte nach Lektüre der Schauspielvorlage, ihre Rolle sei für eine weibliche Partie moralisch zu niedrig. Tschaikowsky beugte sich ihren Wünschen und milderte die rauhen Seiten der Kuma ein wenig; dabei kam jedoch eine Gestalt heraus, die der Carmen weniger ähnlich war, als Tschaikowsky es sich vorgestellt hatte – mit der er sich also nicht mehr identifizieren konnte. Von Anfang an war die Oper ein Mißerfolg. Tschaikowskys Stolz war verletzt, doch es war gerechtfertigt, die Oper abzulehnen.

Ende 1886 hatte Tschaikowsky zum ersten Mal seit fast zehn Jahren wieder genügend Mut gesammelt, um sich als Dirigent hervorzutun; er leitete die Proben – Tag für Tag eine seelische Höllenqual – für die Erstaufführung der *Tscherewitschki* am 19./31. Januar 1887. In den Rezensionen lobte man sein Dirigieren; er brachte es sogar über sich, noch eine zweite Aufführung zu leiten, obwohl er kurz zuvor erfahren hatte, daß Saschas Tochter Tatjana gestorben war[11]. Tatjana war drogenabhängig gewesen; 1883 hatte sie in Paris ein uneheliches Kind zur Welt gebracht, das später von Nikolaj adoptiert wurde.

Nach seinem erfolgreichen Comeback als Dirigent beschloß Tschaikowsky, in Petersburg ein Konzert nur mit eigenen Werken zu dirigieren. Über die erste Probe schrieb er am 28. Februar/12. März in sein Tagebuch: »Nervosität, Schrecken. Dann nichts. Ovationen der Künstler.«[12] Zum 3./15. März verzeichnete er, Balakirew sei »mit Anhang« bei der Probe gewesen. Tags darauf war Tschaikowsky zu einer musikalischen Soirée bei Balakirew. Das Konzert am 5. März war ein triumphaler Erfolg. Es war jedoch ein Affront, daß Tschaikowsky unmittelbar am Tage vor Balakirews Konzert zum 25jährigen Jubiläum der »Freien Schule für Musik« aus Petersburg abreiste. Tschaikowskys Entschuldigungsschreiben hat Balakirew unbeantwortet gelassen[13].

Im Herbst dirigierte Tschaikowsky die Premiere von *Die Zauberin*. Obwohl die Oper ein Mißerfolg war, wurde doch Tschaikowskys Dirigieren von Cui als »exzellent und erstklassig«[14] bezeichnet. Das erste Konzert, in dem Tschaikowsky dann nur eigene Orchesterwerke dirigierte, fand am 14./26. November in Moskau statt; es wurde so begeistert aufgenommen, daß es am Tag darauf komplett wiederholt werden mußte[15]. Gleichzeitig war das Konzert die Uraufführung einer Suite, die aus Bearbeitungen von kleineren Klavierwerken Mozarts und einer Umarbeitung von Liszts *Ave verum corpus*-Arrangement besteht. Diese Vierte Suite *(Mozartiana)* hatte Tschaikowsky während eines Ferienaufenthaltes bei Anatol geschrieben, der nun in der wunderbaren georgischen Stadt Tiflis im Kaukasus lebte – vom dortigen Zweig der Russischen Musikgesellschaft war Tschaikowsky im Jahr zuvor begeistert gefeiert worden. *Mozartiana* erlebte einen stürmischen Erfolg, so daß sich sogar andere russische Komponisten genötigt fühlten, ähnliche Pasticcio-Kompositionen zu produzieren, zum Beispiel Balakirew mit dessen Suite über Stücke von Chopin.

Brief an Francesco Berger,
den Sekretär der Royal Philharmonic Society, London,
7. 3. 1888

Einen Monat nach diesem Erfolg brach Tschaikowsky zu seiner ersten Dirigiertournee nach Westeuropa auf. Er besuchte zunächst Berlin und ging dann nach Leipzig, wo es zu einer berühmten Begegnung kam: Im Hause seines Landsmannes Brodsky traf er Brahms, dessen Person ihm erträglicher schien als dessen Musik, aber auch Ethel Smyth, die »wunderliche« englische Komponistin, und Edvard Grieg, mit dem er sich hervorragend verstand[16]. In Leipzig dirigierte Tschaikowsky seine Erste Suite; interessant ist, daß die Kritiker der Bach-Stadt die Fuge des ersten Satzes besonders lobend hervorhoben. Weiter ging es nach Hamburg, wo der schon betagte Leiter der Philharmonischen Gesellschaft, Avé-Lallement, Tschaikowsky wegen geräuschvoller Instrumentation und barbarischer Musikerausbildung (sicherlich gutgemeinte) Vorhaltungen machte. Über Berlin, wo ein weiteres Konzert auf dem Programm stand, und Leipzig reiste Tschaikowsky nach Prag. Dort traf er Dvořák, der ihm vom ersten Augenblick sympathisch war. Tschaikowskys Prager Konzerte boten Anlaß für prorussische Demonstrationen, doch Tschaikowsky hatte Mühe, sich mit diesen Ovationen zu identifizieren. Dafür war er besonders begeistert von dem »mächtigen Erfolg«, den der »glänzend inszenierte« zweite Akt von *Schwanensee* hatte[17].

Auch in Paris und London, wo prorussisches Gedankengut nicht derart im Vordergrund stand, fand Tschaikowskys Musik positives Echo. In Paris nahm der Komponist auch am gesellschaftlichen Leben teil; er traf unter anderem Gounod, Fauré, Massenet und den »exzellenten Organisten«[18] Widor. In London konnte Tschaikowsky dagegen seinen Pariser Erfolg nicht wiederholen; der Londoner Nebel machte ihm zu schaffen. Nur zu gerne reiste er aus London ab, um zu seinem Bruder nach Tiflis zu fahren, in das herrliche Klima des Kaukasus. Auf dem Heimweg nach Rußland machte er Station in Wien, wo er eine Aufführung von *Mikado* von Gilbert und Sullivan besuchte; er konnte bereits »zwei Drittel eines Aktes kaum aushalten«[19].

Zehntes Kapitel

VON DER FÜNFTEN SYMPHONIE ZU DORNRÖSCHEN
1888–1890

Aus Tiflis schrieb Tschaikowsky an Modest, er trage sich mit dem Gedanken, eine Oper über Puschkins »Pique-Dame« zu schreiben. Doch derzeit »bewege« ihn der Stoff noch nicht genügend. Im Laufe des Sommers allerdings »werde ich endgültig eine Symphonie schreiben«[1]. Als die Ferien in Tiflis zu Ende waren, ging Tschaikowsky nicht nach Maidanowo zurück, sondern zog nach Frolowskoje (zwischen Moskau und Klin). Sein neues, kleines Haus lag inmitten wunderbarer Wälder und hatte einen ansehnlichen Garten; in ihm arbeitete Tschaikowsky, wenn er gerade nicht an der Symphonie komponierte (wie er sagte). Dennoch vollendete Tschaikowsky zwischen dem 19./31. Mai und dem 22. Juni/4. Juli nicht nur das Particell der Fünften Symphonie, sondern auch das eines neuen programmatischen Werks, der Fantasie-Ouvertüre *Hamlet*. Mit der Orchestrierung beider Stücke beschäftigte er sich immer wieder, bis im Oktober zunächst *Hamlet* fertig war[2]. Auf seiner Konzerttournee hatte Tschaikowsky mehrmals mit Erfolg *Romeo und Julia* dirigiert; nun wollte er ein Partnerwerk komponieren, um es Grieg zu widmen. Doch es gab noch einen weiteren Grund, *Hamlet* gleichzeitig mit der Fünften Symphonie zu komponieren: Tschaikowsky wußte, daß Balakirew die Fünfte Symphonie nicht billigen würde, dagegen aber ein Werk, das *Romeo und Julia* ähnlich wäre. Als er in Petersburg ankam, um dort die Uraufführung des *Hamlet* selbst zu dirigieren, schickte er sofort eine Partitur an Balakirew (mit Brief vom 8./20. November 1888) und gab seiner Hoffnung Ausdruck, daß *Hamlet* Balakirew gefalle[3]. Ohne Zweifel hatte Tschaikowsky bei der *Hamlet*-Komposition immer wieder an die *Manfred*-Symphonie gedacht. Der Beweis dafür findet sich auf der ersten Seite seines Kompositionsautographs; dorthin schrieb Tschaikowsky: »Du mußt irgendetwas tun, damit der Anfang dem von *Manfred* nicht zu ähnlich wird.«[4] Doch die Ähnlichkeiten blieben unverkennbar[5].

In anderer Hinsicht knüpfte Tschaikowsky natürlich an *Romeo und Julia* an – so sehr, daß *Hamlet* deren Anlage, Form und inhaltliche Grundzüge fast stereotyp wiederholt. An den Rand der Partitur schrieb Balakirew dort, wo die üblicherweise als Liebesthema identifizierte Musik erklingt: »Hamlet macht Ophelia Komplimente und schenkt ihr ein Eis.«[6] Selbst wenn man diese furchtbare Marginalie als unfair bezeichnet, so läßt sich doch nicht abstreiten, daß das Thema im Vergleich mit dem aus *Romeo und Julia*, das Balakirew neunzehn Jahre vorher so gut gefallen hatte, weit abfällt; *Hamlet* ist nur eine schwache und nicht einmal einfallsreiche Wiederbelebung bereits abgegriffener Techniken.

In einem wichtigen formalen Punkt verdankt die Fünfte Symphonie ihren Erfolg den Erfahrungen, die Tschaikowsky mit der *Manfred*-Symphonie gesammelt hatte. Wir haben festgestellt, daß es Tschaikowsky – entgegen dem Programm, das er an Frau von Meck schickte – nicht gelang, das »Schicksalsmotiv« zum »Kern der ganzen Symphonie« zu machen. Über die programmatischen Hintergründe der Fünften Symphonie dachte Tschaikowsky offenbar kaum anders, wie aus folgender stichwortartiger Notiz hervorgeht: »Introduktion. Völlige Hingabe an das Schicksal oder, was aber an sich dasselbe ist, an die unerforschliche Prädestination durch die Vorsehung. Allegro (I) Murren, Zweifel, Klagen, Vorwürfe gegen +++. (II) Soll ich mich dem Glauben hingeben???«[7]

Mit Erfolg hatte sich Tschaikowsky bei der Arbeit an der *Manfred*-Symphonie Balakirews Rat zu Herzen genommen,

Notenbeispiel 17:
Fünfte Symphonie e-Moll, Hauptthema des 1. Satzes

Manfreds Thema als Leitmotiv in allen Sätzen anklingen zu lassen. Das Thema der »Vorsehung« in der Fünften Symphonie klingt nun nicht nur in allen Sätzen in angemessener Weise an, sondern zieht sich durch das ganze Werk hindurch, was die Wirkung noch steigert. Nichts von dem, was in der Vierten Symphonie uns entgegentritt, deutet darauf hin, daß sie auf dem Weg zu einer derartigen Meisterleistung liegt. Das Thema ist außerordentlich geschickt gestaltet. Im Grunde liegt ihm nur ein einfacher e-Moll-Akkord zugrunde (im Notenbeispiel 17 mit x bezeichnet), dem in dem Wechsel von Tonika- und Subdominantakkorden ein typisches Begleitmuster beigegeben ist; daran schließt sich eine Tonleiter abwärts an (mit y bezeichnet), der eine Tonleiter aufwärts entgegengestellt wird.

Wir haben gesehen, daß es Tschaikowsky immer wieder gelang, Themen aus Tonleiterstücken und Dreiklangbrechungen zusammenzusetzen; hier findet dieses Mittel Anwendung in der Komposition eines mehrsätzigen symphonischen Zyklus. Einige Beispiele: Dem wichtigen Übergangsthema im ersten Satz liegt eine Tonleiter aufwärts zugrunde, dem Walzer und dem zweiten Thema des Finalsatzes eine Tonleiter abwärts; das zweite Thema des langsamen Satzes schließlich ist aus Arpeggien zusammengesetzt.

Die Fünfte Symphonie steht in ihrem Charakter der Oper noch näher als die Vierte. Abgesehen von der höchst farbigen Orchestrierung und der lebendigen Präsentation der einzelnen Gedanken ist auf die opernartigen Crescendi hinzuweisen, auch auf die Tempowechsel, die hier häufiger vorkommen als je zuvor. Besonders gilt das für den langsamen Satz, in dem die »Licenza« der Opernarie, die Freiheit des Interpreten in der Tempogestaltung, schon äußerlich den Überschriften zu entnehmen ist: »Andante cantabile, con alcuna licenza« heißt die Satzüberschrift, und die »Licenza« wird in der Partitur jeweils näher erläutert: »animando«, »ritenuto«, »sostenuto«, »con moto«, »poco più animato« – alle paar Takte eine neue Bezeichnung. Tschaikowskys besondere Vorliebe für Kontrastwirkungen läßt sich auch in einem weiteren Stilmerkmal erkennen: Häufig stellte er Blöcke in ähnlicher Instrumentalbesetzung einander gegenüber, zum Beispiel das D-Dur-Thema der zweiten Gruppe im ersten Satz (Takt 154). Dramatische Kontraste finden sich zudem reichlich in der Symphonie. Eines der zahlreichen, besonders schönen Beispiele hierfür ist, wie das Motiv der »Vorsehung« nach einem kurzen »stringendo crescendo« plötzlich eingeführt wird und mitten in das Herz des langsamen Satzes führt.

Viele, die sich zu dieser Symphonie äußerten, bezeichneten das Finale als verfehlt. Den Anfang machte Brahms, der Anfang 1889 extra noch einen Tag länger in Hamburg geblieben war, um Tschaikowsky als Dirigenten der Symphonie zu erleben. Donald Tovey, überzeugter Brahms-Anhänger, schloß sich ihm an. Die Gründe, die er dafür hatte, sind einer näheren Betrachtung wert. Zunächst einmal führte Tovey aus, es gebe bereits an sich große Probleme, in einem Finale ein Gefühl für Bewegung zu entwickeln; dieses Unvermögen komme in Tschaikowskys Fünfter Symphonie in geradezu eklatanter Weise zum Ausdruck. »Wenn der Komponist nur den Alptraum wiedergeben wollte, immer schneller laufen zu wollen, aber nicht von der Stelle zu kommen, dann kann man sagen: Sein Ziel hat er erreicht.« – »Von Bruckner darf man nicht erwarten, daß er ein Finale ›gehen‹ machen will... Bei dem populären Tschaikowsky ist die Situation gerade dadurch verschlimmert, daß er von den Finalsätzen eben erwartet, daß sie ›gehen‹... Tschaikowskys Finale [der Fünften Symphonie] möchte gehen, kann es aber nicht.«[8]

Zur Stützung der Annahme, das Finale sei mißraten, entwickelte John Warrack noch eine andere Argumentation. Von außen betrachtet ist die Symphonie so angelegt, daß trotz aller Schläge des Schicksals schließlich doch der Sieg davongetragen werden kann, denn das Finale beginnt mit dem Motiv der »Vorsehung«, nun aber in Dur, und schließt mit dem ersten Thema des ersten Satzes, ebenfalls in Dur, das dann übertönt wird von einer ffff-Trompetenfanfare. Ein offenbar fröhlicher Gesamtsatz steht zwischen diesen beiden Themen. Völlig zu Recht stellt Warrack fest, daß »in diesem Siegestaumel irgendeine Frage offenbleibt... Was ist geschehen, fragt man sich, daß sich die Form der Hingabe an das Schicksal so fundamental ändern kann?... Bis zum Finale hat die Symphonie etwas grundlegend Tristes an sich, das aber ausgeglichen erscheint. Nun jedoch kommt zum ersten Mal ein Moment der Falschheit und der Übertreibung in die Musik; obwohl alles ordnungsgemäß gestaltet ist, bleibt dem Finale dennoch ein schaler Beigeschmack.«[9]

Tovey und Warrack hatten beide recht. Doch sollte man aus ihren Beobachtungen andere Rückschlüsse ziehen. Wenn das Finale irgendwohin »gekommen« wäre und so eine Flucht vor »Schicksal« und »Vorsehung« erreicht worden wäre, wenn der Triumph also greifbar gewesen wäre, dann hätte die Symphonie viel von ihrer Wirkung eingebüßt. Toveys so ungemein treffende Beschreibung des »Alptraums, immer schneller laufen zu wollen, aber nicht von der Stelle zu kommen«, ist doch gerade der Ausdruck des Gefühls, vor dem »Schicksal« nicht entrinnen zu können. Tschaikowsky vermittelt hier, wie es ist, wenn man zu gehen versucht, es aber nicht schafft. Das schon fast hysterisch überschätzte Bestreben, einen »Triumph« produzieren zu wollen, der am Ende jedoch »schal« und falsch klingt, hinterläßt den Eindruck, wie überwältigend die Macht des »Schicksals« und wie nutzlos es ist, gegen es zum Kampf anzutreten – wenn der Kampf auch hart und das Ergebnis anscheinend erfolgreich ist. Der Grundtenor der Fünften Symphonie ist also das Versagen dessen, der sich den allmächtigen Kräften der Vorsehung zu widersetzen versucht – ein Versagen, das durch einen gewaltigen Kampf und sogar durch zeitweisen Erfolg nicht gemindert werden kann.

Eine Abhandlung über Tschaikowskys Fünfte Symphonie wäre nicht vollständig, wenn man nicht auch etwas zu seinem häufigen und immer tiefer gehenden Umgang mit Marsch und Walzer in der Symphonie sagte. Der Walzer steht hier an der Stelle des üblichen dritten Satzes, des Scherzos; er gibt sich zunächst, als sei er nicht mehr als ein zauberhaftes Beispiel für den Typ Walzer, den Berlioz in der *Symphonie fantastique* angedeutet und den Tschaikowsky selbst in seiner Zweiten Suite aufgegriffen hatte. Diese scheinbare Harmlosigkeit wird jedoch vom einleitenden Motiv, das sich vom Thema der »Vorsehung« herleitet, und vom Eintritt dieses Themas selbst im Laufe des Satzes Lügen gestraft – der Satz bekommt dort einen unheilvollen Unterton. Anders dagegen der drohende Marsch, der als das erste Thema des ersten Satzes diesen Unterton noch deutlicher greifbar werden läßt und den ganzen Satz durchzieht. Auch sein schillerndes Auftreten in Dur am Ende des Finales kann ihm diesen unheimlichen Charakter nicht nehmen. Sicher ist das ein genialer Kunstgriff; doch dieser besondere Aspekt des Themas ist Tschaikowsky wohl während der ganzen Komposition des Stücks unterbewußt vor Augen gestanden. Somit wird also das Ergebnis einer umfassenden Betrachtung des ganzen Werks immer die Feststellung sein, daß Tschaikowskys Fünfte Symphonie zu den besten mehrsätzigen Werken des 19. Jahrhunderts zu zählen ist.

Mittlerweile hatte Tschaikowsky eine neuerliche Sammlung von Liedern komponiert: die sechs Lieder op. 65 auf französische Texte, Désirée Artôt-Padilla gewidmet. Tschaikowsky hatte die Sängerin winters zuvor in Berlin wiedergesehen und sie »so begeisternd wie eh und je« gefunden, wie er an Modest schrieb[10]. So begeisternd sie noch immer gewesen sein mag, die Lieder sind ebensowenig aussagekräftig wie die Werke, die Tschaikowsky ihr bereits gewidmet hatte. Entsprechend konturenlose Partnerwerke finden sich in den sechs Liedern op. 63, die Tschaikowsky im Jahr zuvor dem Großfürsten Konstantin gewidmet hatte. Auch von den zwölf Liedern op. 60 von 1886 ist nur ein Lied gehaltvoller, und zwar *Gesang eines Zigeunermädchens*. Nach jener Liedersammlung für die Artôt stellte Tschaikowsky seine jährliche Produktion derart blutarmer Vokalwerke ein. Lediglich in seinem letzten Lebensjahr schrieb er nochmals eine Gruppe von sechs Liedern, die allerdings auf wesentlich höherer Stufe stehen.

Eine weitere Gelegenheitskomposition aus dieser Zeit war 1887 entstanden, und zwar auf Wunsch eines Freundes, des Cellisten Anatol Brandukow: das *Pezzo Capriccioso* für Violoncello und Orchester. Tschaikowsky gab das Stück erst zur Veröffentlichung (bei Jürgenson) frei, nachdem sein alter Freund Fitzenhagen, dem die *Rokoko-Variationen* gewidmet sind, den Cellopart begutachtet hatte[11]. Das Stück, in h-Moll komponiert, hat den Charakter einer »Sérénade Mélancholique« und ist keineswegs ein Scherzando-Capriccioso.

Die Fünfte Symphonie war nach der *Manfred*-Symphonie die erste wieder wirklich bedeutende Komposition Tschaikowskys. *Die Zauberin*, die Lieder und das Werk für Violoncello und Orchester sind, wenn man sie mit den übrigen Werken Tschaikowskys vergleicht, ziemlich bedeutungslos. Als Charakteristikum der Herrschaft über sich selbst, wie sie Tschaikowsky inzwischen erreicht hatte, muß gelten, daß er sich

Carlotta Brianza, die erste Aurora in »Dornröschen«

dazu durchrang, die Symphonie und *Hamlet* selbst in der Hauptstadt Petersburg zur Uraufführung zu bringen und nicht in Moskau sozusagen auf heimatlichem Boden. Die Symphonie wurde von Orchester und Publikum begeistert aufgenommen, anders von den Kritikern. Cui hat bei dem Versuch, das Werk zu erfassen, schlicht versagt. Er war noch zu sehr erfüllt von Rimsky-Korsakows eben erst aufgeführtem *Spanischen Capriccio* und hatte bereits die Partituren zur Ouvertüre *Osterfest* und zur *Scheherazade* in Augenschein genommen, die beide im folgenden Monat zum ersten Mal erklingen sollten. Im Vergleich mit Rimsky-Korsakows Musik stellte sich die Tschaikowskys für Cui, wie sie ihm aus der Fünften Symphonie entgegentrat, als »charakterlos und gewöhnlich«[12] dar. Als diese beißende Kritik erschien (17./29. November), war Tschaikowsky bereits in Prag, wo er nicht nur die Symphonie, sondern auch *Eugen Onegin* dirigieren sollte; die Oper hatte mit ihrer Aufführung am 24. November/6. Dezember einen überwältigenden Erfolg. Nach seiner Rückkehr nach Moskau dirigierte er die Symphonie auch dort.

Im Oktober des Jahres hatte Tschaikowsky mit der Arbeit an einem dreiaktigen Ballett mit dem Titel *Dornröschen* begonnen, das Wsewoloschsky, der Direktor der kaiserlichen Bühnen, bei ihm in Auftrag gegeben hatte. Kaum hatte Tschaikowsky einen Großteil der Musik skizziert, als er zu einer neuerlichen Westeuropa-Tournee aufbrach; er dirigierte in Köln, Frankfurt, Dresden, Berlin, Leipzig, Genf und Hamburg[13]. Nach einem Besuch im nebligen London trat er seine Heimreise an, allerdings auf gemächliche Weise: In Marseille schiffte er sich ein und fuhr mit der »Cambodge« durch die Straße von Messina, ging auf der Insel Syros sowie in Smyrna und Konstantinopel an Land; von Batum am Schwarzen Meer setzte er auf dem Landweg seine Reise zu Anatol nach Tiflis fort. Auf dieser Reise und schließlich auf dem endgültigen Heimweg arbeitete Tschaikowsky weiter am dritten Akt von *Dornröschen*. Am 26. Mai/7. Juni in Frolowskoje war das Particell fertig; den Sommer verbrachte Tschaikowsky mit der

*Medea und Nikolaj Figner, die erste Lisa und
der erste Hermann in »Pique-Dame«*

Instrumentierung. An Frau von Meck schrieb er, er betrachte das Stück als eine seiner besten Kompositionen, habe aber nie zuvor solche Probleme mit der Instrumentierung gehabt[14]. Dabei war sie in den zurückliegenden Werken gewiß nicht unangemessen ausgefallen; oft war sie nicht nur brillant, sondern sogar erstaunlich eigenständig. Neu war für Tschaikowsky bei der Arbeit an *Dornröschen* das noch größere Bemühen um Exaktheit der Orchestereffekte; vielleicht war dies ein Resultat aus den neu gewonnenen Dirigentenerfahrungen. Es ist also von einiger Bedeutung, daß Tschaikowsky an Rimsky-Korsakow über dessen *Spanisches Capriccio,* das in manchen Punkten an Tschaikowskys Musik anknüpft, schrieb: »Es ist ein kolossales Meisterwerk in der Instrumentation.«[15] Doch bei *Dornröschen,* so schön das Ballett ist, kam dieser neue instrumentatorische Ansatz noch nicht genügend zur Geltung – anders dann, im Jahr darauf skizziert, in der Symphonischen Ballade *Der Woiwode.* Hier hat diese Technik im schöpferischen Prozeß so viel Raum eingenommen, daß das Stück, würde man die Orchesterfarben abschalten, nur noch als formales Gerippe übrigbliebe. Diesen Aspekt gerade in einigen der späteren Werke Tschaikowskys und Rimsky-Korsakows sollte man nicht außer acht lassen, wenn man sich auf die Suche nach Werken macht, die Strawinsky als bestätigende Vorbilder für sein angeborenes Talent, sich in die Instrumentalfarbe seiner eigenen Musik einzudenken, gedient haben können.

Dornröschen gilt allgemein als Tschaikowskys beste Ballettmusik. Wenn man sich einzig an lyrischer Schönheit orientiert, kann man allenfalls *Schwanensee* noch höher einstufen. Doch als Ballettmusik per se ist *Dornröschen* noch typischer für Tschaikowsky[16]. Wie eigenständig das Stück wirklich ist, erkannte man in den ersten Aufführungen noch nicht, obwohl an der Inszenierung nicht gespart worden und die Choreographie von Marius Petipa großartig war. Selbst der Zar verletzte Tschaikowsky mit seinem Verhalten nach der Gala-Probe am Tag vor der öffentlichen Premiere. »Seine Majestät behandelte mich distanziert ehrenvoll«, schrieb Tschaikowsky in sein Tagebuch[17].

Seit einigen Jahren bereits war Tschaikowsky einer der Direktoren der Russischen Musikgesellschaft; in dieser Funktion gehörte er dem Komitee an, das die Fünfzigjahrfeier von Anton Rubinsteins Pianistendebüt (1839) ausrichten sollte. Tschaikowsky selbst schuf dafür zwei neue Kompositionen, einen a-cappella-Chor mit dem Titel *Gruß an A. G. Rubinstein,* der am 18./30. November 1889 uraufgeführt wurde, und ein Impromptu in As-Dur als Beitrag zu einem Klavieralbum, in das Rubinsteins frühere Schüler Kompositionen eintrugen und das diesem am selben Abend überreicht wurde. An den beiden folgenden Tagen dirigierte Tschaikowsky zwei Konzerte mit Werken Rubinsteins. Wie er sich dabei fühlte, hat er Frau von Meck gestanden: Er habe sich gewundert, wie er das ausgehalten habe. Im gleichen Sinne ist ein drei Jahre älterer Tagebuchvermerk gehalten: »[Rubinsteins Oper] *Nero* durchgespielt. Mein Staunen kennt keine Grenzen angesichts der dreisten Ungezwungenheit des Komponisten. Ach! Du Possenreißer! Lieber Gott, in diese Partitur zu schauen macht mich rasend... Wenn Du meinst, Dein eigener Stil sei unwürdig, dann sieh Dir diesen Schund an, der nie mit Ernst aufgeführt wurde; Deine Seele wird sich erleichtert fühlen.«[18]

Während der Proben zu *Dornröschen* in Petersburg bot sich die Gelegenheit, mit Wsewoloschsky und der Theaterdirektion über *Pique-Dame* zu sprechen. Modest hatte das Libretto ursprünglich für Nikolaj Semjonowitsch Klenowsky eingerichtet; es war aber noch nicht fertig. Angesichts der Verwandlung ins Sentimentale, die Puschkins Erzählung unter Modests Feder durchzumachen hatte, trat Klenowsky seine Rechte am Libretto nicht ungern ab. Wsewoloschsky war von Tschaikowskys Plänen angetan, zumal jene Oper die Gelegenheit mit sich bringen würde, den beliebten Tenor Nikolaj Figner und dessen Frau Medea im vollen Glanze ihres Talents erscheinen zu lassen. Die Direktion hatte verschiedene Änderungswünsche, nahm aber das Libretto grundsätzlich an. Gleich nach der Premiere von *Dornröschen* reiste Tschaikowsky nach Florenz ab, wo er mit seiner Arbeit an *Pique-Dame* am 19./31. Januar 1890 begann.

Elftes Kapitel

LETZTE LEBENSJAHRE
1890–1893

Das Libretto zu *Pique-Dame* mußte weiter gekürzt werden; auch wurden noch weitere Änderungen notwendig, einige von ihnen nahm Tschaikowsky selbst vor. Das Grundgerüst der Handlung ist aufgespalten in Liebe und Glücksspiel. Hermann ist in Lisa verliebt; sie erwidert seine Liebe, ist aber mit einem anderen verlobt. Hermann, dem Glücksspiel hingegeben, erfährt, daß Lisas Bewacherin, die alte Gräfin, das Geheimnis weiß, wie man mit drei Karten todsicher gewinnt. Heimlich in ihr Schlafgemach geschleust, versucht er, ihr das Geheimnis der drei Karten abzulocken; sie jedoch erschrickt dermaßen, daß sie stirbt. In einer späteren Szene erscheint ihr Geist Hermann und offenbart ihm das Geheimnis: »Drei – Sieben – As.« Am Kanal, gegenüber dem Winterpalais, treffen sich Lisa und Hermann; dort wird Lisa klar, daß seine Glücksspielbesessenheit stärker ist als die Liebe zu ihr. Sie wirft sich daraufhin in den Kanal. Die Schlußszene ist in einem Spiellokal; Hermann gewinnt zweimal, verliert dann aber alles mit der Pik-Dame, die er durch einen unglücklichen Zufall statt des Asses ausgespielt hatte. Die Typen des enttäuschten Liebhabers und des triebhaften Spielers sind in einer unglücklichen Person aufgegangen; nur noch für die Dauer eines weichen, melodramatischen Ariosos, in dem die absteigende Ganztonleiter des Gräfin-Geistes zu hören ist, wartet Hermann, bevor er sich wegen des rettungslos verlorenen Spiels in den Degen stürzt. Durch ihren Selbstmord erreichen Held und Heldin die wahre Liebe nie, und die alte Gräfin, die Pik-Dame personifizierend, nimmt an Hermann ihre Rache.

Der Schluß unterscheidet sich stark von Puschkins Erzählung. In der Originalfassung stirbt keine der beiden Hauptfiguren, weder durch eigene noch durch fremde Hand. In den Augen des intellektuellen Dichters und seiner aristokratischen Leser widerfährt den beiden ein Schicksal, das noch schlimmer ist als der Tod: Hermann verbringt den Rest seiner Tage im Irrenhaus, wo er ohne Ende immer wieder »Drei – Sieben – As! Drei – Sieben – Dame!« murmelt; Lisa heiratet einen liebenswürdigen, jungen Beamten, »den Sohn des früheren Dieners bei der Gräfin«. Ein solches Ende wäre jedoch Tschaikowskys Vorstellungen entgegengelaufen. Er hatte für diese Art von Ironie keinen Sinn; noch weniger konnte er sie in Musik fassen. Dagegen sprach ihn die Idee unmittelbar an, daß eine böse Alte das »Schicksal« personifiziert und für das Zerbrechen einer Liebesaffäre verantwortlich ist, dazu noch, daß beide Liebende konsequent ihren selbstmörderischen Neigungen nachgeben. Er identifizierte sich völlig mit Hermann; das gelang ihm um so besser, da er die Partie für Figner schrieb, den er sehr gerne mochte. Auch Lisa, die erkennen muß, wie sich in Hermanns Auge das Glühen der Liebe in den flimmernden Wahn des Spielers verkehrt, ist eine Rolle, für die Tschaikowsky im tiefsten Grund seines Herzens leidenschaftliche Gefühle hegen konnte.

Die starke innere Beteiligung des Komponisten an seinem Werk ist der Hauptfaktor für den allgemeinen Erfolg von *Pique-Dame*. Doch man kann noch weitere Elemente ausfindig machen, die diesen Erfolg beförderten, obwohl sich ihnen auch Konventionelles und staubig Theatralisches entgegenstellt wie die abgegriffene Verwendung des verminderten Septakkords als Steigerungsmittel – der damals allerdings noch nicht am Ende seiner Laufbahn als musikalischer Inbegriff des Bösen angelangt war. Aber es gibt viele Momente voll lyrischer Schönheit oder starker Dramatik. Lisas Trauerarie, die

Notenbeispiel 18:
a) Glinka, »Ein Leben für den Zaren«, 4. Akt,
Arie des Susannin
b) Tschaikowsky, »Pique-Dame«, vorletzte Szene,
Arie der Lisa

sie in der vorletzten Szene singt, als sie am Kanal auf den Geliebten wartet, ist ein Beispiel für eine Arie im Stile Glinkas. In ihr knüpfte Tschaikowsky an die Arie »Sie ahnen die Wahrheit« an, die Susannin im vierten Akt des *Leben für den Zaren* singt, als er merkt, daß er umkommen wird. Wie nahe beide Arien einander stehen, zeigt Notenbeispiel 18 (a: Glinka; b: Tschaikowsky) – sowohl was die Melodik als auch was die Rhythmik betrifft. Tschaikowsky kehrte hier zu Glinka zurück, um bei ihm von neuem Einfachheit, Direktheit und Unmittelbarkeit der Wirkung zu lernen. Ein weiteres Charakteristikum in Tschaikowskys Spätstil tritt uns entgegen, wo dramatische Passagen symphonisch gestaltet oder die Kulminationspunkte der Dramatik mit kontrastreichem Material versehen sind, so daß die erwünschte Wirkung fast überpointiert angelegt erscheint. Beispiele hierfür gibt es überall in der Oper, so in der Szene im Schlafgemach der Gräfin: Unmittelbar bevor Hermann auftritt und ihr, die allein zu sein glaubt, den tödlichen Schrecken bereitet, summt sie eine Grétry-Arie, die in ihrer Jugendzeit in aller Munde war. All diese rokokohaften Momente der Oper intensivieren die Handlung, der sie an die Seite gesetzt sind.

In der Ballsaal-Szene am Anfang des zweiten Akts ist das dramatische Element sicherlich noch dadurch befördert, wie verschiedenartig Hermanns zunehmendes Besetztsein mit der Geschichte der drei Karten dargestellt ist. Die ganze Szene mit ihrer an Mozart erinnernden Introduktion und dem Eingangschor, ihrer Schlußpolonaise und dem Rokoko-Zwischenspiel (einer Daphnis- und Chloë-Schäferszene) wirkt jedoch noch entspannt im Vergleich zu der vorangegangenen Szene in Lisas Kammer und der folgenden, entscheidenden im Schlafzimmer der Gräfin. Alles ist so sorgfältig auf diese Techniken hin ausgefeilt, daß nicht nur jede Szene für sich genommen geglückt ist, sondern auch die Oper als Gesamtwerk. In einer Hinsicht kann man sogar das Schäfer-Intermezzo als Wendepunkt der Haupthandlung erkennen, denn die Schäferin hat vor ihrem reichen Liebhaber Angst und nimmt sich den armen Schäfer, den sie liebt; im Schlußchor des Zwischenspiels wird klar, daß die Liebe der beiden sich erfüllen wird – ein Happy-end, dem das Los von Hermann und Lisa in all seiner traurigen Realität völlig entgegensteht.

Tschaikowskys mit Vorliebe eingesetzter Melodietyp, der aus einer abwärtsgerichteten Tonleiter zu entwickeln ist, bekommt in *Pique-Dame* eine weitere Bedeutungsfacette. Hier steht er für die Grausamkeit des Schicksals, das nicht nur wie in *Eugen Onegin* ein unglückliches Ergebnis wahrer Liebe zeitigt, sondern sogar tödlich wirkt. Nach dem Abgang der Gräfin in der Szene in Lisas Kammer singt Hermann am Ende seiner Phrase, in der er den Tod zu verscheuchen versucht, eine Tonleiter abwärts, die in einer Sequenz vom Orchester fortissimo wiederholt wird. Als zum ersten Mal von den drei todbringenden Karten die Rede ist (erste Szene), findet sich

Notenbeispiel 19:
»Pique-Dame« I/1, Arie des Hermann

tri kar — ti, tri kar - ti, tri kar - ti,...

die in Notenbeispiel 19 wiedergegebene Melodielinie. Die letzten drei Noten dieser Phrase stammen aus dem Leitmotiv der ganzen Oper (nicht unähnlich dem in *Eugen Onegin*).

Tschaikowsky kam mit seiner Arbeit an *Pique-Dame* zügig voran. Der Klavierauszug war am 26. März/7. April 1890 fertig. Diese Geschwindigkeit war nötig, weil die Oper bereits in der kommenden Saison aufgeführt werden sollte; doch die Arbeit ging Tschaikowsky leicht von der Hand, und er teilte Modest mit, er halte die Oper für sein größtes Werk überhaupt[1]. Erst am 22. April/4. Mai war er wieder in Rußland; am 8./20. Juni war die Partitur vollendet.

Noch in Italien hatte sich Tschaikowsky mit dem Gedanken getragen, ein Streichersextett zu schreiben. Nachdem er nun *Pique-Dame* mit so viel Erfolg hatte zuende führen können, ging er frohen Mutes an die Arbeit. Obwohl es ihm Schwierigkeiten machte, ein Stück für sechs selbständige Stimmen gleichen Klangcharakters zu schreiben – er äußerte sich dazu in einem Brief an Modest[2] –, hatte er nach schon siebzehn Tagen den Rohentwurf niedergeschrieben: »Im Augenblick freue ich mich noch schrecklich darüber.«[3] Bevor das Stück zwei Jahre später in einem Konzert der Petersburger Kammermusik-Gesellschaft zur Uraufführung kam, arbeitete Tschaikowsky es jedoch völlig um und gab ihm den Untertitel *Souvenir de Florence*. Dieser Untertitel ist etwas mißverständlich, denn die einzig wirklich italienischen Momente in diesem Stück sind die überwältigend lyrischen Melodien und der heitere Charakter, der in der Musik vorherrscht (obwohl das Stück in Moll steht). Tschaikowsky entwickelt das Stück in ebenso typisch russischer Weise wie in allen seinen großen Werken; daneben sind hier auch deutsche Züge eingeflossen, besonders im ersten Satz. Colin Mason hat auf eine Ähnlichkeit zu Brahms aufmerksam gemacht – »im häufigen Einsatz von zweiter Geige und Bratschen in bewegenden, aber rein harmonischen und einheitlich figurierten Abschnitten, womit dem Werk eine besondere innere Geschlossenheit gegeben wird.«[4] Ebenfalls vom Deutschen her inspiriert (in der Ausführung aber überhaupt nicht deutsch) ist die Durchführung, in der die ungeheuer große Zahl von Themen auf kontrapunktisch großartige Weise ineinander verschlungen ist. Wie stumpfsinnig klang dagegen die Fuge in der Ersten Suite – die merkwürdigerweise ebenfalls in d-Moll steht. Im dritten Satz des Sextetts verarbeitete Tschaikowsky ausschließlich volkstümlich russisches Material. Den vielleicht am meisten überzeugenden, originellsten Effekt erreichte er mit dem Moderato-Mittelteil des zweiten Satzes. Die Streicher repetieren ihre Akkorde in Sechzehnteltriolen »a punta d'arco«, wobei sich die Lautstärke mehrmals plötzlich ändert; ein echtes Thema ist weit und breit nicht zu hören – es ist ein Versuch, nur mit Klängen zu arbeiten.

Nach einer sommerlichen Besuchsrunde war Tschaikowsky im Herbst zu Anatol nach Tiflis gereist. Hier erreichte ihn völlig unerwartet ein Brief von Frau von Meck, der ihm seine gute Laune völlig zerstörte. In diesem Brief teilte sie ihm mit, sie stehe am Rande des finanziellen Ruins und könne ihm daher seine Jahresrente nicht länger bezahlen. »Leben Sie wohl, mein lieber, unvergleichlicher Freund«, schloß sie, »und vergessen Sie die nicht, deren Liebe zu Ihnen kein Ende haben wird.«[5] Das war für Tschaikowskys Selbstwertgefühl ein schwerer Schlag. Er war zwar in Sorge über die finanzielle Seite dieser Angelegenheit; mehr jedoch verletzte ihn, daß sie es für selbstverständlich hielt, daß mit dem Ende seiner finanziellen Abhängigkeit auch die Freundschaft für immer abgerissen sein solle. Er schrieb ihr sofort, daß dies der Freundschaft doch keinen Abbruch tue; doch sie antwortete nicht. Bald mußte er erfahren, daß ihre finanziellen Verhältnisse wohlgeordnet waren. Jedenfalls waren die seinen besser als je zuvor. Die Pension Frau von Mecks hatte nur ein Drittel seines Gesamteinkommens ausgemacht, und der überwältigende Erfolg der *Pique-Dame* in der Uraufführung am 7./19. Dezember 1890 und der anhaltende des *Eugen Onegin* erschlossen ihm Sphären finanziellen Wohlstands, die ihm den Verlust mit Leichtigkeit aufwogen.

Womit er aber nicht fertigwerden konnte, war der immer wiederkehrende Gedanke, das Spielzeug einer reichen Dame gewesen zu sein, durch deren Geldgeschenke sie sich das Recht verschafft hatte, an ihn Ansprüche zu stellen – Ansprüche, von denen sie wie bei den Musikern, die sie tatsächlich angestellt hatte, sofort zurücktreten mußte, wenn sie ihre »Gehalts«-Zahlungen einstellte. Tschaikowsky war der Meinung gewesen, die Freundschaft sei über einen solchen Rahmen hinausgewachsen; ihr Verhalten erschütterte sein Vertrauen in die Menschheit. Man muß starke Zweifel haben, ob er mit seinem Verdacht wirklich recht hatte. Doch auch wenn er über die Hintergründe restlos aufgeklärt gewesen wäre, wäre er vielleicht zu egozentrisch gewesen, um die Affäre auch von der anderen Seite her betrachten zu können. Mehrere Jahre lang war Frau von Meck psychisch und physisch krank gewesen. Ihr immer wiederkehrender Husten läßt vielleicht an Tuberkulose denken, ihr völliger Rückzug in die Familie an eine regelrechte Misanthropie und Menschenscheu, die Tschaikowsky seinerseits mittlerweile abgelegt hatte. Ihr ältester Sohn, Waldemar, war ein geistiges und physisches Wrack und verlor vor den Augen der Mutter immer weiter an Kräften. Nicht unmöglich, daß in ihr selbst Schuldkomplexe wuchsen und daß sie sich Vorwürfe machte, einem Außenstehenden Liebe und Geld gegeben zu haben, die eigentlich nur für ihren Sohn und ihre übrige Familie hätten vorbehalten sein sollen. Obendrein heißt es in der Familie von Meck, daß es um Frau von Mecks uneheliche Tochter Miloschka eine Bestechungsaffäre mit deren Mann, dem Fürsten Schirinsky-Schichmatow, gegeben habe. So sah Frau von Meck es nun offenbar als ihre Pflicht an, die Beziehung zu Tschaikowsky abzubrechen, und traute sich nicht mehr, die Korrespondenz wiederaufleben zu lassen. Waldemar hatte nur noch eineinhalb Jahre zu leben; der Gesundheitszustand seiner Mutter verschlechterte sich bis zu seinem Tod rapide. Sie selbst überlebte Tschaikowsky nur um ein paar Monate. Es ist zu bedauern, daß er ihre wahren Beweggründe nicht richtig einschätzen konnte; es hätte ihm zumindest einen Teil des bitteren Gefühls genommen, das ihm die noch verbleibenden Lebensjahre vergiftete.

Am 28. September/10. Oktober, sechs Tage nach dem niederschmetternden Schlag, den ihm Frau von Mecks letzter Brief versetzte, erwähnte er erstmals, daß er an der Komposition einer Symphonischen Ballade mit dem Titel *Der Woiwode* arbeite (mit der Oper gleichen Titels hat sie nichts zu tun). Es ist also kein Wunder, daß dieses Werk seine Hörer bis ins Mark erschüttert – in einem Maße, wie es bei Tschaikowsky bis dahin nie geschehen war. Wie üblich hatte er auch hier die Orchestrierung bereits im Sinn, als er das Stück komponierte.

Rund eine Woche später erzählte Tschaikowsky Bob Dawydow, er habe das Particell vollendet: »Ich möchte mich die ganze nächste Woche der Instrumentation widmen. Ich versichere Dir, es war ein Geistesblitz, dieses Werk zu schreiben.« Er brauchte selbstverständlich länger, um sich die Orchestrierung zu überlegen; erst nach einem Jahr war sie abgeschlossen.

Auf den Erfolg von *Pique-Dame* hin gab die Direktion der kaiserlichen Bühnen bei Tschaikowsky eine einaktige Oper und ein Ballett bereits für die nächste Saison in Auftrag. Doch bevor er an beiden Stücken an die Arbeit ging, erfüllte er noch den Wunsch des Schauspielers Lucien Guitry und schrieb einige Stücke zu Shakespeares »Hamlet«: Aus seinem *Schneeflöckchen* und dem zweiten Satz seiner Dritten Symphonie gewann er einiges Material; als Ouvertüre dient eine gekürzte, umbesetzte Fassung seiner Fantasie-Ouvertüre *Hamlet*. Nur die Einleitung zum fünften Akt, die später als Trauermarsch Verwendung fand, mußte er neu komponieren.

Ungefähr in jener Zeit schloß Tschaikowsky enge Freundschaft mit einer Komponistengruppe um Mitrofan Petrowitsch Belaieff, einen Holzhändler und Millionär. Belaieff finanzierte einigen russischen Komponisten, unter anderem auch Rimsky-Korsakow, Druck und Aufführungen ihrer Werke. Balakirew konnte Belaieff nicht ausstehen; Tschaikowsky ahnte allerdings kaum, daß er, indem er sich dem

Belaieff-Zirkel zugesellte, einen Grund dafür schuf, daß sich sein Verhältnis zu Balakirew abkühlte. Zunächst fühlte er sich in der neuen Gesellschaft wohl und saß, wie Rimsky-Korsakow berichtet, mit diesem Kreis häufig »bis morgens um drei« in den Wirtshäusern. Tschaikowsky konnte »große Mengen Wein« trinken und behielt dennoch »alle seine Kräfte, physisch wie psychisch« unter Kontrolle; »nur wenige konnten es in diesem Punkt mit ihm aufnehmen«[6]. Rimsky-Korsakow stellte fest, daß auch Tschaikowskys alter Freund Laroche immer häufiger zu den Versammlungen kam. Er selbst mochte Laroche nicht und tat alles, um ihm aus dem Weg zu gehen. Tschaikowsky jedoch wußte offenbar von Rimsky-Korsakows Antipathie ebensowenig wie von der Balakirews zu Belaieff. Übrigens verkehrten 1891 auch Rimsky-Korsakow und Balakirew nicht miteinander. Diese kleinen Petersburger Animositäten standen wahrscheinlich noch über denen in Moskau.

Tschaikowsky interessierte sich für »König Renés Tochter« des dänischen Dichters Herz und bat Modest, es als Libretto einzurichten; er nannte das Stück »Iolanta«. Daneben begann er das Ballett, das Petipa und die Theaterdirektion bei ihm in Auftrag gegeben hatten; ihm liegt Ernst Theodor Amadeus Hoffmanns »Nußknacker und Mausekönig« zugrunde. Am 25. Februar/9. März 1891 schrieb er an Modest: »Ich arbeite sehr hart und finde mich allmählich mit dem Stoff des Balletts ab.«[7] Im April konnte er sich dann einen lang gehegten Wunsch erfüllen: Er machte eine Dirigiertournee durch die Vereinigten Staaten. Doch seine Arbeit ruhte nicht; in Berlin und Paris litt er schwer unter Heimweh, schrieb aber weiter am *Nußknacker*. Kurz vor Antritt der Ozeanüberquerung erfuhr Modest, daß Sascha gestorben war, versuchte aber, es vor seinem Bruder zu verbergen[8]. Doch der las es in der Zeitung. Die Nachricht überschattete die ganze weitere Tournee. Besondere Gedanken machte sich Tschaikowsky darum, wie der Tod der Schwester wohl auf ihren Sohn Bob wirke. Gleichzeitig mußte er jedoch versuchen, in sich Musik heraufzubeschwören, mit der sich das zuckersüße *Nußknacker*-Märchen angemessen darstellen ließe. Er fand das »völlig ausgeschlossen«[9].

Nach New York hatte ihn Walter Damrosch eingeladen. Tschaikowsky sollte dort Konzerte zur Eröffnung der »Music Hall« dirigieren – als »Carnegie Hall« ist das Gebäude später berühmt geworden. Außerdem dirigierte Tschaikowsky in Philadelphia und Baltimore; auf dem Reiseprogamm standen daneben die Niagarafälle und Washington. Die vier New Yorker Konzerte waren triumphale Erfolge; nach dem Ersten Klavierkonzert »erhob sich ein Begeisterungssturm, wie ich ihn noch nie, selbst in Rußland nicht, erlebt habe«, schrieb er in sein Tagebuch der Amerikareise, das überhaupt außerordentlich ausführlich ist. Die warmherzigen Amerikaner waren ihm sympathisch, nicht dagegen die Kritiker, die sich in aller Breite mit seiner Persönlichkeit und seinem äußerlichen Auftreten als Dirigent befaßten. Ihn amüsierte allerdings, was über ihn am 6. Mai (24. April) 1891 im »New York Herald« zu lesen war: »Tschaikowsky ist ein groß gewachsener, ausgeglichener, wohl gebauter, interessanter Mann, der auf die sechzig zugeht (?!!).«[10] Einen Tag später wurde er 51 Jahre alt... Er aß und trank gerne, besonders »eine Mischung von Whisky, Magenbitter und Zitrone – außerordentlich schmackhaft!« Sein ganzes restliches Leben nahm er Speisen und Getränke in beträchtlichen Mengen zu sich und litt daher an Verdauungsstörungen; doch seine Eß- und Trinkgewohnheiten machten ihn nicht, wie man erwarten könnte, dick, denn seine psychische Belastung zehrte heftig an ihm.

Nach der erfolgreichen Amerikatournee kam Tschaikowsky fröhlicher nach Europa zurück, als er es verlassen hatte. Anfang Juni war er wieder zuhause, allerdings nicht in Frolowskoje – dort waren in der Zwischenzeit die Wälder in der Umgebung abgeholzt worden –, sondern wieder in Maidanowo. Am 3./15. Juni bestellte er bei Jürgenson ein neues Instrument, das er in Paris kennengelernt hatte; er wollte es verwenden, bevor Rimsky-Korsakow und Glasunow etwas davon erführen – die Celesta mit ihrem »himmlisch süßen

Klang«[11]. Die Entwürfe zum *Nußknacker* waren am 24. Juni/ 6. Juli abgeschlossen, auch der »Tanz der Zuckerfee«, dessen Zucker- und Speiseeis-Wirkung für die Celesta so viel berühmter wurde als die noch bedeutendere, frostige Celesta-Partie in *Der Woiwode* – der erst nach weiteren drei Monaten fertig orchestriert war. Tags darauf berichtete Tschaikowsky Bob, der *Nußknacker* sei im Wert »unvergleichlich niedriger als *Dornröschen* – ich habe darüber nicht den geringsten Zweifel«[12]. Diesmal hatte Tschaikowsky recht: Der halbseidene Charme des *Nußknacker* hat einen bei Tschaikowsky nicht zu verzeihenden Fehler: Er ist unaufrichtig. Die Eiscreme ist aus Saccharin hergestellt, der Kuchen selbst aus synthetischen Backstoffen.

Dasselbe gilt auch für den Einakter, den Tschaikowsky

Notenbeispiel 20:
»Iolanta«, Duett Vaudemont-Iolanta

unmittelbar anschließend schrieb, obwohl er sich für den Stoff der *Iolanta* erwärmen konnte. Als er das Particell abgeschlossen hatte und an die Instrumentierung hätte gehen sollen, schob er das Werk beiseite und führte zunächst die Arbeit am *Woiwoden* ihrem Ende zu, in dem die wahren Gefühle, die er in jener Zeit hatte, zum Ausdruck kommen – rund ein Jahr, nachdem er den jahrelangen finanziellen Notanker seines sturmumwühlten Gefühlslebens wieder hatte einholen müssen. Seine düstere Verfassung floß stellenweise auch in die an sich oberflächliche *Iolanta* ein, zum Beispiel in dunklen Farben in dem kurzen Instrumentalvorspiel, mit dem vielleicht Iolantas Blindheit dargestellt werden soll und die gelegentlich die straffe Gefühlswelt der Sechsten Symphonie vorwegzunehmen scheint. Doch die Thematik am Anfang der ersten Szene im Orchester, die ins 18. Jahrhundert zurückweist, erinnert verdächtig an das berühmte Menuett aus Händels *Berenice* – eine merkwürdig anachronistische Idee, um die Welt der Provence im 15. Jahrhundert abzubilden. Die Musik, die erklingt, als die blinde Iolanta ihr Augenlicht zurückgewinnt, wirkt abgedroschen; nichts könnte fader klingen als die künstlich aufgewärmte Musik des großen Duetts der Iolanta und des Helden Vaudemont (Notenbeispiel 20). Was Tschaikowsky hierbei vorschwebte, war ohne Zweifel die in Notenbeispiel 21 wieder-

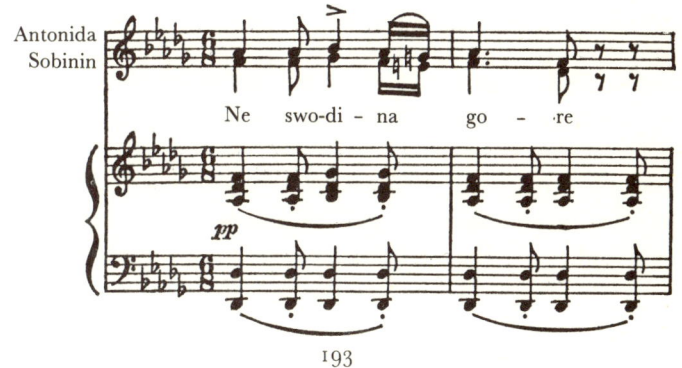

Notenbeispiel 21:
Glinka, »Ein Leben für den Zaren«,
Duett Antonida-Sobinin

gegebene Passage zwischen Antonida und Sobinin im Trio des ersten Aktes von Glinkas *Leben für den Zaren*. Tschaikowsky hatte dieses Motiv jedoch schon besser verarbeitet – am Anfang des Motivs der »Vorsehung« in seiner Fünften Symphonie.

Die Begründung liegt also auf der Hand, warum *Iolanta* unecht klingt. Ihre Blindheit wird durch die Liebe der männlichen Hauptfigur geheilt, so daß beide in ein glückliches Leben entlassen werden. Wie konnte sich Tschaikowsky mit einer Rolle identifizieren, deren Erfüllung ideale Liebe war? Für ihn war die Welt der Oper eine überaus reale Welt; ein solcher Schluß lag außerhalb seiner persönlichen Erfahrung. Nur wenn dies in eine vergangene Welt voller idealisierter Seligkeit, rosig verklärend, verwiesen werden konnte wie im Schäfer-Intermezzo der *Pique-Dame*, konnte Tschaikowsky die – naheliegende – Falschheit des Ausdrucks durch die Intensität aufheben, mit der er den gestelzten Charakter des Semi-Pasticcios durchfühlte. Selbst in *Dornröschen* warf Tschaikowsky, nachdem die Schlußmazurka voller Freude gewesen war, etwas Frost über die glücklichen Phantasiesphären, indem ein fremdartiger Wechsel nach Moll uns aus dem Märchenland in die Welt des Realen zurückwirft. Rimsky-Korsakow, in seinen Äußerungen zwar oft einseitig, wird man in der Behauptung, *Iolanta* sei »eines der schwächsten Werke Tschaikowskys«, dennoch kaum widersprechen können[13].

Die Uraufführung der Symphonischen Ballade *Der Woiwode* fand am 6./18. November in Moskau unter Tschaikowskys Leitung statt; daneben kam Griegs Klavierkonzert, gespielt von Alexander Siloti, zur Aufführung. Tschaikowsky schrieb über das Konzert an Anatol: »Der Beifall war glühend. Da jedoch das neue Stück *Der Woiwode* sich in seinen Grundzügen als erfolglos erwies, werde ich das Stück vernichten. Ich befürchte, daß das ein Anzeichen schwindender Kräfte ist, obwohl Tanejew meine neue Oper [*Iolanta*] in höchsten Tönen lobt und sie für Klavier bearbeiten will.«[14] Das Publikum war von dem *Woiwoden* völlig hingerissen, doch die Orchestermusiker hatten in den Proben ihre Unzufriedenheit deutlich zu erkennen gegeben. Im Nachglühen des schöpferischen Prozesses an *Iolanta* und dem *Woiwoden* stellte Tschaikowsky sein eigenes Empfinden hinter den Äußerungen der Musiker und Tanejews zurück. Sein unterbewußter Wunsch nach Originalität hatte seine bewußten kritischen Kräfte überflügelt. Er vernichtete die Partitur des *Woiwoden*, doch Siloti bewahrte die Orchesterstimmen auf, so daß das Stück wieder rekonstruiert und nach Tschaikowskys Tod veröffentlicht werden konnte. Eine Zeitlang schätzte Tschaikowsky seine eigene Entwicklung falsch ein; dadurch kam es in der Konzeption des nächsten Werkes, einer nicht vollendeten Symphonie in Es-Dur, zu einem deutlichen Entwicklungsrückschritt. Ihm folgte jedoch in der (Sechsten) Symphonie in h-Moll das Werk, mit dem Tschaikowsky den größten Sprung vorwärts tat. Sicher war er selbst davon überzeugt, daß er in diesem Stück, der Krönung seines gesamten Schaffens, auf dem Höhepunkt seiner Kräfte angelangt war.

Ende Dezember ging er wiederum auf Tournee. Zunächst dirigierte er in Kiew und Warschau eigene Werke, dann kam er nach Hamburg, wo er *Eugen Onegin* leiten sollte; die Oper sollte auf deutsch gegeben werden. In den Proben zeigte sich,

Der offizielle Wortlaut der Hamburger Theaterankündigung

daß Tschaikowsky sich in den Änderungen, die mit der Übersetzung notwendig geworden waren, nicht zurechtfinden konnte; er weigerte sich, die Aufführung zu dirigieren. An Bob schrieb er am 7./19. Januar: »Der Kapellmeister hier ist kein mittelmäßiger Niemand, sondern ein vielseitiges Genie: Er möchte die Premiere unter allen Umständen dirigieren. Gestern hörte ich unter seiner Leitung eine ganz wunderbare *Tannhäuser*-Aufführung. Die Sänger, das Orchester, Pollini [der Hamburger Operndirektor], die Regie und Ausstatter, der Kapellmeister (sein Name ist Mahler) sind völlig verliebt in *Eugen Onegin*.«[15] Und am folgenden Tag an Anatol: »Was die Musik angeht, war die Aufführung [unter Mahlers Leitung] großartig... Sie war ein beträchtlicher Erfolg.«[16]

Weiter reiste Tschaikowsky nach Paris, wo ihn gleich nach seiner Ankunft heftigstes Heimweh übermannte; somit blieb das Amüsement in den »Folies-Bergère« aus. »Das ist eine Art Kaffee-Musikhaus«, schrieb er an Bob. »Ich habe mich außerordentlich gelangweilt. Der russische Clown Durow zeigte 230 dressierte Ratten... Merkwürdig, auf welche Weise die Pariser ihre Rußlandliebe zum Ausdruck bringen! Kein russisches Konzert oder Schauspiel, keine russische Oper wird gegeben.«[17] Nach zehn Tagen Paris sagte er einige Konzerte in den Niederlanden ab und reiste nach Hause zurück.

In Maidanowo orchestrierte er die besten Stücke aus seinem neuen Ballett und stellte aus ihnen eine Suite zusammen. Weder *Nußknacker* noch *Iolanta* wurden vor Jahresende aufgeführt. Tschaikowsky hätte jedoch am 7./19. März den *Woiwoden* in Petersburg dirigieren sollen; statt dessen sollte nun die eilig zusammengestellte *Nußknacker-Suite* uraufgeführt werden, was ein höchst ungleicher Tausch war. Doch das Petersburger Publikum, Anfang März noch im tiefsten Winter, konnte wahrscheinlich für die flitterhafte Wärme der *Nußknacker-Suite* mehr Sympathie aufbringen als für die kalten Tiefen des *Woiwoden*. Bis auf eine Nummer mußten alle Sätze der Suite wiederholt werden – so groß war die Begeisterung.

Am 5./17. Mai zog Tschaikowsky in ein neues Haus am

Tschaikowskys Haus in Klin

Rande von Klin um (im Zweiten Weltkrieg wurde es zerstört; seit seinem Wiederaufbau beherbergt es das Tschaikowsky-Museum). Dort machte er sich an die Es-Dur-Symphonie; erste Anzeichen von Überarbeitung wurden erkennbar, und man riet ihm zu einer Kur in Vichy. Drei Wochen lang war er dort, in Begleitung von Bob. Nach seiner Heimkehr arbeitete er »emsig« am Partiturentwurf der Symphonie. Gegen Jahresende berichtete er Bob, er habe das Stück noch nicht orchestriert; überhaupt sei seine Arbeit steckengeblieben. Er habe nur komponiert, um irgendetwas zu schreiben: »In diesem Stück ist überhaupt nichts, das irgendwie interessant oder attraktiv wäre. Ich habe mich entschlossen, es wegzuwerfen und zu vergessen. Ich freue mich, zu dieser unwiderruflichen Entscheidung gekommen zu sein.«[18] Doch – wie üblich – konnte er das Material nicht liegen lassen; im nächsten Sommer arrangierte er aus dem ersten Symphoniesatz ein Konzertstück für Klavier und Orchester. Das Andante und Finale hinterließ Tschaikowsky im Particell, ebenfalls in Bearbeitung, jedoch ohne Hinweis darauf, daß sie mit dem ersten Satz zusammen ein Klavierkonzert hätten abgeben sollen.

Die Premiere des Paars *Iolanta-Nußknacker* am 6./18. Dezember war nur ein Teilerfolg. Erwartungsgemäß mißfiel dem Publikum das Ballett wegen der aufwendigen Inszenierung. *Iolanta* jedoch hatte dem Zar, bei der Generalprobe anwesend, ebenso gefallen wie dem Publikum; die ganzen neunziger Jahre über blieb die Oper populär. Bereits eine Woche nach der Doppelpremiere ging Tschaikowsky wieder auf Reisen. Anfang Januar hatte er in Brüssel eigene Werke zu dirigieren; doch zunächst fuhr er über Basel nach Montbéliard, wo, wie er erfahren hatte, seine Kinderfrau Fanny Dürbach lebte. »Mademoiselle Fanny« kannte Modest und Anatol nicht; daher ging Tschaikowskys erster Bericht über diese Begegnung an Nikolaj: »Obwohl sie inzwischen siebzig ist, hat sie sich nur wenig verändert. Ich hatte große Sorge, daß es Tränen und Szenen geben würde, aber nichts dergleichen geschah. Sie begrüßte mich, als sei es nur ein Jahr her, daß wir uns zuletzt gesehen hätten – mit Freude, Ausgelassenheit und ohne Umstände... Später zeigte sie mir unsere Schulhefte..., meine Arbeit, Deine und meine Briefe, doch, am interessantesten von allem, wunderbar liebe Briefe von Mama... Ich glaubte, den Duft unseres Hauses in Wotkinsk zu atmen und die Stimme von Mama und den anderen zu hören. Sie schenkte mir einen wunderbaren Brief von Mama.«[19]

Das Konzert in Brüssel wurde vom Publikum gut aufgenommen, war jedoch lange nicht so erfolgreich wie die Konzerte, die Tschaikowsky nach seiner Heimkehr in Odessa zu dirigieren hatte[20]. Ebenfalls in Odessa malte Kusnezow das berühmte Tschaikowsky-Porträt, das Modest als das lebendigste Bild seines Bruders bezeichnete. Es zeigt diesen als Denker, als sorgenvollen, aber nicht humorlosen, weißhaarigen Mann, den man für einen Mittsechziger halten könnte, der sich gut gehalten hat. Tschaikowsky jedoch war noch keine 53 Jahre alt; er selbst trieb den Prozeß des Alterns in großer Geschwindigkeit voran, indem er seinen Alltag mit immer fieberhafterer Tätigkeit ausfüllte. Anfang Februar war er wieder zuhause, zufrieden mit seiner jüngsten Tournee.

Zwölftes Kapitel

SECHSTE SYMPHONIE, TOD UND NACHWIRKEN

Etwa in seinem letzten Lebensjahr hatte Tschaikowsky eine Erfolgsstufe erreicht wie nur wenige Komponisten zu ihren Lebzeiten. Vor begeistertem Publikum in ganz Europa und in Amerika spielte man seine Werke, seine Musik galt als modern, dauernd verlangte man nach ihm als Dirigenten; auch Ehrenstellungen kamen allmählich auf ihn zu. Die Académie Française wählte ihn zum korrespondierenden Mitglied, und die Universität Cambridge bot ihm durch Charles Villiers Stanford einen Ehrendoktor der Musik an, gemeinsam mit Saint-Saëns, Boito, Bruch und Grieg; Tschaikowsky nahm das Angebot an.

Erst Ende Mai sollte er in England sein. In der Zwischenzeit, nach den Erfolgen in Odessa wieder in Klin, begann er, an seiner Sechsten Symphonie zu arbeiten. Am 11./23. Februar schrieb er an Bob Dawydow: »Auf meinen Reisen hatte ich einen Einfall zu meiner neuen Symphonie, diesmal einer Programmsymphonie, doch mit einem Programm, das für jedermann Geheimnis bleiben soll – laß sie sich nur die Köpfe darüber zerbrechen, die Symphonie wird nur ›Eine Programmsymphonie‹ (Nr. 6) heißen. Das Programm ist bis ins Innerste subjektiv... Was die Form angeht, wird in dieser Symphonie vieles neu sein – unter anderem wird das Finale kein lautes Allegro, sondern – ganz im Gegenteil – ein sehr gemächliches Adagio sein. Du wirst kaum verstehen können, wie sehr mich mit Glück erfüllt, davon überzeugt sein zu können, daß meine Zeit noch nicht vorbei ist, sondern daß ich noch arbeiten kann.«[1]

Konzerte in Moskau und Charkow sorgten für Unterbrechungen; erst am 19./31. März konnte Tschaikowsky die Arbeit wieder aufnehmen und sie fünf Tage später abschließen[2]. Die Instrumentierung konnte nicht unmittelbar folgen. Wie Tschaikowsky es zuletzt immer gehandhabt hatte, ließ er seine Ideen, die er für die unterschiedlichen Orchesterfarben in sich hegte, reifen und komponierte ein anderes Stück, diesmal die 18 Stücke für Klavier op. 72 und die Sechs Lieder op. 73. An Bob schrieb er, die Klavierstücke seien »mittelmäßig«. »Ich spürte kein Verlangen in mir, die Stücke zu komponieren; ich tue es nur, um Geld zu verdienen. Ich setzte alle meine Bemühungen daran, daß sie nicht allzu schlecht herauskommen.«[3] So gering ihr Gehalt ist – Stücke wie *Un poco di Chopin*, *Un poco di Schumann*, *Écho rustique* –, eines von ihnen ist ganz besonders interessant, nicht wegen seines musikalischen Gehalts, der tatsächlich nur »mittelmäßig« ist, sondern wegen seines Titels: *Valse à cinq temps*. So bald nach dem Abschluß des Particells zur Sechsten Symphonie komponiert, entstand dieser Walzer mit fünf Schlägen im Takt sicherlich im Schlepptau des zweiten Satzes der Sechsten Symphonie. So läßt sich der Symphoniesatz aus dem Klavierstück heraus unzweifelhaft als »Walzer im Fünfvierteltakt« bezeichnen; auch Tschaikowsky selbst wird nicht anders darüber gedacht haben.

Die Lieder stehen auf sehr viel höherer Stufe, vielleicht weil sie dem »sympathischen« Tenor Figner gewidmet sind. Besonders gut gelungen ist das letzte dieser Lieder, *Wieder allein wie zuvor*. Die Musik bildet die überaus emotionale Atmosphäre des Texts sehr lebensnah ab; die ganz einfache, wiederholungsreiche und introvertierte Melodie sowie die halbtonweise fallenden Vorausnahmen in der Begleitung tragen das ihre dazu bei. Das Lied spielt in derselben Welt wie *Pique-Dame*, doch in seiner präzisen Aussage und Einfachheit bedeutet es vielleicht noch einen Schritt weiter nach vorn, ist also stili-

Festkonzert in Cambridge am 12. 6. 1893.
Oben links:
Tschaikowsky dirigiert »Francesca da Rimini«;
rechts Camille Saint-Saëns.
Untere Reihe von links:
Charles Stanford (als Vertreter Griegs),
Max Bruch und Arrigo Boito

stisch noch charakteristischer für Tschaikowsky in seinem Spätwerk. Wahrscheinlich zeigt es uns, was man in einer nächsten Oper Tschaikowskys gefunden hätte, wenn er sie hätte schreiben können. Er hatte sich auf die Suche nach einem geeigneten Libretto begeben; Modests Vorschlag, die Hindu-Legende »Nal und Damajanti« zu verarbeiten, lehnte er ab, weil sie ihm »zu lebensfern« sei (Arensky komponierte über dieses Thema später eine Oper). Er wünschte sich ein Stück in der Art von Bizets *Carmen* oder von Mascagnis *Cavalleria rusticana*, die drei Jahre zuvor uraufgeführt worden war.

Am 17./29. Mai kam er in das »häßliche London«, um dort drei Tage später seine Vierte Symphonie in einem Konzert der Royal Philharmonic Society zu dirigieren[4]. Er berichtete Modest, das Konzert sei »ein brillanter Erfolg« gewesen, »das heißt, die einmütige Meinung war, daß ich einen veritablen Triumph hatte, so daß Saint-Saëns, der nach mir an der Reihe war, ein wenig unter meinem außerordentlichen Erfolg zu leiden hatte«[5]. Die angehenden Ehrendoktoren waren allesamt in London; nur Grieg war aus Krankheitsgründen nicht zugegen. Außer Saint-Saëns machte nur Boito Eindruck auf Tschaikowsky. Bruch hielt er für »krankhaft arrogant«[6]. Am 1./13. Juni wurden die Urkunden in Cambridge überreicht. Am Tag zuvor hatte ein Konzert stattgefunden, in dem Musik von allen fünf Ehrendoktoren zur Aufführung kam; Tschaikowsky dirigierte *Francesca da Rimini*. Cambridge, »dessen Colleges mit ihren eigenartigen Sitten und Traditionen, die an vielem Mittelalterlichen anknüpfen, an Klöster erinnern«, machten auf ihn einen »außerordentlich faszinierenden Eindruck«[7].

Nach Rußland zurückgekehrt, besuchte Tschaikowsky zunächst Modest in Grankino, dann Nikolaj in Ukolowo; am 20. Juli/1. August konnte er an die Orchestrierung der Sechsten Symphonie gehen. »Je weiter ich mit der Instrumentierung komme, desto mehr Schwierigkeiten habe ich mit ihr«, schrieb er nach zwei Tagen an Modest. »Vor zwanzig Jahren habe ich das mit höchster Geschwindigkeit hinter mich gebracht, ohne irgendetwas dabei zu denken, und es kam gut heraus. Nun bin ich ängstlich geworden, mir meiner Sache nicht mehr sicher. Heute saß ich den ganzen Tag an nur zwei Seiten; nichts kommt tatsächlich so heraus, wie ich es gern hätte. Doch natürlich macht die Arbeit Fortschritte.«[8] Nach fast vierzehn Tagen klagte er noch immer über diese Probleme, schrieb aber an Bob, daß er nunmehr endgültig der Ansicht sei, dies sei sein bestes Werk, »das ehrlichste« von allen. »Ich liebe es, wie ich nie zuvor eines meiner musikalischen Produkte geliebt habe.«[9] Ebenso äußerte er sich Jürgenson gegenüber, als er ihm am 12./24. August mitteilte, mit der Orchestrierung endlich zu Rande gekommen zu sein[10]. Am selben Tag schrieb er an Anatol, das relativ geringe Arbeitstempo hänge nicht mit einer Abnahme seiner Kräfte zusammen, sondern sei ein Ergebnis davon, »daß ich mit mir selbst strenger geworden bin ... Ich bin sehr stolz auf diese Symphonie und glaube, es ist meine beste Komposition.«

Seine Arbeit hatte ihn dermaßen begeistert, daß ihn nicht einmal Todesanzeigen naher Freunde niederwerfen konnten; sein früherer Kollege Albrecht, der Dichter und Schulfreund Apuchtin und Wladimir Schilowsky waren gestorben. Großfürst Konstantin schlug Tschaikowsky vor, Apuchtins »Requiem« zu vertonen; Tschaikowsky winkte jedoch ab, denn »meine letzte Symphonie (besonders ihr Finale) ist von ähnlichem Geist durchdrungen«[11]. Er dirigierte ihre Uraufführung am 16./28. Oktober in Petersburg. Die nur mäßige Begeisterung der Orchestermusiker über das Werk hatte ihn beim Proben etwas entmutigt, und das Petersburger Publikum brachte der Symphonie die ihm eigene höfliche Zurückhaltung entgegen – ganz anders als die Ovationen, die Tschaikowsky in Charkow, Odessa und selbst in London erfahren hatte. Die Presse äußerte sich weitgehend positiv; ein Kritiker fügte seiner lobenden Rezension die Bemerkung an, die Symphonie hätte wohl noch mehr Erfolg gehabt, wenn sie von Auer oder Naprawnik dirigiert worden wäre. Rimsky-Korsakow wider-

Tschaikowsky mit 53 Jahren (1893)

sprach dieser Äußerung in seiner Autobiographie; Tschaikowskys Aufführung sei hervorragend gewesen.

Am Morgen nach der Uraufführung traf Modest seinen Bruder an, als der über einen Titel nachdachte. Er hatte eingesehen, daß »Programmsymphonie« an sich, ohne daß man dem Stück ein dezidiertes Programm mitgab, nicht ausreichte. Andererseits wollte er sie auch nicht einfach nur mit einer Zahl benennen. Modests Vorschlag, sie »Die Tragische« zu nennen, paßte ihm nicht. Modest berichtet: »Ich verließ das Zimmer und ließ Peter Iljitsch unentschlossen zurück. Dann schoß mir der Titel ›pathétique‹ durch den Kopf. Ich ging zu ihm zurück – ich erinnere mich daran, als sei es erst gestern gewesen –, stand im Türrahmen und stieß das eine Wort aus. ›Exzellent, Modja, bravo, pathétique!‹«[12] Am nächsten Tag (18./30. Oktober) schrieb Tschaikowsky an Jürgenson, die Symphonie sei »nicht abgelehnt worden, aber sie hat etwas Bestürzung hervorgerufen. Ich bin auf dieses Stück so stolz, wie ich noch nie auf irgendeine andere Komposition gewesen bin.«[13]

Nach einer Woche war Tschaikowsky tot. Modest behauptet in der Biographie seines Bruders, dieser sei an Cholera gestorben, weil er unabgekochtes Wasser getrunken habe[14]. Inzwischen ist diese Behauptung widerlegt worden; bereits die zeitgenössischen Berichte stehen im Widerspruch zu dieser Version. Die Brüder Lew und Wassily Bertenson, zwei der besten Ärzte in Petersburg, betreuten den todkranken Tschaikowsky. Modests Bericht über den Verlauf der »Krankheit« weicht in wesentlichen Punkten von dem ebenfalls gedruckten Bericht Lew Bertensons ab. Doch nicht nur das: In Modests Wohnung, in der Tschaikowsky untergebracht war, wurde keine der sonst obligatorischen Hygienemaßnahmen getroffen. Als Tschaikowsky gestorben war, kamen viele Leute in die Wohnung, um von ihm Abschied zu nehmen; dies wäre nie zugelassen worden, wenn Tschaikowsky wirklich an Cholera gestorben wäre. Und Rimsky-Korsakow bemerkt in seiner Autobiographie: »Merkwürdig, daß der Zugang zur Totenmesse frei war, obwohl Tschaikowsky an Cholera gestorben war. Ich erinnere mich, daß Werschibilowitsch [ein Violinprofessor am Moskauer Konservatorium] den Leichnam an Kopf und Füßen küßte.«[15]

Inzwischen läßt sich nachweisen, daß Tschaikowsky Selbstmord begangen hat. Die sowjetische Wissenschaftlerin Alexandra Orlova, die inzwischen in den Westen übergesiedelt ist, konnte vor kurzem Details zu Tschaikowskys Tod in vollem Umfang publizieren und somit alle noch offenen Fragen auf diesem Gebiet beantworten. Ihr inzwischen verstorbener Mann, Georgy Orlov, hatte von Dr. Wassily Bertenson persönlich kurz vor dessen Tod 1933 erfahren, Tschaikowsky habe sich vergiftet. In ihrem Aufsatz[16] weist Frau Orlova auch auf einen Bericht hin, in dem dargestellt wird, wie es zu dem Selbstmord kam; diesen Bericht bekam sie 1966 von Alexander Woitow im Russischen Museum in Leningrad diktiert. Woitow war selbst wie Tschaikowsky (aber natürlich wesentlich später) auf die Rechtsschule gegangen und hatte über viele ehemalige Schüler der Anstalt biographisches Material gesammelt. Nach Woitow hatte ein gewisser Fürst Stenbok-Fermor an Alexander III. einen Beschwerdebrief geschrieben, weil »der Komponist sich zu sehr mit seinem jungen Neffen beschäftigte«. Den Brief gab er an den leitenden Senatsprokurator Nikolaj Jacobi, der die Schule zur selben Zeit wie Tschaikowsky besucht hatte; Jacobi sollte ihn an den Zaren weiterleiten. Jacobi jedoch befürchtete, durch die Angelegenheit das Ansehen der Schule und ihrer früheren Schüler zu schädigen, und berief ein »Ehrengericht« ein, das neben ihm aus sechs weiteren Schulfreunden Tschaikowskys bestand; am 19./31. Oktober wurde Tschaikowsky selbst vor das Gericht zitiert. Um einen Skandal zu vermeiden, »verlangten sie von ihm, daß er sich selbst umbringe«. Das Gift für diesen Zweck (wahrscheinlich Arsen) ist Tschaikowsky vielleicht am nächsten Morgen von dem Rechtsanwalt Auguste Gerke, einem anderen ehemaligen Schüler, überbracht worden. Als Grund für Gerkes Besuch wurde eine Vereinbarung angegeben, die

Tschaikowskys Totenmaske

mit dem Verlag Bessel über die Oper *Der Opritschnik* getroffen werden sollte. Über den Besuch war von Wassily Bessel in der Zeitung »Russkaja musikalnaja gazeta« hingewiesen worden; bezeichnenderweise unterließ es Modest, in seinem Buch auf diesen Bericht hinzuweisen.

Tschaikowsky litt entsetzlich an den Folgen des Gifts; am frühen Morgen des 25. Oktober/6. November starb er. Vier Tage später wurde er nach einer großangelegten Totenfeier in der Kasan-Kathedrale auf dem Friedhof des Alexander-Newsky-Klosters beigesetzt, nicht weit von den Gräbern Glinkas, Borodins und Mussorgskys. Balakirew überlebte ihn um fast siebzehn Jahre, Rimsky-Korsakow um fünfzehn, und selbst der alte Stassow hatte noch dreizehn Jahre zu leben.

Tschaikowskys Tod erschütterte die musikalische Welt; zu seinem Gedenken dirigierte Naprawnik am 6./18. November die Sechste Symphonie. Wie wir gesehen haben, hat Tschaikowskys letzter Satz mit »Tod« zu tun und ähnelt in seiner Art einem Requiem. Das Publikum war tief beeindruckt von der Aufführung. Das »Adagio lamentoso«-Finale bezeichnete man als prophetisch. Obwohl man die Wahrheit um Tschaikowskys Tod sorgsam hütete, wurde hier und da behauptet, Tschaikowsky habe Selbstmord begangen. Dies tat dem Erfolg der Sechsten Symphonie jedoch keinen Abbruch; ihre posthume Bewertung war aber auch nicht allein dafür verantwortlich. Wenig später fand sie in ganz Europa und in Amerika ihr begeistertes Publikum. Auf das ganze europäische Musikbewußtsein hatte sie tiefgreifende Wirkung, besonders in Deutschland und Österreich. In den weiteren 1890er Jahren wurde Tschaikowsky dermaßen berühmt, daß beispielsweise einige der Nachrufe auf Brahms 1897 in ihrem Lob etwas zurückhaltender waren, als sie es wohl sonst gewesen wären. Da das nichts mit den relativen Verdiensten beider Komponisten zu tun hat, müßte man an sich nicht weiter darauf eingehen; aber es hatte vielleicht Bedeutung für ihr posthumes Wirken. Abgesehen von den Einflüssen, die Brahms am Rande auf Schönberg hatte, wirkte er eher auf kleinere Komponisten, beispielsweise auf Ernst von Dohnányi; so tief Brahms in den mitteleuropäischen Traditionen wurzelte, war es doch eher dem »barbarischen« Russen beschieden, auf den Fortgang dieser Traditionen den größeren Einfluß auszuüben – ebenso wie dieser das Idiom der Musik seines Heimatlandes mit dem Hauptstrom europäischer Musik aussöhnte. Das macht Tschaikowsky unter den Komponisten noch lange nicht zu einem Kosmopoliten, ebenso wenig wie man das von Bartók behaupten kann, dem eine etwa vergleichbare Aussöhnung gelang.

Um die posthumen Wirkungen näher zu untersuchen, die Tschaikowsky mit seiner Musik hatte, bräuchte man wesentlich mehr Raum, als in diesem Buch zur Verfügung steht. Vor einigen Bemerkungen zu diesem Thema wird es jedoch sinnvoll sein, das Werk etwas näher zu betrachten, das die unmittelbarste Wirkung hatte: die Sechste Symphonie in h-Moll. Die Instrumentation ist von fundamentaler Bedeutung, vom allerersten Takt der Adagio-Introduktion an. Ein Solofagott in tiefer Lage über geteilten Kontrabässen, zu denen geteilte Bratschen treten, deutet das erste Thema des Allegro non troppo an; es hat den Anschein, als drücke es die Kämpfe aus, die mit dem Drang nach Leben verbunden sind. In der Introduktion sinkt es jedoch in einer abwärtsgerichteten Leiter in die Tiefe zurück; man kann in dieser Leiter eine Art Leitmotiv des Todes sehen (Notenbeispiel 22).

Notenbeispiel 22:
Sechste Symphonie h-Moll (»Pathétique«),
Introduktion

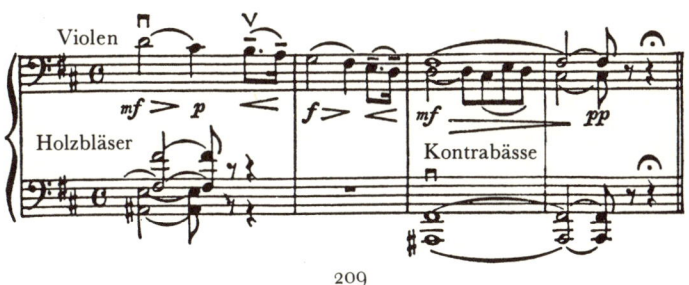

Donald Tovey schrieb: »Tschaikowskys Musik ist immer dramatisch; die *Pathétique* ist das dramatischste aller seiner Werke.«[17] Martin Cooper drückte sich noch präziser darin aus, an welchen Stellen er bestimmte opernhafte Wendungen in Tschaikowskys Allegro non troppo sah. Zum Beispiel stellte er der Figuration bei Tschaikowsky besonders dort, wo »poco più animato«[18] vorgeschrieben ist, die lange Solopassage in der letzten Szene von Verdis *Othello* (im Schlafzimmer) gegenüber, »wo die Kontrabaßbewegung von Staccato-Sechzehnteln in den Bratschen überhöht werden und auf die dauernd wiederkehrende Staccato-Figur in den Bässen ein einziger Stoß der Blechbläser folgt.«[19]

Den verborgenen Phänomenen der Gewalt mit ihren gelegentlichen Ausbrüchen im knappen ersten Thema ist im zweiten (Andante, D-Dur) beinahe bösartig ein vollkommen gegensätzliches Moment zur Seite gestellt; es ist »teneramente, molto cantabile, con espressione« bezeichnet und erinnert sehr an Don Josés Des-Dur-Arie in *Carmen*. Es präsentiert sich ganz offen als herrliches Liebesthema, wird zu der für Tschaikowsky typischen Ekstase gesteigert und fällt schließlich zurück, bis nur noch ein Solofagott im pppppp übrig ist. Ein fortissimo-Klang bricht in diesen Frieden ein und bringt die Allegro-vivo-Durchführung in Gang. Hier wird das »Leitmotiv des Todes« mit seiner fallenden Motivik eingeführt; es überwältigt, flößt Ehrfurcht ein und leitet schließlich über zu einer Bearbeitung des orthodoxen Trauerthemas *Mit den Heiligen,* über das eine schrille Wiederholung des Todesmotivs nur zu spotten scheint. Nicht einmal die orgiastische Wiederholung des zweiten Themas in der Reprise kann den nahen Schrecken verbergen, der selbst noch in der weichen, ergebenen Coda in H-Dur präsent ist. Hier wird unter die herrlichen Holzbläser- und Hornphrasen eine akzentuierte, trauermarschartige Tonleiter der Streicher im pizzicato gesetzt – mehr bleibt von dem pulsierenden Leben des Satzes nicht übrig. Vielleicht ist das entscheidend für den ganzen Satz, daß es in ihm keine überflüssige Note gibt. In der konzisen Exposition und der gedrungenen Durchführung macht Tschaikowsky klar, daß er inzwischen zu kürzen gelernt hat, so daß am Ende nur noch dasteht, was für den Ablauf eines Satzes unbedingt notwendig ist.

Auf diesen Satz folgt der bezaubernde Walzer im Fünfvierteltakt; er gestattet dem Hörer eine gewisse Erholung von der dramatischen Intensität des vorangegangenen Satzes. Wie stark auch noch in diesem allerletzten Schaffensabschnitt Tschaikowskys die Einflüsse Schumanns, Glinkas und Balakirews wirkten, tritt aus dem Trio hervor, dessen Beginn in Notenbeispiel 23 wiedergegeben ist. Man ziehe das Notenbeispiel 16 auf S. 165 zum Vergleich heran: Es zeigt sich, um wieviel drohender Tschaikowskys Musik hier in der Sechsten Symphonie ist. Nicht nur das Motiv der Tonleiter abwärts taucht auf, auch auf das Mittel, Material nach vier Takten zu

Notenbeispiel 23:
Sechste Symphonie h-Moll (»Pathétique«),
Beginn des Trios

wiederholen, greift Tschaikowsky hier zurück – die wiedergegebenen Takte erklingen dreimal nacheinander ohne substantielle Änderung. Dadurch ruft Tschaikowsky ein Gefühl nagender Verzweiflung hervor, dazu durch den unablässig in Vierteln repetierten Orgelpunkt der Fagotte und Kontrabässe. Tschaikowsky zeigt hier meisterhaft, daß der Schrecken sich nur in schattigem Hinterhalt zurückgezogen hat.

Der dritte Satz, Allegro molto vivace, beginnt als Scherzo nach der Art der Zweiten Symphonie. Tschaikowsky führt dann aber das ominöse Motiv der Tonleiter abwärts forte und marcato ein und setzt in den Blechbläsern dazu Tonfiguren, die an die ersten vier Töne von Beethovens Fünfter Symphonie erinnern (im 19. Jahrhundert sah man in ihnen das Schicksalsmotiv schlechthin)[20]. Von diesem Augenblick an wissen wir, daß das Stück ein jagendes Scherzo ist – mehr noch, als oberflächlich erkennbar – und daß der Marsch mit seinen punktierten Rhythmen, der kurz zuvor zu hören war, nicht nur eine harmlose Militärparade darstellte. Nach großen, weiteren Entwicklungen gewinnt der Marsch schließlich die Oberhand und überwältigt das Scherzo-Material. Tschaikowsky gelang es daraufhin, einen mächtigen Triumphmarsch in Dur zu schaffen, in dem jedoch unterbewußt das Gefühl der Drohung immer deutlicher hervortritt. Schließlich wird erkennbar, daß der Triumphator niemand anders ist als der Tod selbst.

Der Höhepunkt der Symphonie liegt allerdings nicht in diesem gigantischen Marsch, sondern im langsamen Schlußsatz. Das verzweiflungsvolle erste Thema – in der Grundtonart h-Moll – beginnt mit einer Tonleiter abwärts, die sich dem Partiturleser hinter einer vielfältigen Verschlingung der Stimmen verbirgt, für den Hörer jedoch klar und deutlich in Erscheinung tritt. Wenn dies dem »Requiem aeternam« der Totenmesse entspricht, so ist das zweite Thema, das in der parallelen Durtonart Trost spendet, dem »Lux perpetua« zu vergleichen. Doch auch dessen Beginn liegt eine abwärtsgerichtete Leiter zugrunde; am Ende ist sein Erklingen – in der Moll-Grundtonart und von einem unheilverheißenden Gongschlag angekündigt – so voller Verzweiflung, daß es kaum zu ertragen ist. In der leidenschaftlichen Reprise des ersten Themas erklingt dessen Melodie in einer einzelnen Stimme ohne Stimmkreuzungen; erstmals spielen die Streicher allein das fallende Thema. Somit ist der Tod nicht länger verborgen; er blickt uns direkt ins Gesicht. Die Symphonie fällt in sich zusammen und endet in der Dunkelheit, aus der sie gekommen war.

Wir haben gesehen, daß Gustav Mahler *Eugen Onegin* bis ins Innerste kannte und verehrte (siehe S. 196). Diese Bewunderung betraf – wenn vielleicht auch sonst keine anderen Werke – sicher außerdem die Sechste Symphonie: Mahler ließ nämlich seine eigene Dritte Symphonie, die er im Sommer 1894 vollendete, ebenfalls mit einem Adagio schließen. Donald Tovey hat stellvertretend für alle, die mit ihm einer Meinung sind, formuliert: »Das langsame Finale [der Sechsten Symphonie] mit seiner vollkommenen Einfachheit der Verzweiflung ist ein Geniestreich, mit dem alle künstlerischen Probleme gelöst sind, die den meisten Symphonikern nach Beethoven im Wege gestanden haben.«[21]

Was Mahler angeht, so ist das langsame Finale der letzten Symphonie, die er fertigschreiben konnte, der Neunten, noch bedeutender als das der Dritten. Die Grundstimmung ist trostlose Resignation, das Hauptthema – ähnlich dem Tschaikowskys – aus einer Tonleiter abwärts entwickelt, die sich hier aus dem »Lebewohl«-Motiv der ganzen Neunten Symphonie herleitet. Nicht im geringsten erinnert die Musik an Tschaikowsky, doch an einer Stelle klingt flüchtig und wahrscheinlich als unterbewußtes »Zitat« der Beginn des russischen Volkslieds *Spinne, meine Spinnerin* an, das Tschaikowsky in seiner Zweiten Symphonie verarbeitet hatte (in Takt 31/32, wenige Takte nach einer Modulation nach cis-Moll; der ganze Satz ist voll von derartigen Rückgriffen auf früher Komponiertes, meist jedoch auf Mahlers eigene Werke). Alban Berg berichtet, Mahler habe, als er seine Neunte Symphonie schrieb, eine Ahnung gehabt, daß sein Tod nahe bevorstehe.

In dieser Symphonie und in anderen späteren Werken hat man ihn als einen Propheten des Zeitalters der Verzweiflung bezeichnet. Wenn das jedoch der Fall ist, dann ist er der »Elisa«, der dem »Elias« Tschaikowsky nachfolgte.

In Alban Bergs eigenen Kompositionen stößt man in einem ganz besonderen Fall auf ein langsames Finale im Sinne Tschaikowskys: in seiner *Lyrischen Suite für Streichquartett* von 1926, in der das »Largo desolato« den psychologischen Höhepunkt eines Werkes darstellt, das den zunehmend grausamen Gegensätzen zwischen Wahnsinn und Hoffnungslosigkeit gewidmet ist. Ein weiteres Beispiel findet sich im Lento-Finale des Zweiten Streichquartetts von Bartók (1917). Wie bei Berg leitet sich auch die Musik dieses Satzes an sich in keiner Weise von Tschaikowsky her – ebenso wenig wie Berg sich in seinem Werk auf Mahler berief. Doch die Idee eines langsamen Finalsatzes zwischen Wahnsinn und Hoffnungslosigkeit geht sicher allein auf Tschaikowskys Sechste Symphonie zurück. Allen diesen langsamen Sätzen ist ein weiteres gemeinsam: Ihr Tempo variiert stark, und zwar an ganz entscheidenden Stellen. Hier tritt ein Moment des musikalischen Expressionismus in Mitteleuropa zutage, auf den Tschaikowskys Musik mit Sicherheit einen maßgeblichen, aber nicht den allein entscheidenden Einfluß ausgeübt hat.

Doch noch auf einer weiteren Linie wirkte Tschaikowsky auf Mahler ein, wiederum weniger in der Musik, wie sie zum Erklingen kommt (was Mahler überhaupt nicht gelegen hätte), sondern in formaler Hinsicht: im besonderen Umgang mit Walzer und Marsch in der Symphonie. Tschaikowskys glänzende Verbindung von beiden Typen mit der russischen Volksmusik, wie es ihm in seinen beiden letzten Symphonien gelang, erhält in Mahlers Musik einen ebenbürtigen Partner: Mahler verband in seinen späteren Symphonien beide Formen auf ähnlich hoher Qualitätsstufe mit dem österreichischen Volkslied. Die Methode, unter der Mahler das Marschthema vom Militärkapellen-Typ Schuberts zu den schreckensgeladenen Fanfaren seiner Neunten Symphonie werden ließ – wiederum ähnlich den Techniken Tschaikowskys in seinen späten Symphonien –, ist mindestens zum Teil auf Tschaikowsky zurückzuführen. Darüber hinaus hatten beide ähnliche Charakterzüge; beide waren in gewisser Weise aus der Gesellschaft ausgestoßen – Tschaikowsky durch seine homosexuellen Neigungen und Mahler durch seine jüdische Abstammung, mit der er in der Donaumonarchie auf Probleme stieß.

Doch auch im Werk dreier weiterer, ganz eigenständiger Komponisten, die untereinander ebenso wie mit den bereits genannten Persönlichkeiten nur wenig Gemeinsames haben, lassen sich Einflüsse der Musik Tschaikowskys nachweisen: Puccini, Sibelius und Strawinsky. Am deutlichsten wird dies wohl bei Puccini. Die furchteinflößenden Partien in seiner relativ frühen *Tosca* (1900) wie in der relativ späten *Turandot* (1924) beispielsweise knüpfen unmißverständlich an *Pique-Dame* und Tschaikowskys späte Symphonien an. Auch in manchem Tutti-Finale baute Puccini direkt auf Tschaikowskys Methoden auf: auf dessen Oktavverdoppelungen der Melodie im fortissimo und dessen fieberhaft sequenzierten Figuren, die zu noch viel mächtigeren Höhepunkten überleiten. Doch auch in bestimmten ruhigeren Passagen klingt *Eugen Onegin* nach, nicht nur bei Puccini, sondern auch bei Massenet – obwohl zwischen Tschaikowsky und Massenet Einflüsse hin und her gingen und einige besonders wohlduftende Passagen bei Tschaikowsky gerade Reminiszenzen an Massenet bergen.

Kaum weniger deutlich sind Tschaikowskys Auswirkungen auf Sibelius' Schaffen. Zu Tschaikowskys Lebzeiten war Finnland ein Teil des Zarenreichs; Glinka und Balakirew haben in ihren Werken auch finnische Volksmelodien anklingen lassen. Robert Layton hat darauf hingewiesen, wie deutlich die Korrespondenzen zwischen dem zweiten Teil des ersten Satzes von Tschaikowskys *Souvenir de Florence* und einer Figur im langsamen Satz von Sibelius' Erster Symphonie (Takt 84) sind; Layton führte weiter aus, das üppige Eröffnungsthema dieses Andante und die großangelegte Melodie des Finale erinnerten »an die emotional höhere, dem Fieber ähnliche

Temperatur jenes Russen«[22]. Man könnte noch auf weitere derart klare Ähnlichkeiten hinweisen; interessanter noch ist, die Symphonische Ballade *Der Woiwode*, 1897 posthum veröffentlicht, etwas näher zur Betrachtung heranzuziehen. In diesem außergewöhnlichen Werk sind die gelegentlich schier unendlichen Sequenzen in lange Ostinati umgewandelt, oft über einem Orgelpunkt; die Partiturgestaltung, auch mit der häufigen Teilung der Streicherstimmen und den singulären Bläserstimmen, weist auf Sibelius hin, dazu die Darstellung der kalten Atmosphäre einer verschneiten Landschaft und der eisigen Finger des Todes, von denen die Vorlage der Symphonischen Ballade spricht. Ebenso frostig sind die Themen, ganz ohne das sich manchmal laut äußernde lyrische Element, das man sonst gerne Tschaikowsky zuschreibt. Nur einzelne Teile aus dem vorangegangenen programmatischen Werk, *Hamlet*, lassen sich mit diesen Passagen vielleicht vergleichen. Wäre die Musik, wie Tschaikowsky es gewollt hatte, tatsächlich vernichtet worden, wir wären heute um eine Andeutung dessen ärmer, auf welchen Bahnen sich Tschaikowskys kompositorisches Talent möglicherweise weiterentwickelt haben würde.

Merkwürdigerweise sind diese Entwicklungsansätze radikal anders geartet als der Stil, der uns im Spätwerk Rimsky-Korsakows entgegentritt. Dennoch ist ihnen ein Gedanke zumindest gemeinsam: die größere Frostigkeit der Atmosphäre. Doch wenn Tschaikowsky sich selbst in die Komposition einbezog, wurde Rimsky-Korsakows Musik hinsichtlich ihrer Gefühlswelt eher objektivierend-unbeschwert. Beide nahmen Spuren volkstümlichen Stils in ihre Musik auf, was einem übermäßigen Nationalgefühl in früheren Lebensabschnitten entsprungen war und in der formalen Anlage eines Werks fast eine Art transparenten Klangmosaiks erzeugt. Dagegen muß man wohl kaum darauf eingehen, daß der unbeirrbare Nationalist Balakirew mit dem Spätstil Tschaikowskys und Rimsky-Korsakows nichts zu tun haben wollte; so war das »Mächtige Häuflein« der sechziger und frühen siebziger Jahre mit dem Tod Mussorgskys und Borodins in den 1880er Jahren und der Entwicklung Cuis zu einem musikalischen Niemand auseinandergefallen.

Strawinsky übernahm von Rimsky-Korsakow die mathematische Objektivität des Gefühls, als er in den ersten Jahren des zwanzigsten Jahrhunderts dessen Schüler war. Doch er war immer eher bereit, Tschaikowskys Musik anzuerkennen als die Rimsky-Korsakows. Schließlich gibt es Momente in *Dornröschen,* von denen sowohl Rimsky-Korsakow als auch Strawinsky lernen konnten – besonders an den einem Ballett so angemessenen marionettenartigen Rollen (weniger angemessen erscheint dies in Rimsky-Korsakows Opern), den mathematisch genauen Wiederholungen, die der Tanz erfordert und in denen Tschaikowsky den präzisen Instruktionen des Choreographen Petipa zu folgen hatte, und schließlich an dem objektivierten Charakter des lyrischen Elements, den die Märchenwelt des Balletts verlangt. Somit überrascht es nicht, daß Strawinsky anläßlich einer Londoner Neuinszenierung gerade des *Dornröschen* durch Diaghilew an diesen einen offenen Brief richtete, der am 18. Oktober 1921 in der »Times« abgedruckt wurde: »Es macht mich sehr glücklich zu wissen, daß Sie dies Meisterwerk herausbringen, *Dornröschen,* von unserem großen und verehrten Tschaikowsky... Tschaikowskys Musik, die vielleicht nicht jedem typisch russisch erscheint, ist oft tiefer russisch als die Musik, die man seit geraumer Zeit als die leichtfertig pittoreske Seite Moskaus wahrnimmt. Jene Musik ist ebenso russisch wie Puschkins Dichtung oder Glinkas Lied. Auch wenn Tschaikowsky in seiner Kunst nicht speziell die ›Seele des russischen Bauern‹ pflegte, arbeitete er doch immer unterbewußt mit den echten, breiten Quellen unseres Volkes.

Und wie aufschlußreich ist, wen unter den Komponisten der Vergangenheit wie auch seiner eigenen Zeit er schätzte! Er verehrte Mozart, Couperin, Glinka, Bizet; das läßt keinen Zweifel an seinem Geschmack zu. Wie merkwürdig! Immer wenn sich ein russischer Musiker in die Einflußbereiche dieser lateinisch-slawischen Kultur begibt und klar die Grenzen zwischen dem österreichisch-katholischen Mozart, Beaumarchais zugewandt, und dem deutsch-protestantischen Beethoven, Goethe zugewandt, erkennt, ist das Ergebnis beeindruckend...

Ich habe mich eben wieder mit der Partitur dieses Balletts [*Dornröschen*] befaßt. Ich habe einige Nummern instrumentiert, die bisher noch nicht orchestriert und aufgeführt worden waren. Ich hatte dabei einige Tage voll intensiver Freude, weil ich in diesen Stücken immer wieder dasselbe Gefühl von Frische, Einfallsreichtum, Begabung und Kraft spüre. Und ich hoffe aufrichtig, daß Ihr Publikum aus aller Welt dieses Werk in gleicher Weise empfindet wie ich, ein russischer Musiker.«[23]

Tschaikowsky hatte in seiner *Mozartiana*-Suite ebenso wie Balakirew in der *Chopin-Suite* auf Material eines fremden Komponisten zurückgegriffen. In gleicher Weise arrangierte nun Strawinsky einige Jahre nach diesem offenen Brief aus weniger bekannten Stücken Tschaikowskys sein Ballett *The Fairy's Kiss*. Nur unterscheidet sich Strawinskys Bearbeitungstechnik insofern von der Tschaikowskys und Balakirews, daß er ein »schöpferisches« Arrangement schrieb und an verschiedenen Stellen eigenes, also neues Material in das Werk einbrachte, das sich vom Original, wie Strawinsky es selbst ausdrückte, kaum mehr unterscheiden läßt. Strawinskys Brief, voller Bewunderung, und sein Ballett reichten jedoch nicht aus, um Tschaikowskys Musik aus dem gefährlichen Sumpf zu ziehen, in den sie geraten war, und ihren Rang wieder erkennbar werden zu lassen. Doch Konzertpublikum wie Musiker waren alle auf ihre Weise bereit, Tschaikowskys Musik anzuhören, sie zu spielen und in sich aufzunehmen, ohne den Äußerungen der sogenannten »gelehrten Persönlichkeiten« Glauben zu schenken. Somit ist Tschaikowsky heute vielleicht noch berühmter, als er es in den 1890er Jahren war. Viele Russen waren immer davon überzeugt, daß er ihr größter Komponist des 19. Jahrhunderts sei. Sind wir im Westen wirklich so sicher, daß sie nicht Recht haben?

Anhang 1

ZEITTAFEL

(Eingeklammerte Altersangaben in der letzten Spalte
geben das Alter wieder, das die jeweilige Person zum Zeitpunkt
ihres Todes erreicht hatte. Alle anderen Altersangaben
geben das Alter wieder, das die jeweilige Person
im jeweiligen Jahr erreichte. Zu den Datumsangaben vgl.
die Fußnote auf S. 11).

Jahr	Alter	Tschaikowskys Leben	Zeitgenössische Musiker
1840		*25. 4./7. 5.*: Geboren in Wotkinsk als zweiter Sohn des Bergwerksinspektors Ilja Petrowitsch Tschaikowsky.	*6. 6.*: Stainer geboren. *30. 9.*: Svendsen geboren. *7. 12.*: Götz geboren. Alabjew 53; Auber 58; Balakirew 3; Balfe 32; Berlioz 37; Bizet 2; Borodin 6; Brahms 7; Bruch 2; Bruckner 16; Cherubini 80; Chopin 30; Cui 5; Dargomischsky 27; Delibes 4; Donizetti 43; Franck 18; Gade 23; Glinka 37; Goldmark 10; Gounod 22; Halévy 41; Heller 26; Henselt 26; Lalo 17; Liszt 29; Lwow 41; Mendelssohn 31; Mercadante 45; Meyerbeer 49; Mussorgsky 1; Offenbach 21; Ponchielli 6; Reinecke 16; Rossini 48; Anton Rubinstein 10; Nikolaj Rubinstein 5;

Jahr	Alter	Tschaikowskys Leben	Zeitgenössische Musiker
			Saint-Saëns 5; Schumann 30; Serow 20; Smetana 16; Spohr 56; Spontini 66; Stassow 16; J. Strauß-Sohn 15; Verdi 27; Werstowsky 41; Wagner 27.
1841	1		*18. 1.*: Chabrier geboren. *19. 2.*: Pedrell geboren. *8. 9.*: Dvořák geboren.
1842	2	Geburt der Schwester Alexandra (Sascha).	*24. 2.*: Boito geboren. *15. 3.*: Cherubini (82) stirbt. *12. 5.*: Massenet geboren. *13. 5.*: Sullivan geboren.
1843	3		*15. 6.*: Grieg geboren.
1844	4	Unterricht bei Fanny Dürbach, der Kinderfrau des Bruders Nikolaj und der Cousine Lydia. Geburt des Bruders Hippolyt.	*6./18. 3.*: Rimsky-Korsakow geboren.
1845	5	Klavierstunden bei Maria Markowna Palschikowa, deren Kenntnisse er bald erreicht hat.	*13. 5.*: Fauré geboren.
1846	6		
1847	7		*22. 8.*: Mackenzie geboren. *4. 11.*: Mendelssohn (38) stirbt.
1848	8	*Oktober:* Umzug nach Moskau, wo sein Vater sich vergeblich Hoffnungen auf eine Stellung machte. Fanny Dürbach	*21. 1.*: Duparc geboren. *27. 2.*: Parry geboren. *8. 4.*: Donizetti (51) stirbt.

Jahr	Alter	Tschaikowskys Leben	Zeitgenössische Musiker
		wird entlassen. Umzug nach Petersburg. Schulbesuch, Musikunterricht bei Filippow.	
1849	9	Schulische Überforderung und außerordentliche Empfindlichkeit führen zu besonderer psychischer Belastung. Umzug nach Alapajewsk, wo der Vater eine neue Stellung gefunden hat.	*17. 10.*: Chopin (39) stirbt.
1850	10	*August*: Eintritt in die Petersburger Rechtsschule. Geburt der Zwillinge Anatol und Modest.	
1851	11		*14. 1.*: Spontini (77) stirbt. *21. 1.*: Lortzing (48) stirbt. *6. 3.*: Alabjew (64) stirbt. *27. 3.*: d'Indy geboren.
1852	12	Die Familie zieht zurück nach Petersburg.	*30. 9.*: Stanford geboren.
1853	13		
1854	14	Tod der Mutter an Cholera. Erste Kompositionsversuche.	*4. 7.*: Janáček geboren. *1. 9.*: Humperdinck geboren.
1855	15	Bekommt Klavierstunden bei Rudolf Kündinger.	*21. 1.*: Chausson geboren. *11. 5.*: Ljadow geboren.
1856	16		*1. 1.*: Martucci geboren. *11. 1.*: Sinding geboren. *29. 7.*: Schumann (46) stirbt. *13./25. 11.*: Tanejew geboren.

Jahr	Alter	Tschaikowskys Leben	Zeitgenössische Musiker
1857	17		*3./15. 2.*: Glinka (54) stirbt.
			2. 6.: Elgar geboren.
1858	18		*2. 3.*: Leoncavallo geboren.
			23. 4.: Ethel Smyth geboren.
			22. 6.: Puccini geboren.
1859	19	Verläßt die Rechtsschule. Eintritt ins Justizministerium als Verwaltungssekretär.	*22. 10.*: Spohr (75) stirbt. *7./19. 11.*: Ippolitow-Iwanow geboren. *18./30. 11.*: Ljapunow geboren.
1860	20		*13. 3.*: Wolf geboren.
			29. 5.: Albéniz geboren.
			25. 6.: Charpentier geboren.
			7. 7.: Mahler geboren.
1861	21	*Juli-September:* Reise durch Deutschland, Belgien, nach Paris und London in Begleitung eines väterlichen Freundes.	*27. 4.*: Catoire geboren. *30. 7./11. 8.*: Arensky geboren.
		Harmonielehreunterricht bei Zaremba neben der Arbeit am Ministerium.	*14. 12.*: Marschner (66) stirbt. *18. 12.*: MacDowell geboren.
1862	22	Als Zaremba Lehrer am Konservatorium wird, wechselt Tschaikowsky mit ihm dorthin über, weiterhin jedoch als Angestellter des Ministeriums.	*29.1.*: Delius geboren *17. 3.*: Halévy (63) stirbt. *22. 8.*: Debussy geboren. *5./17. 11.*: Werstowsky (63) stirbt.
1863	23	*Frühjahr:* Kündigt den Posten am Ministerium.	*7. 12.*: Mascagni geboren.

Jahr	Alter	Tschaikowskys Leben	Zeitgenössische Musiker
		Kompositionsunterricht bei Anton Rubinstein.	
1864	24	*Sommer:* Ouvertüre zu Ostrowskys Drama »Das Gewitter« op. 76.	*2. 5.:* Meyerbeer (73) stirbt. *11. 6.:* Richard Strauss geboren. *13./25. 10.:* Gretschaninow geboren.
1865	25	Das Konservatoriumsorchester spielt unter Tschaikowskys Leitung dessen Ouvertüre in F. 31. 12./12. 1.: Zeugnisverteilung. Zu Rubinsteins Zorn bleibt Tschaikowsky den Feiern fern	*29. 7./10. 8.:* Glasunow geboren. *1. 10.:* Dukas geboren. *8. 12.:* Sibelius geboren.
1866	26	*Januar:* Übersiedlung nach Moskau, wo Tschaikowsky Professor für Harmonielehre am neuen Konservatorium wird. *Juli:* Erste Symphonie. Tschaikowsky leidet unter Überarbeitung. Ferien mit Vera und Elisabeth Dawydowa und deren Mutter.	*1./13. 1.:* Kalinnikow geboren. *1. 4.:* Busoni geboren. *17. 5.:* Satie geboren. *20. 5./1. 6.:* Rebikow geboren.
1867	27	*Frühjahr:* Beginn der Arbeiten an der Oper *Der Woiwode* nach Ostrowsky. *Sommer:* Reise nach Finnland. Ferien mit den Dawydowa-Damen in Hapsal, wo die drei Klavierstücke *Souvenir de Hapsal* entstehen.	*29. 7.:* Granados geboren.

Jahr	Alter	Tschaikowskys Leben	Zeitgenössische Musiker
		August: Rückkehr nach Moskau. *Dezember:* Trifft Berlioz, der in Moskau zwei Konzerte dirigiert.	
1868	28	*Frühjahr:* Begegnung mit Balakirew (31), Cui (33), Dargomischsky (55), Rimsky-Korsakow (24) und Stassow (44) in Petersburg. *Sommer:* Reise mit Wladimir Schilowsky und anderen nach Berlin und Paris. Erste Proben für den *Woiwoden*. *Dezember:* Bericht an den Vater über das Verhältnis mit Désirée Artôt (33). Fertigstellung der Symphonischen Fantasie *Fatum*.	*7. 8.:* Bantock geboren. *13. 11.:* Rossini (76) stirbt.
1869	29	Mariano Padilla y Ramos heiratet die Artôt. *30. 1./11. 2.:* Uraufführung des *Woiwoden*. *5./17. 3.:* Balakirew dirigiert *Fatum*. Komposition der Oper *Undine*. *Sommer:* Ferien in Kamenka/Ukraine. Danach Begegnung mit Borodin (36) und Balakirew (32), der ihn anregt, *Romeo und Julia* zu komponieren.	*5./17. 1.:* Dargomischsky (56) stirbt.

Jahr	Alter	Tschaikowskys Leben	Zeitgenössische Musiker
		50 russische Volkslieder für zwei Klaviere bearbeitet. *Dezember:* Komposition eines Chores für die Oper *Mandragora*, die aber nicht komplett zur Ausführung kommt.	
1870	30	*Februar:* Beginn der Arbeit an der Oper *Der Opritschnik*. *4./16. 3.:* Nikolaj Rubinstein dirigiert *Romeo und Julia*. Die Theaterdirektion weist *Undine* zurück. In Paris bei Schilowsky. Anschließend im Taunus; von dort zur Beethovenfeier in Mannheim. Trifft Nikolaj Rubinstein in Wiesbaden. *Juli:* Bei Kriegsausbruch Reise in die Schweiz (Interlaken). *August:* Über München und Wien zurück nach Rußland. Revision von *Romeo und Julia* nach den Ratschlägen Balakirews.	*28. 9.:* Florent Schmitt geboren. *20. 10.:* Balfe (62) stirbt. *4./16. 12.:* Lwow (71) stirbt. *5. 12.:* Novák geboren. *17. 12.:* Mercadante (75) stirbt.
1871	31	*März:* 1. Streichquartett D-Dur komponiert und uraufgeführt. Begegnung mit Turgenjew (53).	*20. 1./1. 2.:* Serow (51) stirbt. *12. 5.:* Auber (89) stirbt.

Jahr	Alter	Tschaikowskys Leben	Zeitgenössische Musiker
		Sommer: In Kamenka (bei Sascha), Nizy (bei Kondratjew), Ussowo (bei Schilowsky).	
1872	32	*Mai:* Der Opritschnik abgeschlossen. *31. 5./12. 6.*: Festkantate zur Eröffnung einer Ausstellung zum 200. Geburtstag Peters des Großen. *Sommer:* 2. Symphonie c-Moll op. 17.	*25. 12./6. 1.:* Skrjabin geboren. *18./30. 3.:* Wassilenko geboren. *12. 10.:* Vaughan Williams geboren.
1873	33	*26. 1./7. 2.:* Uraufführung der 2. Symphonie in Moskau. *April:* Musik zu Ostrowskys Märchenspiel *Die Schneekönigin*. *Juni-August:* Reise nach Deutschland, in die Schweiz und nach Italien. *August:* Arbeit an der Symphonischen Fantasie *Der Sturm* op. 18 (Programm von Stassow nach Shakespeare). Uraufgeführt im Dezember in Moskau.	*19. 3.:* Reger geboren. *20. 3./1. 4.:* Rachmaninow geboren. *3./15. 5.* N. Tscherepnin geboren.
1874	34	*Januar:* 2. Streichquartett F-Dur op. 22. *12./24. 4.:* Uraufführung des *Opritschnik*. *Frühjahr:* Italienreise. *Ende August:* Abschluß der Oper *Wakula der*	*4. 1.:* Suk geboren. *13. 9.:* Schönberg geboren. *21. 9.:* Holst geboren.

Jahr	Alter	Tschaikowskys Leben	Zeitgenössische Musiker
		Schmied (Wettbewerbskomposition). 1. Klavierkonzert op. 23.	
1875	35	3. Symphonie D-Dur op. 29. *Schwanensee* als Ballett-Auftragskomposition für die Moskauer Oper. *13./25. 10.*: Uraufführung des 1. Klavierkonzerts in Boston (durch Hans von Bülow, 45). *7./19. 11.*: Uraufführung der 3. Symphonie in Moskau. *21. 11./3. 12.*: Moskauer Erstaufführung des 1. Klavierkonzerts durch Tanejew (19). *November:* Begegnung mit Saint-Saëns in Moskau.	*11. 1.*: Glière geboren. *7. 3.*: Ravel geboren. *13. 6.*: Bizet (37) stirbt.
1876	36	Mit dem Bruder Modest in Paris; *Carmen* erlebt. *Februar:* 3. Streichquartett Es-Dur op. 30. *Juli:* Kur in Vichy. *August:* In Bayreuth. Begegnung mit Liszt (65), aber nicht mit Wagner (63); Rezension der ersten Gesamtaufführung des *Ring des Nibelungen*. *November:* Symphonische Fantasie *Francesca da Rimini* op. 32.	*20. 2.*: Falla geboren. *3. 12.*: Götz (36) stirbt.

Jahr	Alter	Tschaikowskys Leben	Zeitgenössische Musiker
		24. 11./6. 12.: Uraufführung des preisgekrönten *Wakula der Schmied* in Petersburg. Begegnung mit Tolstoi (48). *Dezember:* Beginn des Briefwechsels mit Nadeshda von Meck. *Rokoko-Variationen* für Violoncello und Orchester op. 33.	
1877	37	4. Symphonie f-Moll op. 36. *20. 2./4. 3.:* Uraufführung von *Schwanensee* in Moskau. *25. 2./9. 3.:* Uraufführung von *Francesca da Rimini* in Moskau. Arbeit an einer Oper über Puschkins *Eugen Onegin*. *6./18. 7.:* Hochzeit mit Antonina Iwanowna Miljukowa. *26. 7./7. 8.:* Flieht vor seiner Frau nach Kamenka. Dort Arbeit an der 4. Symphonie und an *Eugen Onegin*. *24. 9./6. 10.:* Nervenzusammenbruch in Petersburg. *Oktober:* Mit Anatol in Clarens am Genfer See. Nadeshda von Meck	*27. 7.:* Dohnányi geboren.

Jahr	Alter	Tschaikowskys Leben	Zeitgenössische Musiker
		bietet eine Jahresrente in Höhe von 6000 Rubel. In Italien und in Wien.	
1878	38	*Dezember/Januar:* Arbeiten an 4. Symphonie und *Eugen Onegin* abgeschlossen. Zieht über San Remo nach Florenz. *März:* Komposition des Violinkonzerts op. 35 und der Klaviersonate op. 37. *September:* Rückkehr nach Moskau. Aufgabe der Stellung am Konservatorium. 1. Orchestersuite in Kamenka begonnen. *November:* Nach Florenz. Arbeit an der Oper *Die Jungfrau von Orleans*.	
1879	39	In Clarens und Paris. *17./29. 3.:* Studentenaufführung des *Eugen Onegin* in Moskau. *Oktober:* 2. Klavierkonzert G-Dur op. 44 begonnen. *November:* Nach Westeuropa.	*26. 2.:* Bridge geboren. *9. 7.:* Respighi geboren. *27. 9.:* Scott geboren.
1880	40	*Capriccio italien* in Rom begonnen. *9./21. 1.:* Tod des Vaters. *März:* Wieder in Rußland. *Oktober:* Streicherserenade op. 48 und Ouvertüre *1812* abgeschlossen.	*31. 3.:* Wieniawski (45) gestorben. *24. 7.:* Bloch geboren. *4. 10.:* Offenbach (61) stirbt.

Jahr	Alter	Tschaikowskys Leben	Zeitgenössische Musiker
1881	41	*13./25. 2.*: Uraufführung der *Jungfrau von Orleans* in Petersburg. *April:* Lehnt ab, Nikolaj Rubinsteins Nachfolger am Moskauer Konservatorium zu werden. In Rom. Begegnung mit Liszt (70). *22. 11./4. 12.*: Uraufführung des Violinkonzerts in Wien.	*11./23. 3.*: Nikolaj Rubinstein (46) stirbt. *25. 3.*: Bartók geboren. *16./28. 3.*: Mussorgsky (42) stirbt.
1882	42	*16./28. 1.*: Uraufführung der Streicherserenade in Moskau. *Januar:* Klaviertrio zum Gedenken an Nikolaj Rubinstein. *18./30. 5.*: Tanejew (26) spielt die Uraufführung des 2. Klavierkonzerts in Moskau. *8./20. 8.*: *1812* uraufgeführt.	Raff (60) stirbt. *18. 3.*: Malipiero geboren. *5./17. 6.*: Strawinsky geboren. *16. 12.*: Kodály geboren.
1883	43	*Januar-Mai:* In Berlin und Paris. *Frühjahr:* Vollendung der Oper *Mazeppa* nach Puschkin. 2. Orchestersuite op. 53.	*24. 1.*: Flotow (71) stirbt. *13. 2.*: Wagner (69) stirbt. *25. 7.*: Casella geboren. *21. 9.*: Szymanowski geboren. *3. 12.*: Webern geboren. *22. 12.*: Varèse geboren.
1884	44	*Februar: Mazeppa* in Petersburg und Moskau. *Juli:* 3. Orchestersuite op. 55.	*12. 5.*: Smetana (60) stirbt.

Jahr	Alter	Tschaikowskys Leben	Zeitgenössische Musiker
1885	45	*Februar:* Mietet ein Haus in Maidanowo. *September:* Abschluß der *Manfred*-Symphonie (auf Anregung Balakirews komponiert) und mit der Oper *Die Zauberin* begonnen.	*7. 2.:* Berg geboren. *21. 10.:* Wellesz geboren.
1886	46	*März:* Manfred in Moskau uraufgeführt. *Mai-Juni:* In Paris. Begegnung mit Delibes (50), Fauré (41), Lalo (63), Thomas (75) und Pauline Viardot-Garcia (65).	*17. 1.:* Ponchielli (52) stirbt. *31. 7.:* Liszt (75) stirbt.
1887	47	*19./31. 1.: Tscherewitschki* uraufgeführt (unter Tschaikowskys Leitung). *5./17. 3.:* Dirigiert ein Konzert mit eigenen Werken in Petersburg. *Mozartiana* (op. 61) komponiert. *20. 10./1. 11.:* Uraufführung der *Zauberin* erweist sich als Mißerfolg.	*16./28. 2.:* Borodin (54) stirbt.
1888	48	*Januar:* Erste Auslandstournee als Dirigent. Trifft in Leipzig Brahms (55), Grieg (44) und Smyth (30) und leitet das Gewandhausorchester. *Februar:* Nach Konzerten in Hamburg und Berlin in Prag. Begegnung mit Dvořák (47).	*13./25. 5.:* Alexandrow geboren.

Jahr	Alter	Tschaikowskys Leben	Zeitgenössische Musiker
		12./24. 2.: In Paris. Trifft Gounod, Massenet; gibt zwei Konzerte. *März:* In London. *April:* Umzug nach Frolowskoje. *August:* 5. Symphonie e-Moll op. 64 vollendet. Uraufgeführt am 5./17. 11. *12./24. 11.:* Uraufführung der Ouvertüre-Fantasie *Hamlet* op. 67. *November:* Leitet in Prag *Eugen Onegin*.	
1889	49	*Februar/März:* Zweite Auslandstournee. Konzerte in Köln, Frankfurt, Dresden, Genf und Hamburg. *April:* Erneut in Paris und London. *Sommer:* In Frolowskoje Abschluß des Balletts *Dornröschen*. *November:* Tschaikowsky leitet das Festkonzert für Anton Rubinstein (59).	
1890	50	*3./15. 1.: Dornröschen* in Petersburg uraufgeführt. *Januar-März:* In Florenz *Pique-Dame* komponiert. *Juni:* Streichsextett *Souvenir de Florence*. *September:* Frau von Meck setzt der Beziehung zu Tschaikowsky	*15. 8.:* Ibert geboren. *15. 9.:* Frank Martin geboren. *8. 11.:* Franck (68) stirbt. *8. 12.:* Martinu geboren. *21. 12.:* Gade (73) stirbt.

Jahr	Alter	Tschaikowskys Leben	Zeitgenössische Musiker
		ein Ende. Entstehung der Symphonischen Ballade *Der Woiwode* op. 78. *7./19. 12.:* Die Uraufführung von *Pique-Dame* wird zu einem überwältigenden Erfolg.	
1891	51	*9./21. 2.:* Schauspielmusik zu Shakespeares Hamlet (op. 67b) aufgeführt. *Februar:* Die Petersburger Oper bestellt einen Einakter *(Iolanta)* und ein Ballett *(Nußknacker)* bei Tschaikowsky. *März:* Auf Durchreise in Paris. Tod der Schwester Sascha (48). *14./26. 4.:* Ankunft in New York. Gastdirigate in New York, Baltimore und Philadelphia. *6./18. 11.:* Uraufführung der Symphonischen Ballade *Der Woiwode* in Moskau.	*16. 1.:* Delibes (55) stirbt. *11./23. 4.:* Prokoffieff geboren. *2. 8.:* Bliss geboren.
1892	52	Mahler dirigiert *Eugen Onegin* in Hamburg vor Tschaikowsky. *7./19. 3.:* Premiere der *Nußknacker-Suite.* *Sommer:* Arbeit an einer Es-Dur-Symphonie in Klin. In Wien, Salzburg und Prag.	*10. 3.:* Honegger geboren. *22. 4.:* Lalo (69) stirbt. *4. 9.:* Milhaud geboren.

Jahr	Alter	Tschaikowskys Leben	Zeitgenössische Musiker
		6./18. 12.: *Iolanta* und *Nußknacker* in Petersburg uraufgeführt. Bei Fanny Dürbach.	
1893	53	*2./14. 1.*: Dirigiert in Brüssel. *Februar:* Nach Konzerten in Odessa wieder in Klin. 6. Symphonie h-Moll *(Pathétique)* op. 74. *20. 5./1. 6.*: Leitung eines Royal-Philharmonic-Konzerts in London. *1./13. 6.*: Verleihung der Ehrendoktorwürde der Universität Cambridge an Tschaikowsky, Boito (51), Bruch (55), Saint-Saëns (58) und Grieg (50). *18./30. 6.*: Wieder in Rußland. *16./28. 10.*: Uraufführung der 6. Symphonie unter Leitung des Komponisten. *25. 10./6. 11.*: Tod Tschaikowskys durch Vergiftung (Selbstmord).	*18. 10.*: Gounod (75) stirbt. Albéniz 33; Alexandrow 5; Arensky 32; Balakirew 56; Bantock 25; Bartók 12; Berg 8; Bliss 2; Bloch 13; Boito 51; Brahms 60; Bridge 14; Bruch 55; Bruckner 69; Busoni 27; Casella 10; Catoire 32; Chabrier 52; Chausson 38; Cui 58; Debussy 31; Delius 31; Dohnányi 16; Dukas 28; Duparc 45; Dvořák 52; Elgar 36; Falla 17; Fauré 48; Glasunow 28; Goldmark 63; Granados 26; Gretschaninow 29; Grieg 50; Holst 19; Honegger 1; Humperdinck 39; d'Indy 42; Ippolitow-Iwanow 34; Janáček 39; Kalinnikow 27; Kodály 11; Leoncavallo 35; Ljadow 28; Ljapunow 34; MacDowell 32; Mackenzie 46; Mahler 33; Malipiero 11; Massenet 51; Mascagni 30; Milhaud 1; Novák 23; Parry 45; Pfitzner 24; Prokoffieff 2; Puccini 35;

Jahr	Alter	Tschaikowskys Leben	Zeitgenössische Musiker
			Rachmaninow 20; Ravel 18; Rebikow 27; Reger 20; Reinecke 69; Respighi 14; Rimsky-Korsakow 49; Roussel 24; Anton Rubinstein 63; Saint-Saëns 58; Schmitt 23; Schönberg 19; Scott 14; Skrjabin 21; Sibelius 28; Sinding 36; Smyth 35; Stainer 53; Stanford 41; Stassow 69; Johann Strauß-Sohn 68; Richard Strauss 29; Strawinsky 11; Suk 19; Sullivan 51; Svendsen 53; Szymanowski 10; Tanejew 37; Tscherepnin 20; Thomas 82; Wassilenko 21; Vaughan Williams 21; Wolf 33.

Anhang II

WERKVERZEICHNIS

1. Dramatische Werke

Opus-
Nr. *a) Opern*

- 3 *Der Woiwode* (Text: Alexander Ostrowsky und Tschaikowsky), 1867/68.
- – *Undine* (Text: Vernoy de Saint-Georges nach Fouqué, russische Übersetzung von F. A. Sollogub), 1869.
- – *Der Opritschnik* (Text: Tschaikowsky nach Laschetschnikow), 1870–72. Erste komplett erhaltene Oper Tschaikowskys.
- 14 *Wakula der Schmied* (Text: Polonsky nach Gogol), 1874. Später umgearbeitet zu *Tscherewitschki* (1885).
- 24 *Eugen Onegin* (Text: Tschaikowsky und Konstantin Schilowsky nach Puschkin), 1877/78. Die Écossaise in der 6. Szene wurde 1885 hinzugefügt.
- – *Die Jungfrau von Orleans* (Text: Tschaikowsky nach Schukowskys Übersetzung von Schillers Drama), 1878/79. Zweite Fassung 1882.
- – *Mazeppa* (Text: V. P. Burenin und Tschaikowsky nach Puschkin), 1881–83.
- – *Die Zauberin* (Text: I. W. Spaschinsky), 1885–87.
- 68 *Pique-Dame* (Text: Modest und Peter Tschaikowsky nach Puschkin), 1890.
- 69 *Iolanta* (Text: Herz, Swantsew, Modest Tschaikowsky), 1891.

b) Ballettmusiken

- 20 *Schwanensee*, 1875/76.
- 66 *Dornröschen*, 1888/89.
- 71 *Nußknacker*, 1891/92.

c) Schauspielmusiken, Fragmente zu Bühnenmusiken etc.

- *Boris Godunow* (Puschkin), Brunnenszene, 1863/64 (?); verschollen.
- *Die Verwirrung*, Musik zum Singspiel von Fedorow, 1867; verschollen.
- Einleitung zum ersten Akt und Mazurka für Ostrowskys »Dimitri«, vor dem 30. 1. 1867.
- Rezitative und Chöre zu Aubers *Le Domino Noir*, 1868; verschollen.
- Chor der Blumen und Insekten zur Oper *Mandragora* (unvollendet), 1869.
- Couplets zur Komödie »Der Barbier von Sevilla« von Beaumarchais, 1872.
12 Bühnenmusik zu Ostrowskys »Schneeflöckchen«, 1873.
- Rezitative für Mozarts *Hochzeit des Figaro*, 1875.
- Wiegenlied zu Octave Feuillets Schauspiel »Die Fee«, 1879.
- Melodrama für kleines Orchester zum Monolog des Domowoy in Ostrowskys *Der Woiwode*, 1886.
67b Bühnenmusik zu »Hamlet«, 1891.
- Duett Romeo und Julia (unter Verwendung von Material aus der Fantasie-Ouvertüre; vollendet von Tanejew), 1893.

2. Orchesterwerke

- Andante ma non troppo A-Dur für kleines Orchester, 1853/54.
- Agitato e-Moll für kleines Orchester, 1863/64.
- Introduktion und Allegro D-Dur für kleines Orchester, 1863/64.
- Allegro vivo c-Moll für kleines Orchester, 1863/64.
- *Die Römer im Kolosseum*, 1863/64 (?); verschollen.
76 *Das Gewitter*, Ouvertüre zu Ostrowskys Schauspiel, 1864.
- Charaktertänze für Orchester (1865); gingen 1868 in der Oper *Der Woiwode* auf.
- Ouvertüre F-Dur für kleines Orchester, 1865; Fassung für großes Symphonieorchester, 1866.
- Konzertouvertüre c-Moll, 1866.
13 Symphonie Nr. 1 g-Moll *(Winterträume)*, 1866, zweite Fassung 1874.
15 Festouvertüre über die dänische Nationalhymne, 1866.
77 Symphonische Fantasie *Fatum*, 1868.

- Ouvertüre *Romeo und Julia*, 1869, überarbeitet 1870, umgearbeitet zur Fantasie-Ouvertüre 1880.
17 Symphonie Nr. 2 c-Moll, 1872, zweite Fassung 1879.
- Serenade zum Namenstag von Nikolaj Rubinstein, 1872.
18 *Der Sturm*, Symphonische Fantasie nach Shakespeare, 1873.
29 Symphonie Nr. 3 D-Dur, 1875.
31 Slawischer Marsch (ursprünglich Serborussischer Marsch), 1876.
32 *Francesca da Rimini*, Symphonische Fantasie nach Dante, 1876.
36 Symphonie Nr. 4 f-Moll, 1877.
43 Suite Nr. 1 d-Moll, 1878/79.
45 *Capriccio italien*, 1880.
- Musik zu »Montenegro. Die Bevölkerung erhält die Nachricht von der Kriegserklärung Rußlands an die Türkei«, 1880.
49 Ouvertüre *1812*, 1880.
- Krönungsmarsch, 1883.
53 Suite Nr. 2 C-Dur, 1883.
55 Suite Nr. 3 G-Dur, 1884.
58 Symphonie *Manfred* nach Byron, 1885.
- Juristenmarsch, 1885.
64 Symphonie Nr. 5 e-Moll, 1888.
67a Fantasie-Ouvertüre *Hamlet*, 1888.
78 Symphonische Ballade *Der Woiwode*, 1890/91 (steht in keiner Verbindung zur gleichnamigen Oper Tschaikowskys).
71a *Nußknacker-Suite*, 1892.
74 Symphonie Nr. 6 h-Moll *(Pathétique)*, 1893.

3. Werke für Soloinstrument und Orchester

23 Klavierkonzert Nr. 1 b-Moll, 1874/75.
26 *Sérénade mélancholique* für Violine und Orchester, 1875.
33 *Rokoko-Variationen* für Violoncello und Orchester, 1876.
34 *Valse-Scherzo* für Violine und Orchester, 1877.
35 Violinkonzert D-Dur, 1878.
44 Klavierkonzert Nr. 2 G-Dur, 1879/80; Umarbeitung von Alexander Siloti (1893) wurde von Tschaikowsky gebilligt.
56 Konzertfantasie für Klavier und Orchester, 1884.
62 *Pezzo capriccioso* für Violoncello und Orchester, 1887.
75 Klavierkonzert Nr. 3 Es-Dur (einsätzig), 1893.

79 Andante und Finale für Klavier und Orchester, 1893,
orchestriert von Tanejew. Geht wie op. 75 auf eine geplante
Es-Dur-Symphonie zurück, die inzwischen aus den in op. 75
und 79 überlieferten Sätzen rekonstruiert wurde.

4. Werke für Streichorchester

48 Streicherserenade C-Dur, 1880.
– Elegie zu Ehren I. W. Samarins, 1884 (aufgegangen in der
Schauspielmusik zu »Hamlet«).

5. Kammermusik

a) als Werke aus der Studienzeit (1863/64);
Entwürfe zu Orchesterwerken (?)

– Adagio F-Dur für Bläseroktett.
– Introduktion und Allegro A-Dur für zwei Flöten, Streichquartett und Kontrabaß.
– Allegro c-Moll für Streichquartett, Kontrabaß und Klavier.
– Adagio molto Es-Dur für Streichquartett und Harfe.
– Allegro ma non tanto G-Dur für Streichquartett und Kontrabaß.
– Ouvertüre e-Moll für Streichquartett und Kontrabaß.
– Fragment eines Andante molto G-Dur für Streichquartett.
– Allegro vivace B-Dur für Streichquartett.
– Allegretto E-Dur für Streichquartett.
– Adagio C-Dur für vier Hörner.
– Allegretto D-Dur für Streichtrio.

b) als Kompositionen nach dem Studium

– Streichquartett B-Dur (nur der erste Satz, Allegro, erhalten), 1865.
11 Streichquartett Nr. 1 D-Dur, 1871. In den späten 1880er Jahren wurde das Andante cantabile für Violoncello und Orchester bearbeitet; Aufführungen des Satzes durch Streichorchester erfolgten mit Billigung Tschaikowskys.
22 Streichquartett Nr. 2 F-Dur, 1874.
30 Streichquartett Nr. 3 es-Moll, 1876.

42 *Souvenir d'un lieu cher* für Violine und Klavier, 1878.
50 Klaviertrio, 1881/82.
70 Streichersextett *Souvenir de Florence*, 1890–92.

6. KLAVIERMUSIK

- *Valse dédié à Mlle. Anastasie*, 1854; verschollen.
- Klavierstück über das Thema »Beim Fluß, bei der Brücke«, 1862; verschollen.
- Fragment eines Allegro c-Moll, 1863/64.
- Thema mit Variationen a-Moll, 1863/64.

80 Sonate cis-Moll, 1865.
1 *Scherzo à la Russe*, Impromptu in Es-Dur, 1867.
2 *Souvenir de Hapsal*, Nr. 1 und 3 von 1867, Nr. 2 von 1863–65 (?).
- Potpourri über Themen aus der Oper *Der Woiwode*, 1868 (veröffentlicht unter dem Pseudonym H. Cramer).
4 *Valse-caprice* D-Dur, 1868.
5 Romanze f-Moll, 1868.
7 *Valse-Scherzo* A-Dur, 1870.
8 *Capriccio* Ges-Dur, 1870.
9 *Rêverie, Salon-Polka, Salon-Mazurka*, 1870.
10 Nocturne und Humoreske, 1871 (die Humoreske um 1877 für Violine und Klavier bearbeitet).
19 Sechs Klavierstücke, 1873 (Nr. 4, Nocturne, in den späten 1880er Jahren für Violoncello und Orchester bearbeitet).
21 Sechs Klavierstücke über ein eigenes Thema, 1873.
37b Zwölf Klavierstücke *Die Jahreszeiten*, 1876.
- Trauermarsch für zwei Klaviere (über Themen aus der Oper *Der Opritschnik*), 1877.
- Marsch der russischen Freiwilligen Flotte, 1878 (veröffentlicht unter dem Pseudonym P. Sinopow).
37 Sonate G-Dur, 1878.
39 *Kinderalbum*, 24 leichte Klavierstücke, 1878.
40 Zwölf Stücke mittlerer Schwierigkeit für Klavier, 1878; die Erstfassung zu Nr. 9 entstand 1876.
51 Sechs Klavierstücke, 1882.
- *Impromptu-Capriccio*, 1885.
59 Dumka, 1886.
- *Valse-Scherzo* Nr. 2, 1889.
- Impromptu As-Dur, 1889.

- Militärmarsch für das 98. Jurewsky-Infanterieregiment, 1893 (nicht als Klavierstück gedacht, aber erhalten nur im Klavierauszug).
72 Achtzehn Stücke für Klavier, 1893.
- *Aveu passioni* e-Moll, 1892 (?).
- *Momento lirico* (Fragment, vollendet von Tanejew).

7. Vokalwerke
a) Lieder

- *Mein Genius, mein Engel, mein Freund* (Fet), 1857/60.
- *Zemfiras Lied* (Puschkin), 1857/60.
- *Wer geht ...* (Apuchtin), 1857/60.
- *Mezza notte* (unbekannter italienischer Dichter), 1857/60.
6 Sechs Lieder (Alexej Tolstoi, Hartmann/Pleschtschejew, Rostoptschina, Heine/Mey, Goethe/Mey), 1869.
- *So bald zu vergessen* (Apuchtin), 1870.
16 Sechs Lieder (Maikow, Grekow, Fet, Hemans/Pleschtschejew, Tschaikowsky), 1872. Das erste, vierte und fünfte Lied bearbeitete Tschaikowsky für Klavier, das vierte auch für Violine und Klavier.
- *Hinweg trage mein Herz* (Fet), 1873.
- *Blaue Augen des Frühlings* (Heine/Michailow), 1873.
25 Sechs Lieder (Schtscherbina, Tjutschew, Goethe/Tjutschew, Mey), 1874.
- *Ich möchte in einem Wort* (Heine/Mey), 1875.
- *Nicht lange mehr wandeln wir* (Grekow), 1875.
27 Sechs Lieder (Ogarew, Grekow, Fet, Schewtschenko/Mey, Mickiewicz/Mey), 1875.
28 Sechs Lieder (Musset/Grekow, Syrokomla/Mey, Mey, Apuchtin, Tschaikowsky), 1875.
- *Der Unterdrückte*, musikalischer Scherz (Tschaikowky), 1876.
38 Sechs Lieder (Alexej Tolstoi, Lermontow, Tschaikowsky), 1878.
47 Sieben Lieder (Alexej Tolstoi, Mickiewicz/Berg, Apuchtin, Schewtschenko/Surikow), 1880; 1884 von Tschaikowsky orchestriert.
54 Sechzehn Kinderlieder (Pleschtschejew, Lenartowicz/Surikow, Axakow), 1881 (Nr. 16) und 1883 (Nr. 1–15).
57 Sechs Lieder (Sollogub, Alexej Tolstoi, Goethe/Strugowschtschikow, Mereschkowsky, Kristen/Pleschtschejew), 1884.

60 Zwölf Lieder (Chomjakow, Fet, Pleschtschejew, Stefanowitsch/ Puschkin, Tschaikowsky, Apuchtin, Polonsky, Nekrasow), 1886.
63 Sechs Lieder (Großfürst Konstantin), 1887.
65 Sechs französische Lieder (Collin, Turquety, Blanchecotte), 1888.
– Musikalischer Scherz (für Wladimir Dawydow), 1892.
73 Sechs Lieder (Rathaus), 1893.

b) Duette

46 Sechs Duette (Surikow, Alexej Tolstoi, Tjutschew, Schewtschenko/Surikow), 1880, später von Tschaikowsky orchestriert.

c) Chorwerke

– Oratorium ohne Titel, 1863/64.
– *Auf den kommenden Schlaf* (Ogarew) für Chor a cappella, 1863/64; um 1864 revidiert und orchestriert.
– *An die Freude* (Schiller/Axanow), Kantate für vier Soli, Chor und Orchester, 1865.
– *Natur und Liebe* (Tschaikowsky) für zwei Soprane, Alt und Klavier, 1870.
– Kantate zur Eröffnung der Polytechnischen Ausstellung in Moskau, für Tenor, Chor und Orchester (Polonsky), 1872.
– Kantate zum Jubiläum von O. A. Petrow, für Tenor, Chor und Orchester, 1875.
41 Liturgie des Heiligen Johann Chrysostomos für vierstimmigen gemischten Chor, 1878.
52 Vespermesse für gemischten Chor, 1881/82.
– *Der Abend* (unbekannter Dichter) für dreistimmigen Männerchor a cappella, 1881.
– Kantate für die Schüler des Patriotischen Instituts für vierstimmigen Frauenchor a cappella, 1881, verschollen.
– Krönungskantate *Moskau* (Maikow) für Mezzosopran, Bariton, Chor und Orchester, 1883.
– Drei Cherubim-Gesänge für gemischte Stimmen a cappella, 1884.
– Hymne zu Ehren der Heiligen Cyril und Methodius (Tschaikowsky) für Chor a cappella, 1885.
– Sechs geistliche Gesänge für vierstimmigen Chor a cappella, 1885.

- Chor a cappella zur Fünfzigjahrfeier der Kaiserlichen Schule für Jurisprudenz (Tschaikowsky), 1885.
- *Die goldene Wolke hatte geschlafen* (Lermontow) für gemischte Stimmen a cappella, 1887.
- Männerchor a cappella (Großfürst Konstantin), den Studenten der Moskauer Universität gewidmet, 1887.
- *Die Nachtigall* (Tschaikowsky) für Chor a cappella, 1889.
- *Gruß an Anton Rubinstein* (Polonsky) für Chor a cappella, 1889.
- Drei Chöre a cappella (Ziganow, Puschkin), 1891.
- *Ein Engel ruft* für Chor a cappella, Datierung ungewiß.
- *Frühling* für Frauenchor a cappella, Datierung ungewiß, verschollen.

8. Bearbeitungen fremder Werke

a) Orchestrierungen

- Beethoven, Klaviersonate op. 31 Nr. 2, 1. Satz, 1863.
- Beethoven, Kreutzer-Sonate, 1. Satz, 1863/64.
- Gungl, Walzer, 1863/64.
- Schumann, Adagio und Allegro brillante aus den Symphonischen Etüden, 1863/64.
- Weber, Klaviersonate As-Dur op. 39, Scherzo, 1863/64.
- Kral, Festmarsch, 1867.
- Dubuque, Polka *Maria-Dagmar*, 1869.
- Stradella, Arie *O del mio dolce*, 1870.
- Cimarosa, Trio aus der Oper *Die heimliche Ehe*, 1870 (?).
- Dargomischsky, Trio *Die goldene Wolke schlief*, 1870.
- Haydn, Österreichische Nationalhymne, 1874.
- Liszt, *König von Thule*, 1874.
- Schumann, *Ballade vom Haideknaben*, 1874.
- 61 Mozart: Gigue KV 574, Menuett KV 355, *Ave verum corpus* KV 618 in Liszts Bearbeitung sowie *Variationen über ein Thema von Gluck* KV 455, 1887 (unter dem Titel *Mozartiana*).
- Laroche, Fantasie-Ouvertüre, 1888.
- Sophie Menter, Ungarische Zigeunerweisen, 1893.

b) Klavierbearbeitungen

- Dargomischsky, Kasatschok, 1868.
- Dubuque, *Romance de Tarnowsky* für Klavier zu vier Händen, 1868.

- Meyerbeer, Potpourri über *Pardon de Ploërmel* für Klavier zu vier Händen (unter dem Pseudonym H. Cramer), 1868/69.
- Fünfzig russische Volkslieder für Klavier zu vier Händen, 1868/69.
- Anton Rubinstein, Musikalisches Charakterbild *Iwan der Schreckliche* für Klavier zu vier Händen, 1869.
- Anton Rubinstein, Musikalisches Charakterbild *Don Quixote* für Klavier zu vier Händen, 1870.
- Mamontowa, Kinderlieder, 1872/77.
- Weber, Klaviersonate op. 39 für linke Hand allein.

c) Chorwerke

- *Gaudeamus igitur* für Männerchor und Klavier.
- Glinka, *Slawsja* aus *Ein Leben für den Zaren* für großen Chor und Orchester, unter Verarbeitung der zaristischen Nationalhymne, 1883.
- Mozart, *Nacht*. Vokalquartett über das Andantino der c-Moll-Fantasie KV 475, 1893.

9. Editionen

Prokunin, 66 russische Volkslieder, 1872.
Bortnjansky, Gesamtausgabe der Kirchenmusikwerke, 12 Bände, 1881.

10. Schriften

Handbuch zum praktischen Studium der Harmonielehre, 1871.
Kurzes Lehrbuch zur Harmonielehre, eingerichtet für das Studium der Kirchenmusik in Rußland, 1874.
Text eines Vokalquartetts von Glinka, 1877.
Musikkritiken, Tagebücher, Texte zu eigenen Werken.
Übersetzungen: Lieder von Anton Rubinstein und Glinka, Libretto zu Mozarts *Hochzeit des Figaro*, Text zur Kavatine des Pagen in Meyerbeers *Hugenotten*, Gevaerts »Traité d'Instrumentation«, Schumanns »Musikalische Haus- und Lebensregeln«, J. C. Lobes »Katechismus der Musik«.

Anhang III

PERSONALIA

ALBRECHT, Karl, geboren in Breslau, war zwölf Jahre lang Dirigent an den Kaiserlichen Bühnen in Petersburg. Sein Sohn Konstantin (1836–1893), Cellist und Chorleiter, wurde Inspektor des Moskauer Konservatoriums, also Kollege Tschaikowskys und Nikolaj Rubinsteins »rechte Hand«. 1862 heiratete er die Tochter des Klavierprofessors Langer.
ARTÔT, Marguerite Joséphine Désirée Montagney (1835–1907), belgische Opernsängerin (Mezzosopran), Tochter eines Hornprofessors am Brüsseler Konservatorium; geboren in Paris. Sie war Schülerin von Pauline Viardot-Garcia. Nach Auftritten in Belgien, Holland und England wurde sie 1858 Mitglied der Pariser Opéra. Später sang sie auch in Italien, Deutschland und Rußland. 1869 heiratete sie Mariano Padilla.
AUBER, Daniel François Esprit (1782–1871), französischer Komponist. Schrieb vorwiegend Opern, darunter *Die Stumme von Portici*, *Fra Diavolo* und *Le Domino Noir*.
AUER, Leopold (1845–1930), russischer Geiger ungarischer Abstammung; emigrierte nach der Revolution in die USA. In Wien war er Schüler von Dont, in Hannover von Joseph Joachim; als Violinprofessor in Petersburg (seit 1868) bildete er selbst viele hervorragende Geiger aus.

BALAKIREW, Mily Alexejewitsch (1836/37–1910), nationalrussischer Komponist in direkter Nachfolge Glinkas, Autodidakt und markante musikalische Führungspersönlichkeit. Zu seinem Kreis gehörten besonders Borodin, Cui, Mussorgsky und Rimsky-Korsakow; sie bildeten mit ihm den »Kreis um Balakirew«, die »Petersburger

Gruppe«, die »neurussische Schule« und wurden später als das »Mächtige Häuflein« bezeichnet, in Westeuropa auch als die »Petersburger Fünf«. Zu seinen Hauptwerken zählen eine Symphonie in C-Dur, ein Klavierkonzert, eine Klaviersonate, die Symphonischen Dichtungen *Tamara* und *In Böhmen* sowie Musik zu Shakespeares *König Lear*.

BELAIEFF, Mitrofan Petrowitsch (1836–1907), russischer Holzhändler, Musikkenner und -freund. Finanzierte Symphoniekonzerte und gründete 1885 einen Verlag zur Verbreitung russischer Musik.

BESSEL, Wassily Wassiljewitsch (1843–1907), russischer Musikverleger, Kommilitone Tschaikowskys in Petersburg. Dort gründete er 1869 seine Firma.

BOITO, Arrigo (1842–1918) italienischer Dichter, Kritiker und Komponist, Verfasser zahlreicher italienischer Opernlibretti, zum Beispiel zu Verdis *Othello* und *Falstaff*. In *Mefistofele* und *Nerone* trat er selbst als Opernkomponist hervor.

BORODIN, Alexander Porfirewitsch (1833–1887), Professor für Chemie und nationalrussischer Komponist unter dem Einfluß Balakirews, Angehöriger des »Mächtigen Häufleins«. Unter seinen Hauptwerken sind die Oper *Fürst Igor,* drei Symphonien (eine davon unvollendet) und ein Dutzend Lieder besonders hervorzuheben.

BRANDUKOW, Anatol Andrejewitsch (1859–1930), berühmter, weitgereister Cellist seiner Zeit. Absolvent des Moskauer Konservatoriums.

BRODSKY, Adolf (1851–1929), russischer Geiger, Schüler von Hellmesberger in Wien. Im Laufe seines Lebens war er Dirigent in Kiew, Professor am Leipziger Konservatorium, Leiter des Hallé-Orchesters in Manchester und »Principal« am Royal Manchester College of Music.

BRUCH, Max (1838–1920), deutscher Komponist, 1892–1910 Professor für Komposition in Berlin.

BÜLOW, Hans von (1830–1894), deutscher Pianist und Dirigent. Verheiratet mit Liszts Tochter Cosima, die sich später jedoch Wagner zuwandte.

CUI, César Antonowitsch (1835–1918), russischer Komponist, Kritiker und Festungstechniker französischer Abstammung, geboren in Polen. In Petersburg studierte er Militäringenieurwesen, wurde Freund Balakirews und zählte schließlich zum »Mächtigen Häuflein«, vor allem weil er in seinen Schriften deren Idealen entgegenkam. Seine Kompositionen schätzte Balakirew zunächst sehr, rückte aber später von ihnen ab.

Dargomischsky, Alexander Sergejewitsch (1813–1869), russischer Komponist, dem es in seinen Werken um »Wahrheit« und »Realismus« ging. Ohne weiter musikalisch ausgebildet worden zu sein, komponierte er ohne Rücksicht auf die gängigen musikalischen Regeln – was schließlich eine Reihe von Komponisten, unter ihnen Mussorgsky, bewog, es ihm gleich zu tun. Neben seinen Opern *Rusalka* und *Der steinerne Gast* sind sein ukraininischer Kasatschok für Orchester und seine Lieder besonders bedeutend.

Fitzenhagen, Wilhelm Karl Friedrich (1848–1890), deutscher Cellist, Professor am Moskauer Konservatorium und Direktor der Moskauer Abteilung der Russischen Musikgesellschaft.

Glasunow, Alexander Konstantinowitsch (1865–1936), russischer Komponist, Schüler Rimsky-Korsakows. Nach nationalistischen Frühwerken wandte er sich einem eklektizistisch-akademischen Stil zu, in dem er eine gewaltige Masse relativ konturenloser Musik schrieb, darunter acht Symphonien.

Glinka, Michail Iwanowitsch (1803–1857), russischer Komponist, häufig als »Vater der russischen Musik« bezeichnet. Seine Ausbildung beschränkte sich auf Studien bei Dehn 1833 in Berlin. Die meisten russischen Komponisten des 19. Jahrhunderts stehen in seiner Nachfolge, ebenso einige Musikerpersönlichkeiten unseres Jahrhunderts, zum Beispiel Strawinsky. Besonders einflußreich war er in den nationalistischen Tendenzen zweier Opern, *Ein Leben für den Zaren* (1836) und *Ruslan und Ludmilla* (1842), vor allem in der zweiten, sowie in seiner durchsichtigen Instrumentation.

Hanslick, Eduard (1825–1904), bedeutender Wiener Musikkritiker und Brahms-Anhänger, Dozent für Musikgeschichte.

Hubert, Nikolaj Albertowitsch (1840–1888), Sohn eines Klavierlehrers und Kommilitone Tschaikowskys am Petersburger Konservatorium. Als Professor für Musiktheorie wurde er ans Moskauer Konservatorium berufen und wurde dort Nachfolger Nikolaj Rubinsteins als Direktor.

Jürgenson, Peter Iwanowitsch (1836–1903), gründete 1861 mit der Hilfe Nikolaj Rubinsteins einen Musikverlag und half diesem bei der Gründung des Moskauer Konservatoriums. Zu seinem Verlagsprogramm gehörten Standardklassiker ebenso wie die Musik zeitgenössischer russischer Komponisten, darunter auch Tschaikowsky.

KASCHKIN, Nikolaj Dimitrjewitsch (1839–1920), russischer Musikkritiker und Professor am Moskauer Konservatorium seit dessen Gründung (1864; bis 1896). Verfaßte Erinnerungen an Tschaikowsky.

KLINDWORTH, Karl (1830–1916), deutscher Pianist und Dirigent, Liszt-Schüler. Wagner-Opern legte er im Klavierauszug vor. In Berlin hatte er eine eigene Musikschule.

KOTEK, Joseph Josephowitsch (1855–1884), ursprünglich ein Schüler Ferdinand Laubs und Tschaikowskys, wurde Pianist im Hause von Nadeshda von Meck. Gemeinsam mit Nikolaj Rubinstein machte er sie mit Tschaikowskys Musik bekannt. Tschaikowsky nannte ihn »Kotik« (»Kater«) und verdankte ihm Anregungen und technische Hinweise für die Komposition des Violinkonzerts. 1884 besuchte Tschaikowsky ihn in der Schweiz, wo Kotek an Tuberkulose starb.

LAROCHE, Hermann Augustowitsch (1845–1904), Kommilitone Tschaikowskys am Petersburger Konservatorium, seit 1867 Professor am Moskauer Konservatorium. 1871 kehrte er nach Petersburg zurück. Für zahlreiche führende russische Zeitschriften schrieb er Artikel über Musik.

LAUB, Ferdinand (1832–1875), tschechischer Geiger, studierte in Prag und (seit 1847) in Wien. Zahlreiche Konzertreisen. 1853 wurde er Nachfolger Joseph Joachims als Leiter des Weimarer Hoforchesters. 1866 wurde er erster Violinprofessor am Moskauer Konservatorium.

LITOLFF, Henri Charles (1818–1891), Pianist, Musikverleger und Komponist elsässischer Abstammung. Zu seiner Zeit waren seine Ouvertüren, Klavier- und Orchesterwerke weltberühmt. Bei Balakirew und Tschaikowsky stieß seine Musik in gleicher Weise auf Bewunderung.

MEYERBEER, Giacomo (1791–1864), deutsch-jüdischer Komponist, hieß ursprünglich Jacob Liebmann Beer. Mit seinen französischen Opern, besonders mit *Robert der Teufel*, *Die Hugenotten* und *Der Prophet*, hatte er überwältigenden Erfolg; andere Komponisten schmähten, beneideten oder imitierten ihn. Der Einfluß, den er mit seiner Musik hatte, ist wohl kaum bisher richtig eingeschätzt worden. Seine Opern haben es auf heutigen Spielplänen schwer, obwohl zahlreiche Einzelsätze aus ihnen deutlich auf die große Musikalität und den umfassenden Klangfarbensinn ihres Schöpfers hinweisen.

MUSSORGSKY, Modest Petrowitsch (1839–1881), nationalrussischer Komponist, Schüler Balakirews, Angehöriger des »Mächtigen Häufleins«, der aber auch unter den Einflüssen Dargomischskys und sogar Meyerbeers stand. Unter seinen Werken sei die Oper *Boris Godunow* zuerst genannt; in ihrer Originalfassung ist sie aufregend modern und zeigt besonders deutlich das wahre Gesicht des russischen Nationalbewußtseins, wie es uns aus der Volksmusik entgegentritt. Neben dieser Oper ist *Bilder einer Ausstellung* (für Klavier) zu erwähnen, aber auch seine Lieder. Vielleicht mit Ausnahme Balakirews wußte das »Mächtige Häuflein« ansonsten nichts mit diesen Werken anzufangen; auch Tschaikowsky stand ihnen skeptisch gegenüber.

NAPRAWNIK, Eduard (1839–1915), gebürtiger Böhme, studierte an der Prager Orgelschule. 1861 ging er nach Rußland und wurde Dirigent an der Petersburger Oper; später trat er in der Russischen Musikgesellschaft Balakirews Nachfolge an. Unter seinen Werken sind auch vier Opern.

OSTROWSKY, Alexander Nikolajewitsch (1823–1886), russischer Dramatiker. Begann als Jurist; berühmt wurde er durch seine historischen und gesellschaftskritischen Dramen.

PADILLA Y RAMOS, Mariano (1824–1906), spanischer Bariton, studierte in Italien und bereiste auf seinen Tourneen ganz Europa. 1869 heiratete er Désirée Artôt.
PETIPA, Marius (1819–1910), Tänzer und Choreograph, geboren in Marseille, machte sein Debüt in der Comédie-Française. 1847 ging er nach Petersburg, wo er am Marinski-Theater die Leitung des Balletts übernahm.

RIMSKY-KORSAKOW, Nikolaj Andrejewitsch (1844–1908), russischer Komponist. Begann seine Laufbahn bei der Flotte, wandte sich dann aber auf Anregung Balakirews der Musik zu und zählte mit zum »Mächtigen Häuflein«. 1871 wurde er Professor für Komposition am Petersburger Konservatorium. Im Laufe seines Lebens rückte er – ebenso wie andere Mitglieder des Petersburger Kreises – von Balakirews Musik ab. In der Transparenz seiner Orchestration baute er auf Glinka auf; die kühle Ruhe und der Humor seines Spätwerks beeinflußten Strawinsky, der Schüler Rimsky-Korsakows war. Unter seinen zahlreichen Opern ist *Der goldene Hahn* wohl die bekannteste; unter seinen weiteren Werken sind einige hervorragende Orchesterkompositionen und sehr schöne Lieder.

Rubinstein, Anton Grigorewitsch (1830–1894), russischer Pianist und Komponist, trat schon im neunten Lebensjahr öffentlich auf und wurde einer der berühmtesten Pianisten seiner Zeit. Als Komponist war er zwar sehr produktiv, aber seine Werke sind heute nahezu vergessen. Die Symphonie *Ozean* und seine Oper *Der Dämon* waren besonders erfolgreich. In seinen späteren Werken löste er sich von seinem anfänglich eklektizistischen Stil und entwickelte nationalistische Züge, besonders in seiner g-Moll-Symphonie. 1862 gründete er das Petersburger Konservatorium.

Rubinstein, Nikolaj Grigorewitsch (1835–1881), russischer Pianist und Dirigent, Bruder von Anton Rubinstein. Studierte in Berlin, gründete 1859 die Russische Musikgesellschaft in Moskau und fünf Jahre später das dortige Konservatorium.

Serow, Alexander Nikolajewitsch (1820–1871), russischer Komponist und Kritiker. Hatte Jura studiert, fand aber genügend Zeit, um sich der Musik zu widmen, bis er sich ihr schließlich ganz verschrieb. Er verehrte Wagner und trug zur Verbreitung von dessen Musik in Rußland bei. Seine eigenen Opern *Judith* und *Rogneda* waren überwältigend erfolgreich.

Siloti, Alexander (1863–1945), russischer Pianist, Student des Moskauer Konservatoriums (1875–1881) und später Schüler Liszts bis zu dessen Tod. Zahlreiche Konzertreisen. 1890 wurde er Professor am Moskauer Konservatorium.

Smyth, Ethel Mary (1858–1944), englische Komponistin und Schriftstellerin, studierte in Leipzig; dort entstanden erste Werke. Unter ihren Kompositionen sind die Opern *The Wreckers* und *The Boatswain's Mate* sowie die Kantate *The Prison* besonders zu erwähnen.

Stassow, Wladimir Wassiljewitsch (1824–1906), russischer Kritiker und Schriftsteller, Verfechter einer nationalrussischen Schule, wie sie das »Mächtige Häuflein« (diesen Begriff prägte er 1867) vertrat. Viele seiner Ideen gab er weiter an Balakirew, Mussorgsky, Rimsky-Korsakow und Tschaikowsky; diese Ideen betrafen Opernlibretti, Programmsymphonien und die Verwendung volkstümlichen Melodiematerials. Das Programm, das Balakirew Tschaikowsky für die *Manfred*-Symphonie gab, ging auf Stassow zurück; Stassow selbst gab Tschaikowsky das Programm zu *Der Sturm*. Stassow erklärte, nachdem er *Romeo und Julia* gehört hatte, daß das »Mächtige Häuflein« in Tschaikowsky ein sechstes Mitglied erhalten habe.

Swantsew, Konstantin Iwanowitsch (1823–1890), Musikkritiker, erstklassiger Übersetzer, Librettist, Mitarbeiter an einem Kunstmagazin. Mit Lobanow und Maikow schrieb er den russischen Text zu Serows Oper *Judith*.

TANEJEW, Sergej Iwanowitsch (1856–1915), russischer Pianist und Komponist, Tschaikowsky-Schüler am Moskauer Konservatorium, wurde dort 1878 Nachfolger seines Lehrers. Sein Hauptwerk umfaßt Orchester- und Kammermusik.

VIARDOT-GARCIA, Pauline Michelle (1821–1910), franko-spanische Sopranistin, Tochter des berühmten Gesangslehrers und -theoretikers Manuel Garcia.

ZAREMBA, Nikolaj Iwanowitsch (1821–1879), Professor für Musiktheorie am Petersburger Konservatorium seit dessen Gründung (bis 1862), baute in seinem Unterricht auf der Lehre vom strengen Satz auf. 1867–1871 war er Leiter des Konservatoriums als Nachfolger Anton Rubinsteins.

Anhang IV

NACHWEISE DER ZITATE

Die jeweiligen Titel werden in abgekürzter Form zitiert; genaue Angaben sind der Bibliographie zu entnehmen.

1. KAPITEL: KINDHEIT, JUGEND UND STUDIUM, 1840–1866

1 Jakowlew, S. 13
2 Jakowlew, S. 14
3 Modest Tschaikowsky, Band I, S. 43
4 Modest Tschaikowsky, Band I, S. 44
5 Modest Tschaikowsky, Band I, S. 45
6 Jakowlew, S. 18
7 Jakowlew, S. 20
8 Weinstock, S. 29; dt. S. 33
9 D. J. West, Homosexuality, London 1968, S. 161
10 Modest Tschaikowsky, Band I, S. 61
11 Modest Tschaikowsky, Band I, S. 83
12 Tschaikowsky, Schriften und Briefe, Band V, S. 56f.
13 Tschaikowsky, Schriften und Briefe, Band V, S. 55
14 Jakowlew, S. 24f.
15 Modest Tschaikowsky, Band I, S. 126f.
16 Tschaikowsky, Familienbriefe, S. 4
17 Tschaikowsky, Familienbriefe, S. 9; vgl. Schriften und Briefe, Band V, S. 68f.
18 Laroche, Band I, S. 43
19 Tschaikowsky, Schriften und Briefe, Band V, S. 77
20 Laroche (Band I, S. 40f.) berichtet, Zaremba habe diesen Hinweis ausgesprochen, doch Kaschkin (S. 7f.) betont, es sei Anton Rubinstein gewesen.
21 Modest Tschaikowsky, Band I, S. 129
22 Tschaikowsky, Familienbriefe, S. 14f.
23 Garden, Balakirew, S. 52

24 Laroche, Band I, S. 47
25 Modest Tschaikowsky, Band I, S. 171

2. Kapitel: Erste Moskauer Jahre. 1866–1869

1 Modest Tschaikowsky, Band I, S. 220
2 Tschaikowsky, Schriften und Briefe, Band V, S. 90–102
3 Tschaikowsky-Meck, Band I, S. 172f.
4 Modest Tschaikowsky, Band I, S. 272
5 Modest Tschaikowsky, Band I, S. 248
6 Tschaikowsky, Schriften und Briefe, Band V, S. 120
7 Jakowlew, S. 56
8 Dieser und die folgenden Briefe an Anatol und Modest in Tschaikowsky, Schriften und Briefe, Band V, S. 143–148
9 Tschaikowsky, Schriften und Briefe, Band V, S. 149f.
10 Modest Tschaikowsky, Band I, S. 305–308
11 Tschaikowsky, Schriften und Briefe, Band V, S. 153
12 Kaschkin 1891, S. 11f.
13 Modest Tschaikowsky, Band I, S. 260
14 Tschaikowsky, Familienbriefe, S. 39
15 Eulenburg-Taschenpartitur, S. 10
16 Eulenburg-Taschenpartitur, S. 11 und 13
17 Eulenburg-Taschenpartitur, z. B. S. 14 und 15
18 Eulenburg-Taschenpartitur, z. B. S. 19
19 Cooper, S. 35
20 Rimsky-Korsakow, S. 69
21 Tschaikowsky, Familienbriefe, S. 33
22 Tschaikowsky, Schriften und Briefe, Band VI, S. 67
23 Tschaikowsky, Familienbriefe, S. 49; Modest Tschaikowsky, Band I, S. 313
24 Jakowlew, S. 59
25 Tschaikowsky, Schriften und Briefe, Band VIII, S. 435
26 Tschaikowsky, Schriften und Briefe, Band VIII, S. 445
27 Eine Übersicht über alle Sätze des *Woiwoden*, die in *Der Opritschnik* oder anderen Werken aufgingen, findet sich in: Abraham, Slavonic and Romantic Music, S. 123–125
28 Jakowlew, S. 54; Modest Tschaikowsky, Band I, S. 288
29 Garden, Balakirew, S. 85
30 Balakirew, S. 132
31 Garden, Balakirew, S. 86

3. Kapitel: Der perfekte Nationalist. 1869–1874

1. Garden, Balakirew, S. 92 f.
2. Balakirew, S. 139
3. Balakirew, S. 146
4. Balakirew, S. 151
5. Garden, Balakirew, S. 97
6. ebenda
7. Alshvang, The Songs, S. 197 f.
8. Jakowlew, S. 192
9. Jakowlew, S. 62 f.
10. Tschaikowsky, Familienbriefe, S. 61
11. Tschaikowsky, Schriften und Briefe, Band V, S. 203 f.
12. Jakowlew, S. 70
13. Jakowlew, S. 71
14. Tschaikowsky, Schriften und Briefe, Band V, S. 258
15. Modest Tschaikowsky, Band I, S. 372
16. Jakowlew, S. 73
17. Tschaikowsky, Schriften und Briefe, Band V, S. 265
18. Jakowlew, S. 79
19. Abraham/Lloyd-Jones, S. VII f.
20. Tschaikowsky, Schriften und Briefe, Band V, S. 303
21. Tschaikowsky, Schriften und Briefe, Band V, S. 299
22. Zu *Schneeflöckchen* und Rimsky-Korsakows Komposition vgl. Abraham, Slavonic and Romantic Music, S. 133–136
23. Tschaikowsky, Tagebücher, passim
24. Tschaikowsky-Meck, Band I, S. 307 f.
25. Tschaikowsky, Schriften und Briefe, Band V, S. 335
26. Tschaikowsky, Schriften und Briefe, Band V, S. 314 f.
27. Rimsky-Korsakow, S. 172 f.
28. Jakowlew, S. 102
29. Kaschkin 1896, S. 84

4. Kapitel: Nationale Opern. 1874

1. Tanejew/Tschaikowsky, S. 3
2. Tschaikowsky, Schriften und Briefe, Band V, S. 372 (29. 10./10. 11. 1874)
3. Tschaikowsky-Meck, Band I, S. 89
4. Tschaikowsky, Schriften und Briefe, Band VIII, S. 445; Abraham, Slavonic and Romantic Music, S. 117

5 Abraham, Slavonic and Romantic Music, S. 130
6 Jakowlew, S. 63
7 Tschaikowsky, Schriften und Briefe, Band V, S. 353f.
8 Jakowlew, S. 106
9 Tschaikowsky, Schriften und Briefe, Band V, S. 370f.
10 Jakowlew, S. 107
11 Rimsky-Korsakow, S. 131
12 Tschaikowsky-Jürgenson, Band II, S. 171
13 Tschaikowsky-Meck, Band I, S. 467; Abraham, Slavonic and Romantic Music, S. 136f.

5. Kapitel: Zunehmend eigenständig. 1874–1876

1 Jakowlew, S. 132 (Brief vom 19./31. 8. 1876)
2 Brief vom 10./22. 9. 1876
3 Tschaikowsky-Meck, Band I, S. 172–174
4 Kaschkin 1896, S. 95f.
5 Tschaikowsky, Musikerbriefe, S. 197f.
6 Tschaikowsky, Musikerbriefe, S. 198
7 Tschaikowsky, Schriften und Briefe, Band VIII, S. 71
8 Vgl. Anm. 3 zu diesem Kapitel
9 Friskin, passim
10 Tschaikowsky-Meck, Band I, S. 375f.
11 Eulenburg-Taschenpartitur, S. 92
12 Garden, Balakirew, S. 118
13 Jakowlew, S. 124
14 Tschaikowsky, Schriften und Briefe, Band V, S. 417
15 Tschaikowsky, Schriften und Briefe, Band, V, S. 424
16 Modest Tschaikowsky, Band I, S. 479
17 Jakowlew, S. 125
18 Jakowlew, S. 131; Tschaikowsky, Familienbriefe, S. 110–112
19 Laroche, Band II, S. 43–48

6. Kapitel: Die Wende. 1876/1877

1 Tschaikowsky-Meck, Band I, S. 3–9
2 Kaschkin 1920, S. 118
3 Tschaikowsky-Meck, Band I, S. 12f.
4 Tschaikowsky-Meck, Band I, S. 14–16

5 Tschaikowsky-Meck, Band I, S. 18–20
6 Kaschkin 1920, S. 109
7 Jakowlew, S. 146
8 Tschaikowsky, Familienbriefe, S. 120f.
9 Tschaikowsky-Meck, Band I, S. 25–28
10 Vgl. Kaschkin 1920 sowie Abraham, On Russian Music, S. 228f.
11 Jakowlew, S. 147
12 Modest Tschaikowsky, Band II, S. 204
13 Jakowlew, S. 123 und 577
14 Jakowlew, S. 148
15 Vgl. Anm. 9 zu diesem Kapitel
16 Tschaikowsky-Meck, Band I, S. 28f.
17 Tschaikowsky-Meck, Band II, S. 212f.
18 Jakowlew, S. 149
19 Tschaikowsky-Meck, Band I, S. 32–35
20 Tschaikowsky-Meck, Band I, S. 40f.
21 Tschaikowsky-Meck, Band I, S. 44f.
22 Kaschkin 1920, S. 110f.
23 Tschaikowsky-Meck, Band I, S. 45
24 Kaschkin 1920, S. 125
25 Jakowlew, S. 152
26 Kaschkin 1920, S. 112f.

7. KAPITEL: HOCHZEITSFOLGEN. 1877/1878

1 Jakowlew, S. 153f.
2 Tschaikowsky-Meck, Band I, S. 47–60
3 Tschaikowsky, Familienbriefe, S. 142f.
4 Tschaikowsky-Meck, Band I, S. 76f.
5 Tschaikowsky-Meck, Band I, S. 216–220 (Brief vom 17. 2./1. 3. 1878)
6 Tschaikowsky-Meck, Band I, S.142
7 Tanejew/Tschaikowsky, S. 32
8 Tanejew/Tschaikowsky, S. 33–35
9 Tschaikowsky-Meck, Band I, S. 378
10 Vgl. Anm. 7 zu diesem Kapitel
11 Abraham, Slavonic and Romantic Music, S. 146f.
12 Tschaikowsky-Meck, Band I, S. 246f.
13 Tschaikowsky-Meck, Band I, S. 250f.; vgl. auch Gerald Abrahams Vorwort zur Eulenburg-Partitur, S. I.

14 Tschaikowsky, Familienbriefe, S. 158
15 Tschaikowsky, Familienbriefe, S. 159
16 Tschaikowsky-Jürgenson, Band I, S. 43
17 Warrack, S. 52
18 An Frau von Meck, in: Tschaikowsky, Schriften und Briefe, Band IX, S. 176
19 Jakowlew, S. 262

8. Kapitel: Innerlich entspannt – schöpferisch erstarrt. 1878–1885

1 Tschaikowsky-Meck, Band I, S. 297
2 Jakowlew, S. 182
3 Tschaikowsky-Jürgenson, Band I, S. 184
4 Tschaikowsky-Meck, Band I, S. 445
5 Modest Tschaikowsky, Band II, S. 622f.
6 Tschaikowsky, Familienbriefe, S. 279
7 Jakowlew, S. 185f.
8 Edward Lockspeiser, Debussy: His Life and Mind, Band I, London 1966, S. 46 (in einem Kapitel über Debussy und Familie von Meck; Anhang A ist ein Stammbaum der Familie von Meck).
9 Tschaikowsky-Meck, Band I, S. 455
10 Jakowlew, S. 225
11 Jakowlew, S. 225f.
12 Jakowlew, S. 240f.
13 Tschaikowsky-Jürgenson, Band I, S. 249
14 Vorwort zur Eulenburg-Taschenpartitur
15 Eulenburg-Taschenpartitur, S. 25
16 Jakowlew, S. 242
17 Tschaikowsky-Meck, Band I, S. 372
18 Tschaikowsky , Schriften und Briefe, Band VIII, S. 403
19 Tschaikowsky, Schriften und Briefe, Band VIII, S. 389f.
20 Tschaikowsky-Meck, Band I, S. 236
21 Tschaikowsky-Meck, Band I, S. 375
22 Jakowlew, S. 314
23 Vgl. z. B. Lakond, S. 29f.
24 Evans, Tschaikowsky, S. 156f.
25 Tschaikowsky, Familienbriefe, S. 268
26 Mason, S. 110

9. Kapitel: Neue schöpferische Kräfte. 1885–1888

1 Balakirew, S. 163
2 Balakirew, S. 164
3 Balakirew, S. 165–167
4 Garden, Balakirew, S. 118
5 Balakirew, S. 176
6 Tschaikowsky-Jürgenson, Band II, S. 31
7 Tschaikowsky-Meck, Band III, S. 410
8 Jakowlew, S. 453
9 Tschaikowsky-Meck, Band III, S. 559
10 Tschaikowsky, Tagebücher, und Lakond, 27. 6./9. 7. 1888
11 Jakowlew, S. 400f.
12 Tschaikowsky, Tagebücher, und Lakond, 28. 2./12. 3. 1888
13 Balakirew, S. 183
14 Jakowlew, S. 426
15 Jakowlew, S. 428
16 Tschaikowsky, Tagebücher, S. 370f.
17 Jakowlew, S. 440
18 Jakowlew, S. 441
19 Jakowlew, S. 445

10. Kapitel: Von der Fünten Symphonie zu Dornröschen. 1888–1890

1 Tschaikowsky, Familienbriefe, S. 400
2 Modest Tschaikowsky, Band III, S. 319
3 Balakirew, S. 184
4 Jakowlew, S. 449; Abbildungen der Originalhandschrift auf S. 515
5 Vgl. Notenbeispiel 5b und 5d auf S. 69
6 Balakirew, S. 203
7 Aus einem Notizbuch im Tschaikowsky-Museum in Klin. Vgl. Warrack, S. 29, und Weinstock, S. 289 (dt. S. 367).
8 Tovey, Essays, S. 60
9 Warrack, S. 32f.
10 Tschaikowsky, Familienbriefe, S. 391
11 Tschaikowsky-Jürgenson, Band II, S. 68
12 Jakowlew, S. 458
13 Jakowlew, S. 463f.

14 Tschaikowsky-Meck, Band III, S. 580
15 Jakowlew, S. 426
16 Vgl. Kapitel 12, S. 216f.
17 Jakowlew, S. 482
18 Jakowlew, S. 364; Tschaikowsky, Tagebücher, und Lakond, 1./13. 3. 1886

11. Kapitel: Letzte Lebensjahre. 1890–1893

1 Tschaikowsky, Familienbriefe, S. 451
2 Tschaikowsky, Familienbriefe, S. 462
3 Tschaikowsky, Familienbriefe, S. 465
4 Mason, S. 111f.
5 Tschaikowsky-Meck, Band III, S. 604
6 Rimsky-Korsakow, S. 269
7 Tschaikowsky, Familienbriefe, S. 476
8 Modest Tschaikowsky, Band III, S. 433f.
9 Tschaikowsky, Familienbriefe, S. 480f.
10 Lakond, 6. 5. 1891 (vgl. auch: Tschaikowsky, Tagebücher)
11 Tschaikowsky-Jürgenson, Band II, S. 212
12 Tschaikowsky, Familienbriefe, S. 494f.
13 Rimsky-Korsakow, S. 284
14 Tschaikowsky, Familienbriefe, S. 504
15 Tschaikowsky, Familienbriefe, S. 506
16 Tschaikowsky, Familienbriefe, S. 507
17 Tschaikowsky, Familienbriefe, S. 508
18 Tschaikowsky, Familienbriefe, S. 523
19 Tschaikowsky, Familienbriefe, S. 526f.
20 Modest Tschaikowsky, Band III, S. 595–598

12. Kapitel: Sechste Symphonie, Tod und Nachwirken

1 Tschaikowsky, Familienbriefe, S. 532
2 Modest Tschaikowsky, Band III, S. 656
3 Tschaikowsky, Familienbriefe, S. 535
4 Jakowlew, S. 583
5 Tschaikowsky, Familienbriefe, S. 540
6 Tschaikowsky, Familienbriefe, S. 541
7 Tschaikowsky-Jürgenson, Band II, S. 263

8 Tschaikowsky, Familienbriefe, S. 546
9 Tschaikowsky, Familienbriefe, S. 547
10 Tschaikowsky-Jürgenson, Band II, S. 269
11 Jakowlew, S. 592
12 Modest Tschaikowsky, Band III, S. 644f.
13 Tschaikowsky-Jürgenson, Band II, S. 273
14 Modest Tschaikowsky, Band III, S. 648–654
15 Rimsky-Korsakow, S. 298
16 Orlova, passim
17 Tovey, Essays, S. 85
18 Eulenburg-Taschenpartitur, S. 12ff.
19 Cooper, S. 40
20 Eulenburg-Taschenpartitur, S. 109f.
21 Tovey, Essays, S. 84
22 Robert Layton, Sibelius, London 1965, S. 30
23 Evans, The Ballets, S. 188f.; Eric Walter White, Stravinsky: The Composer and Works, London 1966, S. 527f.

Anhang V

BIBLIOGRAPHIE

Es gibt nur sehr wenige Bücher über Tschaikowsky, die nicht auf russisch oder englisch geschrieben sind. Auch die Zahl der russischen und englischen Bücher über Leben und Werk des Komponisten, die ins Deutsche übersetzt worden sind, ist nicht groß. Daher ist der größte Teil der hier verzeichneten Schriften fremdsprachig. Nach ihren Originalausgaben wurden sie – auch soweit deutsche Übersetzungen vorliegen – zitiert; deshalb unterscheiden sich die Zitatversionen in diesem Buch und die entsprechenden Passagen des jeweiligen deutschen Buches gelegentlich geringfügig in der Wortwahl.

Abraham, Gerald: Studies in Russian Music. London 1935/1969.
Abraham, Gerald: On Russian Music. London 1939.
Abraham, Gerald: Slavonic and Romantic Music. London 1940/1968.
Abraham, Gerald: Tchaikovsky. London 1944.
Abraham, Gerald: Operas and Incidental Music. In: Tchaikovsky: a Symposium, London 1945, S. 124 ff.
Abraham, Gerald: Religious and Other Choral Music. In: Tchaikovsky: a Symposium, London 1945, S. 230 ff.
Abraham, Gerald, und David Lloyd-Jones: Vorwörter zu den Eulenburg-Taschenpartituren *Manfred*, Erste Symphonie, Vierte Symphonie, Erstes Klavierkonzert, Zweites Klavierkonzert, Violinkonzert, Fantasie-Ouvertüre *Hamlet*, Symphonische Fantasie *Francesca da Rimini*, Suite aus *Dornröschen*.
Alshvang, A.: The Songs. In: Tchaikovsky: a Symposium. London 1945, S. 197 ff.
Balakirew, Mily Alexejewitsch: Wospominanaja i Pisma (Erinnerungen und Briefe). Leningrad 1962.

Blom, Eric: Works for Solo Instrument and Orchestra. In: Tchaikovsky: a Symposium, London 1945, S. 47ff.
Brown, David: Tchaikovsky: a biographical and critical study. 4 Bände, London 1978ff.
Cooper, Martin: The Symphonies. In: Tchaikovsky: a Symposium, London 1945, S. 24ff.
Dickinson, A. E. F.: The Piano Music. In: Tchaikovsky: a Symposium, London 1945, S. 114ff.
Dombajew, G.: Twortschestwo Petra Iljitscha Tschaikowskowo (Die Werke Peter Iljitsch Tschaikowskys), Moskau 1958.
Evans, Edwin: Tchaikovsky, London 1906/1935/1966.
Evans, Edwin: The Ballets. In: Tchaikovsky: a Symposium, London 1945, S. 184ff.
Friskin, James: The Text of Tchaikovsky's Bb minor Concerto. In: Music and Letters 50/1969, S. 246–251.
Garden, Edward: Balakirew: a Critical Study of his Life and Music, London 1967.
Jakowlew, W. (Hrsg.): Dni i Gody P. I. Tschaikowskowo, letopsis schisni i tworchestwa (Tage und Jahre des P. I. Tschaikowsky, Chronik seines Lebens und seiner Werke). Moskau/Leningrad 1940.
Kaschkin, Nikolaj: Pervoe 25-letije Moskowskoi Konservatory, Moskau 1891.
Kaschkin, Nikolaj: Wospominanaja o P. I. Tschaikowskom (Erinnerungen an P. I. Tschaikowsky). Moskau 1896.
Kaschkin, Nikolaj: Is wospominany o P. I. Tschaikowskom, in: Proschloe Russkoi Muzyki, Petrograd 1920/Moskau 1954.
Lakond, W. (Hrsg.): The Diaries of Tchaikovsky, New York 1945.
Laroche, Hermann: Sobranie Muzykalno-krititscheskich Statei (Gesammelte Musikkritiken), 2 Bände, Moskau 1922/24.
Lockspeiser, Edward: Tchaikovsky the Man. In: Tchaikovsky: a Symposium, London 1945, S. 9ff.
Mason, Colin: The Chamber Music. In: Tchaikovsky: a Symposium, London 1945, S. 104ff.
Orlova, Alexandra: Tchaikovsky: The Last Chapter. In: Music and Letters 62/1981, S. 125–145.
Rimsky-Korsakow, Nikolaj: Letopsis moei Muzykalnoi Schisni (Chronik meines musikalischen Lebens), Petersburg 1909.
Schaverdjan, A. I. (Hrsg.): Tschaikowsky i Teatr, Stati i Materiali (Tschaikowsky und das Theater, Schriften und Dokumente), Moskau/Leningrad 1940.
Stein, Richard H.: Tschaikowskij, Stuttgart 1927.

Tanejew, Sergej, und Peter Tschaikowsky: Pisma (Briefe). Moskau 1951.
Tovey, Donald: Essays in Musical Analysis, 6 Bände, London 1935–39. Zur Fünften Symphonie in Band VI (S. 58–65), zur Sechsten in Band II (S. 84–89).
Tschaikowsky, Modest: Schisn Petra Iljitscha Tschaikowskowo (Leben des Peter Iljitsch Tschaikowsky). 3 Bände, Moskau 1900–02, deutsche Ausgabe Leipzig/Moskau 1900–02.
Tschaikowsky, Peter: Dnewniki (Tagebücher). Moskau/Petrograd 1923.
Tschaikowsky, Peter: Perepiska N. F. von Meck (Briefwechsel mit N. F. von Meck), 3 Bände, Moskau 1934–36.
Tschaikowsky, Peter: Perepiska s P. I. Jurgensonom (Briefwechsel mit P. I. Jürgenson), 2 Bände, Moskau 1938/Leningrad 1952.
Tschaikowsky, Peter: Pisma k Bliskim, Isbrannoe (Familienbriefe, Auswahl). Moskau 1955.
Tschaikowsky, Peter: Literaturnje Proisvedenija i Perepiska (Schriften und Briefe). Band V-XVII (Briefe), Moskau 1959–81.
Tschaikowsky, Peter: Tschaikowsky i Sarubeschnje Muzykanti, Isbrannje Pisma Inostrannich Korrespondentow (Tschaikowsky und andere Musiker, ausgewählte Briefe), Leningrad 1970.
Tschaikowsky, Peter: Letters to his Family: an autobiography, London 1981.
Warrack, John: Tchaikovsky: Symphonies and Concertos. London 1969.
Weinstock, Herbert: Tchaikovsky, New York 1943, deutsche Ausgabe München 1948.
Westrup, Jack A.: Tchaikovsky and the Symphony, in: Musical Times, Juni 1940.
Wood, Ralph W.: Miscellaneous orchestral Works. In: Tchaikovsky: a Symposium, London 1945, S. 74 ff.

Anhang VI

BILDNACHWEIS

Archiv für Kunst und Geschichte, Berlin: Vorsatz, S. 9, 108, 115
Interfoto-Pressebild-Agentur, München: S. 79, 89, 145
Orlowa, J. M. (Hrsg.), Piotr Iljitsch Tschaikowski, Leipzig 1978:
S. 21, 33, 36, 47, 58, 60, 85, 101, 122, 127, 143, 159, 177, 179, 195, 197, 201, 207
Tschaikowsky-Studio, Hamburg: S. 14, 22, 49, 134, 204
Die übrigen Bilder stammen aus dem Archiv des Verfassers.

Die Vorsätze zeigen den Beginn des Balletts »Schwanensee« in Tschaikowskys autographer Partitur.

Anhang VII

REGISTER DER ERWÄHNTEN WERKE TSCHAIKOWSKYS

Bei der alphabetischen Einordnung wurden der bestimmte Artikel und Grundzahlen am Beginn eines Titels außer acht gelassen.

An die Freude 28
Andante und Finale für Klavier und Orchester 197

Brunnenszene aus Boris Godunow 27

Capriccio für Klavier 64
Capriccio italien 91, 142, 144, 148, 150
Chant sans paroles 37
Cherubim-Gesänge 148

Don Juans Serenade 132
Dornröschen 170, 177–181, 192, 194, 217f.

Écho rustique 200
Eugen Onegin 16, 62, 84, 110–113, 120, 123, 125, 127–133, 152–154, 156, 160, 178, 195f., 213, 215

Fatum 53f., 59, 84
Festouvertüre über die dänische Nationalhymne 41

Francesca da Rimini 69, 76, 104–106, 109, 133, 160, 201f.
Französische Lieder siehe Lieder op. 65

Geistliche Gesänge 148
Gesang eines Zigeunermädchens 176
Gewitter 28–30, 34, 40, 43, 48
Gruß an Anton Rubinstein 180

Hamlet (Bühnenmusik) 189
Hamlet (Fantasie-Ouvertüre) 69, 170f., 178, 189, 216
Hymne zu Ehren der Heiligen Cyril und Methodius 148

Impromptu für Klavier 180
Impromptu-Capriccio 150
Iolanta 190, 192–196, 198

Jungfrau von Orleans 153

Kanarienvogel 72

265

Kantate zur Eröffnung der
  Polytechnischen
  Ausstellung 67, 100
Kein Wort, mein Freund 61
Kinderalbum 150
Klavierkonzert Nr. 1 b-Moll
  93–95, 97, 102, 134, 136,
  149–151, 191
Klavierkonzert Nr. 2 G-Dur
  142, 149–152
Klavierkonzert Nr. 3 Es-Dur 197
Klaviersonate cis-Moll op. 80
  34, 44
Klaviersonate G-Dur op. 37 149
Klavierstücke op. 19 76
Klavierstücke op. 37b 92
Klavierstücke op. 51 150
Klavierstücke op. 72 200
Klaviertrio 157
Konzertfantasie für
  Klavier 151 f.
Konzertouvertüre c-Moll 32, 34,
  43, 48
Korallen 92
Krönungskantate
  »Moskau« 148
Krönungsmarsch 148

Lieder op. 6 60–63
Lieder op. 16 63
Lieder op. 28 92
Lieder op. 38 132
Lieder op. 47 156
Lieder op. 57 156
Lieder op. 60 176
Lieder op. 63 176
Lieder op. 65 176
Lieder op. 73 176, 200
Liturgie des Heiligen Johann
  Chrysostomos 148

Mandragora 52
Manfred-Symphonie 69, 91,
  100, 124, 142, 158, 160–166,
  171, 176, 250

Mazeppa 140, 154 f.
Mein Genius, mein Engel, mein
  Freund 20
Mezza notte 20 f.
Mitten im Trubel des Balls 132
»Moskau« siehe
  Krönungskantate
Mozartiana 167, 218

Nur wer die Sehnsucht
  kennt 62 f., 65
Nußknacker 190, 192, 196, 198
Nußknacker-Suite 91, 196

Opritschnik 44, 51, 64–68,
  72–74, 76 f., 79–85, 109, 129,
  208
Ouvertüre »1812« 51, 148
Ouvertüre c-Moll siehe
  Konzertouvertüre
Ouvertüre F-Dur 27, 32

Pathétique s. Symphonie Nr. 6
Pezzo capriccioso für Violoncello
  und Orchester 176
Pique-Dame 16, 62, 84, 105,
  125, 170, 179, 181–187, 189,
  194, 200

Rêverie, Salon-Polka, Salon-
  Mazurka 64 f.
Rokoko-Variationen 104–106,
  109, 176
Romanze für Klavier 38
Romeo und Julia 55–59, 63–65,
  68, 84, 141, 158–160, 164,
  170 f., 250
Ruines d'un château 37
Russische Volkslieder 59, 70

Scherzo à la Russe 27
Schneeflöckchen 51, 73, 189
Schwanensee 44, 51, 66, 91,
  101 f., 125, 141, 169, 180
Sérénade mélancholique 93

Slawischer Marsch 104
So bald zu vergessen 63, 65
Souvenir de Florence 186f., 215
Souvenir de Hapsal 37
Souvenir d'un lieu cher 156
Streichquartett B-Dur 27
Streichquartett Nr. 1 D-Dur
 op. 11 49, 65f.
Streichquartett Nr. 2 F-Dur
 op. 22 76
Streichquartett Nr. 3 es-Moll
 op. 30 93
Streicherserenade 9, 145–148,
 150
Sturm 74–76, 107, 139, 160, 250
Suite Nr. 1 d-Moll 139, 141,
 155, 169, 187
Suite Nr. 2 C-Dur 155, 175
Suite Nr. 3 G-Dur 152, 155f.
Symphonie Nr. 1 g-Moll
 (»Winterträume«) 35f.,
 40–45, 69f., 96
Symphonie Nr. 2 c-Moll 51, 59,
 68, 70–73, 75, 91, 96, 124,
 126f., 136, 142, 146, 212f.
Symphonie Nr. 3 D-Dur 96f.,
 102, 189
Symphonie Nr. 4 f-Moll
 109–112, 114, 116, 122f.,
 126f., 133, 139, 141, 156, 163,
 172f., 202
Symphonie Nr. 5 e-Moll 100,
 123–125, 146f., 163f.,
 170–176, 178, 194
Symphonie Nr. 6 h-Moll
 (»Pathétique«) 99f., 124, 146,
 157, 193, 195, 199f., 202f., 205,
 208–214

Symphonie Es-Dur 195, 197
Symphonie »Manfred« siehe
 Manfred-Symphonie

Tanz der Dienerinnen 27
Tscherewitschki siehe Wakula
 der Schmied

Un poco di Chopin 200
Un poco di Schumann 200
Undine 51
Unsere Mama in Petersburg
 13

Valse à cinq temps 200
Valse dédié à Mlle. Anastasie
 19
Valse-Scherzo für Klavier
 A-Dur 64
Violinkonzert 90f., 93, 133–136,
 142, 149, 156, 248

Wakula der Schmied 68, 72,
 86–92, 102, 104f., 152, 154,
 161f., 166, 185–187
Warum träumte ich von dir
 92
Wenn ich nur wüßte 156
Wieder allein wie zuvor 200
Winterträume siehe Symphonie
 Nr. 1
Woiwode (Oper) 44, 48, 50–53,
 60, 65, 77, 80, 83, 189
Woiwode (Symphonische
 Ballade) 125, 180, 189,
 192–196, 216

Zauberin 162, 166f., 176

Anhang VIII

PERSONENREGISTER

In der Transkription russischer Namen
wurde von den modernen Regeln abgewichen,
wo es eine ältere deutsche Tradition
zu beachten galt.

ABRAHAM, Gerald 30, 52, 129
Adam, Adolphe 101
Albrecht, Karl 245
Albrecht, Konstantin 32, 34, 56, 203, 245
Alexander II., Zar 139
Alexander III., Zar 140, 148, 180, 198, 206
Apuchtin, Alexander 18, 203
Arensky, Anton 202
Artôt, Désirée 36–40, 50, 56, 102, 176, 245, 249
Assier, André 11
Auber, Daniel François Esprit 37, 245
Auer, Leopold 93, 136, 203, 245
Avé-Lallement 169

BACH, Johann Sebastian 169
Balakirew, Mily Alexejewitsch 20, 24–26, 29f., 40, 45f., 52–59, 61, 63, 65f., 68, 70–72, 75, 78, 83, 96–98, 100, 105, 143f., 158–164, 167, 170f., 189f., 208, 211, 215f., 218, 245f., 248–250
Bartók, Béla 209, 214
Beaumarchais, Pierre Augustin Caron de 218
Beethoven, Ludwig van 28, 45, 64, 71, 97, 125, 212, 218
Begischew, Wladimir 50
Belaieff, Mitrofan Petrowitsch 189f., 246
Bellini, Vincenzo 13, 21, 30, 90, 152
Berg, Alban 213f.
Berger, Francesco 168
Berlioz, Hector 28, 52, 150, 175
Bertenson, Lew 205
Bertenson, Wassily 205f.
Bessel, Wassily Wassiljewitsch 60, 74, 84, 208, 246
Bizet, Georges 93, 103, 130f., 135, 202, 217
Boito, Arrigo 199, 201f., 246
Bolkow 138
Boris Godunow, Zar 77

Borodin, Alexander
  Porfirjewitsch 45–48, 59,
  61–63, 66, 70–72, 78, 82f., 89,
  96, 147, 208, 217, 245f.
Bortnyansky, Dimitri 148
Bote & Bock (Musikverlag) 58
Brahms, Johannes 95, 106, 169,
  173, 186, 208f., 247
Brandukow, Anatol
  Andrejewitsch 176, 246
Brianza, Carlotta 177
Brodsky, Adolf 136, 169, 246
Bruch, Max 199, 201f., 246
Bruckner, Anton 174
Bülow, Hans von 76, 94–96, 246
Burenin, W. P. 154
Byron, Lord George Gordon
  Noël 160

CHOPIN, Frédéric 13, 167, 200,
  218
Colonne, Edouard 139
Cooper, Martin 46, 210
Couperin, François 217
Cui, César Antonowitsch 28,
  60–62, 68, 78, 82f., 89, 100,
  105, 167, 178, 217, 245f.

DAGMAR, Prinzessin von
  Dänemark 41
Damrosch, Walter 191
Dannreuther, Eduard 95f.
Dante Alighieri 103
Dargomischsky, Alexander
  Sergejewitsch 48, 88, 247f.
Dawydow, Leo
  Wassiljewitsch 23, 121
Dawydow, Wladimir (gen.
  Bob) 17, 156f., 189f., 192,
  196f., 199f., 203
Dawydowa, Alexandra 116
Dawydowa, Anna 142
Dawydowa, Elisabeth 35
Dawydowa, Sascha (eig.
  Alexandra; geb. Tschai-
  kowskaja) 11, 13, 17, 23, 25,
  35, 37, 64, 66f., 75, 113, 116,
  121, 136f., 143, 190
Dawydowa, Tatjana 166
Dawydowa, Vera (Saschas
  Schwägerin) 35, 37
Dawydowa, Vera (Saschas
  Tochter) 142
Debussy, Claude 141
Dehn, Siegfried Wilhelm 247
Delibes, Leo 102, 124
Diaghilew, Sergej
  Pawlowitsch 217
Dickens, Charles 32, 75
Dohnányi, Ernst von 209
Donizetti, Gaetano 13, 21
Dont, Jakob 245
Dubuque 41
Dürbach, Fanny 12f. 15f., 19, 198
Durow 196
Dvořák, Antonín 65, 169

EVANS, Edwin 157

FAURÉ, Gabriel 169
Fet, Afanasi 20
Figner, Medea 179, 181
Figner, Nikolaj 179, 181, 183, 200
Filippow 16
Fitzenhagen, Wilhelm Karl
  Friedrich 105, 176, 247
Fouqué, Friedrich Baron de la
  Motte 51
Friskin, James 95

GALLI-MARIÉ, Célestine 103
Garcia, Manuel 251
Gautier, Théophile 30
Gerke, Auguste 206
Gilbert, William 169
Glasunow, Alexander
  Konstantinowitsch 191, 247
Glinka, Michail Iwanowitsch 23,
  25f., 41, 48, 52f., 56, 60, 70, 72,
  76, 88–91, 99, 105, 124, 135f.,

142–144, 146, 153, 184, 193 f.,
208, 211, 215, 217, 245, 247,
249
Goethe, Johann Wolfgang
  von 62, 218
Gogol, Nikolaj Wassiljewitsch
  73, 85, 91
Golitsin, Fürst 29
Gounod, Charles 153, 169
Grétry, André-Ernest-Modeste
  184
Grieg, Edvard 169 f., 194, 199,
  201 f.
Guitry, Lucien 189

HÄNDEL, Georg Friedrich 193
Hanslick, Eduard 136, 247
Haydn, Joseph 106
Helena Pawlowna, Großfürstin
  24, 26, 31, 54, 85
Hellmesberger, Joseph 246
Herngroß, Sophie 23
Herz, H. 190
Hoffmann, Ernst Theodor
  Amadeus 190
Hubert, Nikolaj
  Albertowitsch 35, 67, 247

IWAN DER SCHRECKLICHE,
  Zar 77, 80
Iwanow, Michail 102

JACOBI, Nikolaj 206
Jeanne d'Arc 12
Jessipow 23
Joachim, Joseph 133, 245, 248
Jürgenson, Peter Iwanowitsch
  34, 59 f., 73, 88, 117, 137–139,
  141, 144, 148, 163, 166, 176,
  191, 203, 205, 247

KASCHKIN, Nikolaj Dimitrjewitsch
  32, 34, 41, 67, 112, 117, 248
Klenowsky, Nikolaj
  Semjonowitsch 181

Klimenko 67, 111
Klimatowa, Maria 127
Klindworth, Karl 248
Kondratjew, Nikolaj D. 66, 85 f.
Konradi, Nikolaj 103
Konstantin Konstantinowitsch,
  Großfürst 139, 163, 176, 203
Konstantin Nikolajewitsch,
  Großfürst 76, 87
Kotek, Joseph 108, 116, 133,
  136, 161, 248
Kündinger, Rudolf 20
Kusnezow, N. 198

LALO, Edouard 133, 135
Langer, E. L. 111, 245
Laroche, Hermann 25,
  27–29, 35, 37, 50, 67, 104,
  190, 248
Laschecknikow, Iwan
  Iwanowitsch 64
Laub, Ferdinand 67, 93, 248
Lawrowskaja, Elisaweta 111
Layton, Robert 215
Liszt, Franz 28, 30, 34, 52 f., 76,
  93, 104, 167, 246, 248, 250
Litolff, Henri 28, 30, 248
Lobanow 251
Lomakin, Gabriel 20

MAHLER, Gustav 196, 213 f.
Maikow, Apollon
  Nikolajewitsch 251
Marx, Adolph Bernhard 23
Mascagni, Pietro 202
Mason, Colin 157, 186
Massenet, Jules 141, 169, 215
Maszewski 13
Meck, Nadeshda von 50 f., 94 f.,
  97, 106–111, 114, 116 f., 120–
  124, 129, 133, 135, 137–142,
  149, 151, 154, 156 f., 160, 163,
  171, 179, 181, 187–189, 248
Meck, Nikolaj von 141
Meck, Waldemar von 188

Meissonier, Jean Louis
   Ernest 79
Mendelssohn-Bartholdy,
   Felix 29, 37, 42–45, 97
Meyerbeer, Giacomo 22, 24, 26,
   30, 42f., 52, 58, 60, 81, 84, 93,
   102, 129, 130f., 153, 248f.
Michail Pawlowitsch,
   Großfürst 24
Miljukowa, Antonina, siehe
   Tschaikowskaja, Antonina
Mozart, Wolfgang Amadeus 13,
   18, 23, 105, 135, 167, 185, 217f.
Mussorgsky, Modest
   Petrowitsch 29, 51, 58, 61f.,
   68, 71, 77–79, 82f., 85, 91, 132,
   155, 208, 217, 245, 247–250

NAPRAWNIK, Eduard
   Franzewitsch 68, 76, 86, 118,
   144, 203, 208, 249

ODOJEWSKY, Wladimir
   Fjodorowitsch, Fürst 37
Olchowsky, W. I. 20
Orlov, Georgy 206
Orlova, Alexandra 206
Ostrowsky, Alexander
   Nikolajewitsch 28f., 48, 50f.,
   73, 80, 249

PADILLA Y RAMOS, Mariano 39,
   245, 249
Palschikowa, Maria
   Markowna 12f.
Peter der Große, Zar 155
Petipa, Marius 102, 180, 190,
   217, 249
Petrowa, Anastasia
   Petrowna 16, 19
Piccioli, Luigi 20f., 23
Pollini (eig. Pohl),
   Bernhard 196
Polonsky, Jakow Petrowitsch 85
Puccini, Giacomo 215

Pugni 101f.
Puschkin, Alexander
   Sergejewitsch 27, 62, 111,
   116f., 131, 154, 170, 181, 183,
   217

RAFF, Joachim 70, 95
Ratschinsky, Sergej A. 52
Rheinberger, Joseph 95
Rimsky-Korsakow, Alexej 142
Rimsky-Korsakow, Nikolaj
   45–48, 53, 56, 59, 61, 63f., 66,
   70–73, 75f., 78, 82–85, 87, 90f.,
   100f., 144, 147, 164, 166, 178,
   180, 189–191, 194, 203, 205,
   208, 216f., 245, 247, 249f.
Rossini, Gioacchino 18, 21
Rubinstein, Anton
   Grigorewitsch 24f., 28–31,
   34, 38, 41f., 45, 54, 60, 76, 83,
   144f., 148, 150, 180f., 250f.
Rubinstein, Nikolaj
   Grigorewitsch 29–35, 39–42,
   52f., 58, 63–67, 76f., 87,
   94–96, 102, 107f., 118, 120f.,
   138f., 143, 149f., 157, 245,
   247f., 250

SAINT-GEORGES, Vernoy de 51
Saint-Saëns, Camille 95, 102,
   139, 199, 201f.
Schiller, Friedrich 28, 153
Schilowsky, Konstantin 103, 111
Schilowsky, Wladimir 50, 64,
   66–68, 74f., 93, 103, 111, 203
Schirinsky-Schichmatow,
   Fürst 188
Schobert 20
Schönberg, Arnold 208
Schubert, Franz 214
Schukowsky 153
Schumann, Robert 28f., 34,
   42–45, 61, 67, 96f., 145f., 160,
   164f., 200, 211
Scott, Walter 73

Serow, Alexander
  Nikolajewitsch 18, 26–28, 31,
  48, 85, 205f.
Shakespeare, William 73, 189, 246
Sibelius, Jean 215
Siloti, Alexander 95, 194f., 250
Smyth, Ethel 169, 250
Sofronow, Alexej
  Iwanowitsch 67
Sofronow, Michail
  Iwanowitsch 67
Sollogub, Wladimir
  Alexandrowitsch 51
Spaschinsky 162f.
Stanford, Charles Villiers 199, 201
Stassow, Wladimir
  Wassiljewitsch 18, 26, 52, 56,
  73–75, 78, 160, 208, 250
Stenbok-Fermor, Fürst 206
Strauß, Johann 27, 146f.
Strawinsky, Igor 125, 180, 215
  217f., 247, 249
Sullivan, Arthur 169
Swantsew, Konstantin
  Iwanowitsch 103, 250f.

Tanejew, Sergej 77, 94–96,
  110, 125–127, 133, 150, 194f.,
  251
Tarnowsky, Mufka 32
Tolstoi, Leo
  Nikolajewitsch 48f., 62
Tovey, Donald Francis 173f.,
  210, 213
Tschaikowskaja, Alexandra
  (Mutter) 11–13, 16–19, 198
Tschaikowskaja, Alexandra (gen.
  Sascha) siehe Dawydowa,
  Sascha
Tschaikowskaja, Antonina (geb.
  Miljukowa) 110–119, 121f.,
  137f.
Tschaikowskaja, Sinaida 11, 15
Tschaikowsky, Anatol
  Iljitsch 11, 26, 35, 40, 42, 48,
    66f., 104, 112f., 117f., 120f.,
    136f., 140, 142, 144, 167, 169,
    178, 187, 194, 196, 198, 203
Tschaikowsky, Hippolyt
  Iljitsch 11
Tschaikowsky, Ilja Petrowitsch
  11, 13, 15f., 18–20, 23,
  36, 38f., 77, 112–115, 142
Tschaikowsky, Modest
  Iljitsch 11, 17, 20, 26, 35f.,
  38, 50, 62, 70, 74f., 78, 92,
  103f., 113, 120, 127, 133, 142,
  157, 176, 181, 186, 190, 198,
  202, 205, 208
Tschaikowsky, Nikolaj
  Iljitsch 11f., 15f., 25, 167,
  198, 202
Turgenjew, Iwan
  Sergejewitsch 62, 66

Unger, Max 145

Verdi, Giuseppe 21, 23f., 27,
  30, 42, 90, 210, 246
Viardot-Garcia, Pauline 37,
  245, 251

Wagner, Cosima 246
Wagner, Richard 26, 28, 34,
  75f., 97, 102–105, 109, 246,
  248, 250
Wakar, Modest
  Alexejewitsch 17
Warrack, John 135, 174
Weber, Carl Maria von 23, 97, 99
Weinstock, Hubert 17
Werschibilowitsch, A. W. 206
Werstowsky, Alexej
  Nikolajewitsch 26
Widor, Charles-Marie 169
Woitow, Alexander 206
Wsewoloschsky 178, 181

Zaremba, Nikolaj
  Iwanowitsch 23f., 41, 251